어느 시골 소년의 애달픈 꿈의 기도

전 인류에게 **반드시** 세워져야 할

정의 와 인권

정의와 인권이 말살되는 이유!
죄에는 반드시 대가가 따른다!

황무지가 장미꽃같이 5권 시리즈 1권

전 인류에게 반드시 세워져야 할
정의와 인권

1판 1쇄 인쇄 | 2021년 7월 5일

1판 1쇄 발행 | 2021년 7월 12일

글 | 이병기

발행인 | 이병기

발행처 | 꿈에출판

주 소 | (우)21504 인천광역시 남동구 석정로 574번길 9-4 한울 306

대표전화 | 010 9516 4216

이메일 | bklee4216@naver.com

등 록 | 2018. 2. 19 제2018-000008호

ISBN | 979-11-963313-3-7

　　　　　979-11-963313-2-0(세트)

가 격 | $20　　₩20,000

　　　　　우리은행 **1002-743-677186** 예금주 : 이장환

목차

제3기도 한국의 정의와 인권을 위해!

추천사

여의도순복음교회 담임목사 이 영 훈

　인간은 하나님의 크신 사랑을 저버리고 죄짓고 타락하여 하나님의 품을 떠났습니다. 하나님을 향한 불순종의 죄는 인간 사회의 모든 선한 관계를 무너뜨렸습니다. 이병기 장로님께서는 이점에 주목하여 이 책을 통해 죄와 연관하여 인권과 정의의 문제를 다루고 있습니다.

　세계의 인권과 정의가 바로 서기 위해서는 기독교 정신에 기초를 두고 세워진 세계 최대 강국 미국의 역할이 매우 중요합니다.

　미국이 먼저 건국 정신에 따라 하나님의 은혜와 정의 아래 바르게 서게 될 때 전 세계도 함께 변화될 수 있습니다.

　그러한 점에서 미국의 변화를 위한 기도해야 할 것을 강조하는 이 책이 시사하는 바가 많다고 생각합니다. 아무쪼록 미국과 한국, 나아가 전 세계에서 널리 읽혀 하나님의 사랑과 정의가 온 세계에 널리 확산되기를 기대합니다.

추천사

HYO 하모니선교회 총재 **최성규**

교회에서는 대개 자신의 안위를 위한 기도를 하게 마련입니다. 조금 더 범위를 넓히면 나라와 민족을 위해 기도하는 정도입니다. 그런데 이병기 장로님의 기도를 보면 기도의 범위가 전 세계 80억 인구에게까지 이어진다는 사실에 놀랐습니다.

너무 큰 기도를 하면 세밀한 기도를 놓치기 쉬운데 이 또한 정자와 난자라는 아주 작은 단위까지 기도하는 것을 보고 두 번 놀랐습니다.

세상에 누가 정자와 난자를 위해 기도하겠습니까?

이병기 장로님이 이런 기도를 할 수 있는 이유는 인류를 향한 하나님의 사랑이 임했기 때문이라는 생각이 들었습니다.

부디 장로님의 기도가 응답받고 하나님을 향한 꿈이 이루어지기를 저도 기도하겠습니다.

추천사

대한노인협회 회장 **김호일**

　금번에 이병기 장로님의 기도집을 출간하게 된 것을 진심으로 축하드립니다.

　한 권도 아니고 무려 5권의 기도집을 내신다 하니 놀랍습니다.

　게다가 기도의 내용이 미국의 변화는 물론 전 세계 인류의 인권과 정의를 위한 것이라니 그동안 얼마나 큰 기도를 해왔는지 머리가 숙여집니다.

　장로님의 기도처럼 미국이 정말로 변화하고 전 세계 인류의 인권과 정의가 세워지는 날이 오기를 저도 간절히 기도합니다.

　남은 삶도 건강하고 행복하게 사시며 인류에 헌신하고자 하는 꿈이 꼭 이루어지길 기원합니다.

서문

※ 본문에서 '당신'이란 단어는 미국인의 존칭으로 높여 부르는 말입니다.

전 세계 80억이 누려야 할 정의와 진실!

나는 60십 년 넘게 80억 세계인의 정의와 진실을 위해, 죄를 위해, 축복을 위해 기도해왔습니다.

그런데 당신은 내가 왜 60년 넘게 이런 기도를 해왔는지 아십니까?

그 이유가 바로 미합중국의 당신 나라 때문이었다면 믿을 수 있겠습니까?

하지만 이것은 엄연한 사실입니다.

아! 나는 지금도 그 어렸을 때 들었던 당신 나라 이야기를 잊을 수 없습니다.

그때의 그 감격을 잊을 수 없습니다.

불과 여섯 살 때 들었던 당신 나라 이야기의 감격이 한 어린 소년의 인생을, 가치관과 세계관을 완전히 뒤집어놓고 만 것입니다. 당신은 이것을 이해할 수 있겠습니까?

내 나이 여섯 살 무렵 우리 집에 망담 교회를 설립한 여 전도사님이 오셨습니다. 할머니가 아파 누워계셨는데 심방 차 오신 것이었습니다.

그때 여 전도사님은 나에게 처음으로 기도하는 법을 가르쳐 주셨습니다. 그리고 6살때 부터 9살이 될 때까지 기도를 가르쳐 주시고 이후에도 신방은 계속되었습니다.

전도사님은 당신 나라 선교사가 세운 교회를 다녔다는 것입니다.

그리고 우리도 열심히 공부하고 노력하면 앞으로는 미국처럼 좋은 세상, 하나님의 세상이 올 것이란 희망적인 이야기도 들려주셨습니다.

그때부터 나는 미국을 동경하며 우리나라를 지켜줄 것을 기도했습니다.

나는 훗날 그 전도사님을 나의 양어머니로 삼기까지 합니다.

이처럼 나는 어릴 때부터 당신 나라 미국을 동경하였습니다.

그 당시 6 · 25 전쟁에서, 중국과 소련과 싸움에서 우리나라를 지켜준 당신 나라가 너무도 대단해 보였고 너무도 고마웠습니다.

그래서 당신 나라에 매료되기 시작했습니다. 당신 나라를 공부했고 당신 나라의 마음을 파헤치기 시작했습니다.

그때 나는 당신 나라가 나의 나라에 복음을 전해 주었다는 사실을 알게 되었습니다.

아! 복음! 그것은 황무지였던 나의 나라를 장미꽃으로 바꿔놓을 만한 힘이 있었습니다.

나의 나라 자유 민주주의가 당신 나라에서 만들어진 것이란 사실

도 알게 되었습니다. 나는 지금도 당신 나라가 전해준 민주주의에 감사합니다.

나는 결단코 당신 나라가 전해준 복음과 민주주의 덕분에 나의 나라가 깨어나고 웅비하여 지금 세계의 경제 강국, 세계의 민주국가 반열에 오를 수 있었다고 생각합니다.

이 모든 것이 그 옛날 당신 나라 선조 선조들의 눈물겨운 사랑과 생명을 바친 헌신이 있었기에 가능했던 일이라 생각합니다.

나는 어릴 때부터 이러한 복음과 민주주의를 놓고 늘 기도하였었습니다.

그러다 보니 내 기도의 영역이 점점 확장하게 되었습니다.

나의 나라에서 당신 나라로!

당신 나라에서 전 세계의 나라로!

그때부터 나는 전 세계를 놓고 기도하기 시작했던 것입니다.

그런데! 나는 한 가지 사실에 몸부림치지 않을 수 없었습니다. 그것은 바로 죄의 문제였습니다.

언제부턴가 사람들 사이에 조그마한 죄가 싹트고 그것이 점점 더 커져 죄가 만연하기 시작했습니다.

그 죄로 인해 정의가 무너지고 인권이 말살되기 시작했습니다. 그것은 나의 나라도, 당신 나라도 예외가 아니었습니다. 내가 무엇보다 참을 수 없었던 것은,

세계 1등 국가이자, 최고의 선진국이며 세계인이 존경하는 국가, 젠틀맨 국가, 모범 국가, 희망 국가, 최고 위상의 국가였던 미합중국의 당신 나라마저 죄 가운데 있다는 사실이었습니다.

약한 나라에서 짓는 죄보다 당신 나라 같은 강대국에서 짓는 죄의 파급효과는 실로 엄청납니다.

그래서 나는 세상 사람들이 짓는 죄에 대하여, 세상 사람들이 저지르는 악에 대하여 기도하지 않을 수 없었습니다.

특히 당신 나라와 나의 나라가 죄짓지 않기를 위해 기도하지 않을 수 없었습니다.

나아가 전 세계 나라가 죄짓지 않기를 위해 기도하지 않을 수 없었습니다.

이 죄로 인해 무너지고 있는 정의와 인권을 위해 기도하지 않을 수 없었습니다.

이제 당신은 내가 왜 지난 60여 년간 80억 세계인의 정의와 인권, 죄, 축복을 위해 기도해 왔는지 조금 이해가 되었습니까?

이제 나는 이 책을 통하여 인류의 죄악과 정의와 인권에 대하여 이야기하려 합니다.

부디 당신과 당신들은 귀를 쫑긋 세우고 나의 이야기를 들어주기 바랍니다.

이병기

제1기도

세상의 죄와
죄의 대가!

세상에 만연한 죄! 죄!

정자와 난자를 놓고 기도하는 사람!

"아! 남성의 정자와 여성의 난자가 깨끗하기를 원합니다.

그래서 이렇게 깨끗한 정자와 난자의 결합으로 인해 태어나는 아이가 더는 죄짓지 않고 깨끗한 아이로 살아가길 원합니다."

당신은 나의 이 기도에 고개를 갸우뚱할 것입니다.

보통 사람이라면 절대로 하지 않을 기도이기 때문일 것입니다. 잘 알고 있습니다.

나는 왜 이런 이상한 기도를 하는 것일까요? 그것은 다름 아닙니다.

세상에 가장 신성해야 할 섹스를 잘못 사용하여 죄짓는 사람들의 모습이 너무도 안타까웠기 때문입니다.

순간의 쾌락을 즐기기 위해 섹스를 마음대로 사용하였다가 섹스의 욕망과 감정으로 태어난 사생아가 너무도 불쌍했기 때문입니다.

미래에 대한 아무런 생각 없이 현실의 쾌락에 탐닉하다가 결국 미혼모가 되어버린 여인과 그런 미혼모와 사생아를 탄생시킨 남자의 죄가 너무도 안타까웠기 때문입니다. 무엇보다 부정한 섹스로

인해 나타나는 죄의 결과가 너무도 무서움을 알았기 때문입니다.

사람들은 섹스로 인한 죄의 결과가 얼마나 무서운지 잘 알지 못합니다.

당신은 왜 이런 악한 일들이 계속하여 전염병처럼 일어난다고 생각하십니까?

한 인간의 생각은 태어나 자라는 가운데 습득한 환경과 지식에 의하여 굳어지는 경향이 있습니다.

이때부터는 아무리 그 사람의 생각과 행동을 바꾸려 해도 쉽지 않습니다. 그래서 내가 생각한 것이 그렇다면 아예 한 생명이 만들어지기 전 정자와 난자를 놓고 기도해버리자!

이렇게 해서 나는 이때부터 정자와 난자를 놓고 기도했던 것입니다.

섹스란 원래 하나님이 인간에게 허락한 가장 아름다운 것으로서 참으로 위대하고 감사하고 거룩함이 가득한 정의와 진리 그 자체라 할 수 있습니다.

앞으로 우리는 이런 섹스를 해야 할 것이며 이런 섹스의 모델이야말로 우리의 숙제입니다.

그런데 이브가 하나님이 먹지 말라 했던 선악과에 보암직도 하고 먹음직도 하며 눈이 밝아진다는 소리에 따먹고 싶은 욕망을 느껴 결국 선악과를 따먹고 타락했던 것처럼 인간도 원래 거룩했던 섹스를 하나님의 뜻과는 달리 자신의 욕망대로 부정하게 사용하면서 타락하게 되었던 것입니다.

---

1) 미합중국 3억 3천만 명 국민의 생각과 사상이 평화의 사랑에 근원을 둔 창조주 하나님께 향하기를 기도합니다.

 이처럼 인간은 하나님의 뜻과 반대로 자신의 욕망대로 섹스를 사용하기 시작하면서 정의를 무너뜨리고 죄를 지었던 것입니다.

 그런 면에서 나는 부정한 섹스로 인하여 일어나는 악한 일들이 정의와 진실이 없는 욕망으로 인하여 인간이 타락하면서 지은 죄 때문이라고 감히 말하고 싶습니다.

전 세계 국가의 사기꾼들

 나는 당신 나라 사람들이 사기 친다는 말을 들어본 적이 없습니다.

 어린 시절부터 나는 당신과 당신 나라는 거짓말하지 않고, 탐욕으로 부정을 저지르지 않고, 진실과 정의가 살아있다고 배웠습니다.

 그리고 그것이 청교도 정신 때문이라고 배웠습니다.

 그것은 참 고마운 일이라 하지 않을 수 없습니다.

 당신 나라에 섹스와 마약의 죄는 범람하지만, 사기꾼은 적으니 아마도 그것은 청교도 정신이 크게 기여한 까닭이기 때문일 터입니다.

 아마도 거짓을 행하지 않는 정신, 바탕의 마음, 그것이 오늘날 세계 최강국을 만들어낸 힘이지 않을까 싶습니다.

 안타까운 것은 후진국이나 중진국을 둘러보면 사기꾼들이 많아도 너무 많다는 사실입니다. 왜 사기꾼들은 사기를 치는 걸까요? 그것은 뻔한 질문이 아닐 수 없습니다.

 사기꾼이 사기를 치는 것은 상대를 속여서라도 자기가 더 가지고자 하는 욕심으로 들끓기 때문입니다.

이건 상대를 아예 한 사람의 인격으로 보지 않기에 가능할 수 있는 일입니다. 생각해 보세요.

만약 상대도 나처럼 하나의 인권을 가진 인격이라고 생각한다면 어떻게 얼굴에 뻔뻔히 철판 깔고 거짓 속임수를 펼칠 수 있겠습니까?

따라서 사기를 치는 사기꾼은 이미 인간이기를 포기한 짐승과 다름없는 사람들이라 할 수 있습니다.

아니, 그래도 짐승은 상대를 속이지 않으니 짐승만도 못한 인간들이라 할 수 있습니다.

나는 사기꾼에게 사기를 당해 지금 고통 가운데 사는 사람들을 수없이 보고 있습니다.

나 역시 사기를 당해 고통 속에 빠져본 경험이 있고 지금도 그 고통을 뼈저리게 느끼고 있습니다.

당신 나라 사람 중에도 사기로 인해 그런 고통 중에 있는 사람들이 있을 것입니다.

어떤 사람이 평생을 모아둔 돈을 한순간의 실수로 사기당하고 말았습니다.

그 사기꾼은 여기 투자하면 큰돈을 벌게 해 주겠다는 유혹으로 그 사람에게 다가왔습니다.

그리고 이익금으로 더 좋은 선교 사업을 같이 할 수 있다고 이야기하였습니다. 그것은 그 사람의 귀를 솔깃하게 하기에 충분했습니다. 왜냐하면 그 사람은 선교사업에 무척 관심이 많았기 때문입니다. 사기꾼이 제시하는 선교사업의 목적도 뚜렷하고 아주 좋아 보

2) 미합중국 땅과 바다의 축복과 지하자원+하늘+공기 등 모든 만물을 하나님이 보호해주시기를 위해 기도합니다.

였습니다.

그래서 그 사람은 흥분한 나머지 사기꾼에게 투자하였고 감쪽같이 속을 수밖에 없었습니다. 결국 사기꾼이 사기 치기 위한 시나리오에 완전히 걸려 들었던 것입니다.

그 사람은 속에서 차오르는 분노를 이길 길 없어 그 사기꾼을 찾아다녔다. 1년, 2년… 하염없이 시간이 흘러갔지만, 그 사람의 분노는 사그라지지 않았고 화산처럼 더욱 타오르기만 했습니다.

하던 일도 중단했고 오로지 그 사기꾼을 찾아온 나라를 헤집고 다녔습니다. 지금도 그 고통에서 헤어나지 못하고 있습니다.

이렇게, 내 주변만 해도 온통 사기당한 피해자들로 득실거립니다.

TV를 틀어 봐도 온통 사기당했다는 뉴스로 도배된 듯합니다. 왜 주변에 사기꾼들이 이리도 많은 것일까요? 그것은 일단 사기 치는 사람들이 자기의 하는 일이 얼마나 무서운 죄인지 모르기 쉽게 행동으로 옮기기 때문일 것입니다.

하지만 사기꾼의 이런 행동은 사기당하는 자를 그대로 죽여 버리는 결과를 내므로 나는 그들을 현대판 식인종이라 부르지 않을 수 없습니다.

그들은 사람을 잡아먹는 식인종처럼 사람들의 돈과 재산과 정신을 잡아먹어 버립니다. 그러니 과거 식인종보다 더 무서운 식인종이라 하지 않을 수 없습니다.

아! 하나님, 더는 현대판 식인종과 같은 사기꾼들이 나타나지 않

게 하여 죽임을 당하는 사람들이 없도록 하여 주옵소서.

당신과 내가 세계의 화평한 자연 속에서 평화를 꿈꾸며 사랑하는 사람으로 살아갈 수 있기를 위해 기도합니다.

거짓, 속임수의 연구, 사기와 배신이 만들어내는 무서운 죄!

당신은 인간사회에서 사기가 얼마나 무서운 일을 만들어내는지 생각해 본 적이 있습니까?

사기를 치는 사람의 죄는 그 한 사람의 죄로 끝나지 않습니다.

사기를 당한 사람의 입장을 생각해본 적이 있습니까?

그는 한순간에 가진 것을 몽땅 잃게 됩니다. 당장 길바닥에 나앉게 된다는 이야기입니다. 만약 가족이라도 있다손 치면 이제 상황은 더욱 심각해집니다.

한 사람의 실수로 이제 가족까지 생계의 위협을 받게 된 것입니다. 이때 대부분의 부부는 이혼을 경험하게 됩니다. 그뿐만 아니라 자식으로부터도 외면을 당하게 됩니다.

사기당한 아픔도 채 가시지 않았는데 가족으로부터도 외면당한다면 그 상실감이 어느 정도일지 말하지 않아도 알 것입니다. 많은 사기당한 자들이 이때 스스로 목숨을 끝내고자 하는 결심을 하게 됩니다.

이것이 사기꾼으로부터 시작된 죄의 결과입니다. 이 얼마나 무서운 이야기입니까?

---

3) 미합중국 국민 3억 3천만 인의 눈동자 6억6천 개에 담긴 마음+시선+깊은 생각의 뜻을 위해 하나님께 기도합니다.

자기는 단지 자기의 욕심을 채우려 거짓과 속임수로 사기를 쳤을 뿐일 테지만 그로 인해 사기당한 자가 겪게 되는 아픔이 너무도 크다는 사실은 사기꾼들이 꼭 기억해야 할 부분입니다.

그렇다면 왜 이런 사기꾼들이 생겨나는 것일까요?

자기가 짐승이 아니라 인간이라면 최소한의 양심이 있게 마련입니다.

사실 많은 사람이 사기꾼이 되지 않는 것은 바로 이런 양심이 있기 때문입니다.

이러한 양심이 있기에 사람들은 남들이 보지 않는 데서도 쉽게 남의 물건을 훔치려 하지 않습니다.

그래서 우리 사회가 그나마 돌아가고 있는 것입니다.

그런데 우리 사회에는 이런 양심마저 저버린 사람들이 점점 더 많이 생겨나고 있습니다. 그것이 나를 너무도 슬프게 합니다.

왜 이렇게 양심을 저버리는 사람들이 점점 많아지는 걸까요?

그것은 바로 악(惡) 때문입니다. 즉, 악한 사람들이 점점 더 많이 생겨나기 때문입니다. 사전에 보면 악(惡)이란 '못되고 나빠서 인간의 도덕적 기준에 어긋나는 죄'를 짓는 것을 말합니다.

즉, 죄라는 것이 나쁜 행위의 결과로 나타나는 것이라면 악은 바로 그 죄를 짓게 하는 근본 마음을 뜻하는 것입니다.

그렇다면 사람들이 왜 이리도 악하게 되었을까요?

나는 단연코 그것이 인간의 욕심 때문이라고 생각합니다.

물론 여기서 말하는 욕심이란 양심을 속일 만큼 지나친 욕심을 뜻하는 것으로 과욕, 심술, 오기 등이 개입된 사탄이 가져다주는 마음입니다.

그것은 노력 없이 받으려는 마음이요, 남의 것을 빼앗으려는 마음이요, 이유와 조건 없이 남의 것을 나의 것으로 만들고자 사기치려는 마음입니다.

어떤 경우에도 이러한 욕심이 있다면 그것은 정당성이 없는 욕심이 됩니다.

대통령도 판사도 검사도 목사도 선생도 기업가도 발명가도 군인도 연구가도 가수도 예술가도 관리자도 이런 욕심이 있다면 본인이 정당히 사용해야 할 권리의 기준이 변하게 됩니다. 오염되게 됩니다. 그래서 정의와 진실이 왜곡되고 마는 것입니다.

반대로 정당한 욕심도 있습니다.

그 욕심은 꿈을 향하여 희망을 품고 심기일전하여 백방으로 노력하겠다는 욕심입니다. 이러한 욕심을 가진 사람들은 비록 고생스럽고 어려움이 닥친다고 하더라도 진실한 마음으로 최선을 다하여 정성껏, 힘껏 노력하게 됩니다. 이때 절대로 자기 욕심을 이루기 위해 다른 사람에게 해를 가하거나 피해를 주지 않으려 노력합니다. 세상에 유익을 주기 위해 최선을 다하게 됩니다.

이것이 바로 정당한 욕심의 결과로 나타나는 것들입니다.

사람들은 이런 욕심을 욕심이라 부르지 않고 꿈, 갈망이라고 부

---

4) 미국 땅 위에서 매일 잉태하는 생명에게 양육+교육+꿈+정의+축복+사랑의 근원을 주시기를 하나님께 기도합니다.

릅니다.

우리는 부정한 욕심 대신 이런 정당한 욕심을 가져야 할 것입니다.

과거에는 가진 것이 별로 없었기에 그만큼 욕심의 크기도 작았겠지만 모든 것이 풍요로워진 지금 가진 것이 너무도 많기에 욕심의 크기도 비례해서 커질 수밖에 없었습니다.

그런데 욕심의 크기에 맞는 노력을 하기에는 너무 힘들고 어렵고 귀찮기에 악한 사람들은 다른 사람을 죽여서라도 자신의 욕심을 채우고자 할 수밖에 없었습니다.

이미 마음이 악해져 있기에 다른 사람을 죽이는 것쯤은 이제 아무렇지도 않게 되었습니다.

그래서 아무런 거리낌 없이 거짓과 속임수를 펼쳐 사기를 치고 배신을 저지르고 마는 것입니다.

여기서 나는 사기에 더하여 배신이라는 죄까지 생각하게 되었습니다.

사기는 상대에게 교묘히 파고들어 상대를 속이는 차원에 머물지만, 배신은 믿음과 의리로 뭉쳐 있던 관계를 저버리는 무서운 행위입니다.

그런데 우리 주변에는 이런 배신마저 일삼는 사람들이 부지기수입니다.

나는 이 배신 역시 바로 자기만의 욕심을 채우려는 마음에서 비롯된다고 생각합니다. 결국 욕심이 사기와 배신을 일으키는 가장

핵심적인 원인이 되는 것입니다.

야고보서 1장 15절에서는 "욕심이 잉태한즉 죄를 낳고 죄가 장성한즉 사망을 낳는다"라고 경고하고 있습니다.

사탄이 가져다주는 욕심이 결국 그 사람을 죽게 한다는 무서운 말씀입니다. 당신은 이 말의 무서움을 얼마나 깨닫고 있습니까?

마음의 부정한 욕심부터 청소하라!

나는 사기 칠 욕심으로 가득 차 있는 사람들에게 꼭 하고 싶은 말이 있습니다.

"그대들이여 당신의 거짓과 속임수는 다른 사람을 죽게 하는 가장 큰 죄악이오. 그러니 당장 마음의 죄악을 거두시오. 그것은 살인보다 더한 행위요.

그것은 사람 잡아먹는 식인종과 다름없는 무서운 죄악이오."

내가 사기 치는 사람에게 이렇게 몸부림치는 것처럼 당신도 사기 치는 사람들을 향해 외쳐야 할 것입니다. 이제 더는 마음의 악을 거두라고!

마음의 욕심을 깨끗이 청소하라고! 당신의 선조들은 청교도 정신으로 마음의 욕심 없이 깨끗했다고! 전 세계 사기꾼들을 향해 청교도 정신을 외쳐야 할 것입니다.

나는 세상의 악이 정말로 인간 세상에서 없어져야 한다고 생각합니다.

---

5) 미국인의 마음속 그윽이 깊은 곳에서 나오는 새 희망과 진실과 정의가 세계 인류에게 강물처럼, 구름처럼 흘러넘치기를 하나님께 기도합니다.

왜냐하면 그것은 당하는 사람을 무참히 발로 짓밟는 야만적인 결과로 나타나기 때문입니다. 사기꾼들이여, 양심이 있다면 그대에게 당한 사람이 겪는 고통을 한 번 생각해 보시오.

당신의 욕심을 채우고자 그 사람을 짓밟았을 때 그 사람이 당신의 발아래에서 신음하는 그 고통을 말입니다.

이것은 마치 식인종과 다를 바가 하나도 없습니다. 식인종은 자신의 배를 채우기 위해 다른 사람을 무참히 잡아먹어 버리지만, 사기꾼도 자기 욕심을 채우기 위해 다른 사람을 무참히 짓밟아버리니 식인종과 다를 바가 하나도 없습니다.

그러니 이제부터라도 마음속의 그 악을 버리기 위해 노력하시오. 그 길 만이 당신의 영혼이 살길이요, 당신이 사기 치려는 그 사람도 살리는 길입니다.

그리고 나아가 당신의 그 노력 덕분에 전 세계에 살길이 열리는 것은 말할 필요가 없을 테고….

욕심의 대명사로 가룟 유다를 떠올릴 수 있을 것입니다.

그는 예수님의 제자였지만 예수를 팔아넘겨 돈을 챙길 욕심을 부렸습니다.

물론 그 욕심은 마음속에 사탄이 들어와서 만들어낸 욕심입니다. 그 사탄의 욕심이 들어오자 가룟 유다는 어떻게 하여 예수님을 로마 병정에게 넘겨줄지 연구하기 시작합니다.

그때 머리는 번개처럼 빠르게 돌아가고 뱀처럼 지혜롭게 돌아가

게 됩니다. 결국 가룟 유다는 예수님을 팔아넘기는 데 성공했지만 결국 어떻게 되었습니까.

밭에 고꾸라져 비참한 최후를 맞이하지 않았습니까. 사탄이 주는 욕심의 결과는 이런 것입니다. 더 무서운 것은 사람이 욕심을 한 번 부리면 예수님마저도 배신할 정도로 무섭다는 사실입니다.

당신의 선조들은 이 사실을 이미 알고 있었기에 그렇게 욕심을 부리지 말라고 외쳐댔던 것입니다.

대신 가진 것을 서로서로 나누어야 한다고 외쳐댔던 것입니다.

이것이 바로 사랑입니다. 이 사랑은 당신 나라 선조들을 통하여 나의 나라 대한민국에 고스란히 전해졌습니다. 사실 그때까지 나의 나라에 사랑이란 단어가 쓰이지 않았었습니다.

그런데 당신 나라 선조들의 나눔 정신을 통하여 비로소 사랑의 정신을 배울 수 있었던 것입니다. 그때부터 나의 나라에도 욕심 대신 사랑의 정신으로 불의를 저지르는 대신 서로서로 음식을 나누어 먹을 수 있었습니다.

나와 당신이여, 이제 다시 한번 당신 선조들의 사랑을 기억하며 우리의 마음을 추스릅시다.

하나님, 오늘날은 과거보다 과학과 지식과 문명이 극도로 발전한 세상입니다. 게다가 과거 어느 때보다 뛰어난 학식과 능력을 갖춘 정치가, 판사와 검사, 뛰어나고 현명한 목사, 종교지도자, 학자, 선생님들이 즐비한 시대입니다.

---

6) 전 세계 땅 위의 인류가 배운바 대로 정의와 진실의 영향을 발휘하기 위해 하나님께 기도합니다.

그런데 왜 죄인들은 과거보다 더 많아지는지 알 수 없는 현상입니다.

과거 그 어느 때보다 좋은 말, 좋은 격언들을 많이 들으며 좋은 교육을 받는데 하나님을 배반하고 인류를 속이는 죄는 더 커지는지 알 수 없는 세상입니다.

오! 하나님 지금의 인류가 그 원인을 뿌리 캐듯 캐내고 깨달아 죄의 뿌리를 완전히 없앨 수 있도록 인도하여 주옵소서!

가진 자들의 탐욕과 횡포

나의 나라에 너무나도 무서운 속담이 있습니다.

바로 '99칸의 집을 가진 사람이 1칸 집 가진 사람 것을 뺏어 100칸 만들려고 한다.'는 속담입니다.

인간의 욕심이 얼마나 대단한지를 빗대는 속담이라 할 수 있습니다.

그런데 지금 바로 우리 현실에서 이런 일들이 버젓이 일어나고 있다는 사실을 알고 있습니까?

나의 나라에서 검사의 권력은 막강합니다. 사실 나의 나라에서 검사가 생긴 게 불과 80여 년 정도입니다.

바로 80여 년 전 당신 나라에서 검사제도가 들어와 생겼기 때문입니다. 그 이전에 나의 나라에 검사는 없었던 것입니다. 그런 검사가 탄생하여 비록 당신 나라에서 배웠던 것처럼 정의의 편에서 사람들이 법을 지키게 한 측면도 있지만,

아직 나의 나라에서 검사의 권력은 브레이크 없이 질주하는 트럭이나 무소처럼 막강하며 무소불위의 힘을 휘두르고 있습니다.

검사와 판사, 변호사란 원래 우리 사회의 정의와 진실을 바로 세우기 위해, 인권과 도덕을 바로 세우기 위해 만들어진 자리가 아닙니까.

그래서 엄격한 자질과 교육, 인성이 필요하지 않습니까.

그런데 어떤 검사가 공평하게 사람을 대하지 않고 강자 편만 든다면 어떻게 될까요?

실제 강자가 범죄를 저질렀고 약자는 당한 입장이었는데 강자의 편만 든다면, 말입니다. 강자는 자신이 범죄를 저질렀음에도 불구하고 검사와 어떤 관계를 맺었는지 요리조리 법망을 피해 갑니다.

오히려 약자는 아무런 죄도 저지르지 않았는데 억울한 누명만 씌게 됩니다.

아아! 세상에 이렇게 억울한 일이 또 어디 있단 말인가요?

강자에게 당한 억울함을 법을 통해 풀어보고자 했건만 검사마저 권력의 횡포를 휘두르니 약자는 그대로 얻어맞으며 무방비 상태가 되고 맙니다.

이 경우 약자는 강자에게 얻어맞고 검사에게까지 죽임을 당하는 이중 살인을 맛보게 되는 셈입니다.

이런 일이 일어난다면 도대체 이 땅의 정의는 어디로 가고 인권은 또 어떻게 되는 것인가요? 정말로 통탄할 일이 아닐 수 없습니다.

---

7) 미국의 어린이부터 최종교육을 받는 장년에 이르기까지 마음을 다 바쳐서 가르치는 선생님과 교육자에게 정의롭고 진실한 교육정신이 있기를 위해 기도합니다. 교육은 영원한 것입니다.

그런데 우리 사회에는 이런 일이 버젓이 비일비재하게 벌어지고 있습니다.

덕분에 지난 80여 년을 돌이켜보면 검사제도가 범죄를 억제하기보다 오히려 범죄를 더욱더 생산한 측면이 크다고 생각합니다.

이제 이것을 회복하기 위한 방법으로 당신과 내가 앞장서서 이 땅의 정의를 위해 끝까지 기도하기를 원합니다.

오, 하나님이여, 인간의 땅에 욕심으로 무너진 검사와 판사와 변호사들의 정의를 바로 잡아주시옵소서!

과거의 식인종과 현대판 식인종

과거에 아프리카나 남태평양, 남아메리카 등 오지에 식인종들이 살고 있었습니다.

누구든지 이 식인종들에게 걸리면 꼼짝없이 잡아먹히게 됩니다. 왜냐하면 식인종들은 말 그대로 살아 있는 사람을 먹고살기 때문입니다.

한 평화로운 부족의 아버지가 사냥하러 나갔다가 그만 식인종을 만나고 말았습니다.

아! 아! 그러나 평화로운 부족 아버지의 가족들은 이 사실도 모른 채 이제나저제나 아버지가 맞난 사냥감을 가지고 오기만을 기다리

고 있었습니다.

하지만 그 시간에 아버지는 이제 식인종들에 의해 발가벗긴 채 물에 씻기고 있었습니다. 식인종들도 위생 관념은 철저한 것입니다.

그리고 아버지를 구이 걸이에 매달고 지글지글 맛있게 굽기 시작합니다.

그렇게 아버지는 비참하게 식인종의 밥이 되어 가고 있었습니다.

그 식인종들 아래에는 식인종 아들들이 군침을 흘리며 맛있는 사람고기를 기다리고 있었습니다.

맛있는 음식이 차려졌으니 친척들과 동네의 유지들도 모두 초대되었습니다. 모두가 맛있는 식사를 기다리고 있는 순간입니다.

하지만 그 시각 평화로운 부족 아버지의 가족들은 왜 아버지가 오지 않을까, 걱정하며 고픈 배를 움켜잡고 있을 뿐입니다.

평화로운 부족 아버지의 아들과 딸들도 배를 꼬르륵거리며 "엄마 왜 아빠가 이렇게 안 오지?" 하고 애타게 기다리고 있을 뿐입니다.

어머니도 온갖 걱정에 안절부절못합니다.

혹시 남편에게 무슨 일이 생긴 것은 아닐까, 걱정하며 얼굴이 파랗게 질리기도 합니다.

오늘날, 과거와 같이 실제 사람을 잡아먹는 식인종은 없어졌지만, 과거의 식인종과 똑같은 현대판 식인종들이 나라마다 도시의 빌딩에 우글거리고 있습니다. 얼굴만 바뀌었지 마음은 바뀌지 않았

---

8) 미국 국가가 우수한 두뇌를 발휘하여 세계의 과학+학술+발명+신기술 등 새로운 창조를 위하여 투철한 사명으로 주경야독 연구하는 도전정신의 자세로 성공을 일궈내기를 하나님께 기도합니다. 그 열매는 인류의 축복입니다.

기 때문입니다.

수많은 권력가이 이런 현대판 식인종의 얼굴을 대신하고 있습니다. – 물론 모든 권력가이 다 식인종이란 뜻이 아니며 권력을 휘두르며 정의와 진실을 말살하는 권력가들을 말합니다. – 그들은 오늘 잡아먹을 먹잇감을 살피기에 여념이 없습니다.

그들은 힘을 가지고 있음으 로 먹잇감을 사냥하는 데에는 별다른 수고를 들이지 않아도 됩니다.

국민으로부터 위임받은 직위와 배경을 바탕으로 한 그들의 권력, 조직력의 힘은 막강합니다.

때로는 힘을 행사하기 위해 조직폭력배나 청부살인업자를 동원하는 것도 마다하지 않습니다.

만약 이런 무소불위의 힘을 국가 최고지도자가 부리면 어떻게 될까요?

국가 최고지도자가 막강한 권력으로 현대판 식인종이 된다면 그 나라는 이제 볼 장 다 본 것이나 진배없을 것입니다. 과거 일본의 군국주의나 독일의 히틀러를 생각해보면 금방 이해가 될 것입니다.

마찬가지로 대기업의 오너가 식인종이 된다면 그 아래에 직원들이나 하청업체는 오너의 먹잇감이 되고 말 것입니다.

따라서 권력을 가진 사람들이 현대판 식인종이 되지 않도록 노력해야 함은 너무도 중요한 일이 아닐 수 없습니다.

나와 당신, 누구든지 권력의 위치에 올라가 조금만 마음을 잘못 먹으면 충분히 현대판 식인종이 될 수 있습니다. 그러기에 우리는

언제나 욕심을 청소하고 겸손한 마음으로 살아가야 합니다.

오! 하나님이여, 권력자가 자신의 능력과 힘을 다른 사람 죽이는 데 사용하지 않고 오직 사랑을 위해 사용할 수 있도록 은총을 내려주시옵소서!

권력을 가지고 남을 돕는 사람도 있다

어차피 현 사회의 구조가 남을 죽여야 내가 살고 남이 손해 봐야 내가 이익이 생기고 남이 실패해야 내가 성공할 수 있는 구조인데 왜 그러십니까?

당신 혼자 너무 정의로운 채 잘난 체하는 것 아닙니까? 라고 반문할지도 모르겠습니다.

물론 그 심정을 이해 못 하는 것은 아닙니다. 세상이 점점 악해져 이기주의가 판치다 보니 이제 선과 악의 구별조차 하기가 쉽지 않은 세상이 되었기 때문입니다. 하지만 세상이 아무리 악해져도 선과 악을 판단하는 기준 정도는 인간의 마음속에 심겨 있습니다.

바로 양심입니다. 사람들은 양심을 통하여 선과 악을 판단할 수 있게 됩니다.

과거 이탈리아에서 여객선 침몰 사고가 일어났습니다. 그때 그 배의 최고 지도자(권력자)라 할 수 있는 선장은 수백 명의 승객을 남겨두고 자기 혼자 살겠다고 배를 도망쳤습니다.

그때 사람들은 한마음으로 그 선장의 행동을 비난했고 곧 선장은 체

---

9) 미국 나라의 바른 정신과 정직한 인격으로 오케스트라 지휘자처럼 정의를 다스리는 각 분야의 지도자가 나타나기를 하나님께 기도합니다.

포되었습니다. 우리의 양심이 그 선장의 행동을 증오했기 때문입니다.

하지만 치열한 경쟁구조 속에서도 정의롭게 인권을 지키려는 지도자도 얼마든지 있습니다.

2009년 US 항공기에 승객과 승무원 155명을 태우고 하늘을 날던 슐렌버거 기장이 바로 그 주인공입니다.

그는 뉴욕에서 샬롯으로 가기 위해 비행을 하던 중 이륙 4분 만에 새 떼와 충돌하는 긴급사태를 맞았습니다.

이로 인해 엔진에 문제가 생겼고 비행기는 더 는 하늘을 날 수 없는 절체절명의 위기 사태를 맞이한 것입니다.

이때 슐렌버거 기장은 현재 상황을 숨김없이 있는 그대로 승객들에게 알렸고 우리가 모두 살기 위해서는 얼어붙은 허드슨강에 비행기를 비상 착륙시키는 것이 최선의 방법임을 이야기했습니다.

"비행기가 강에 닿는 순간 상당한 충격이 예상되니 모두가 각오해야 합니다."

기장의 말에 승객들은 바짝 긴장했고 드디어 비행기는 허드슨강에 비상 착륙 하는 데 성공합니다. 이제 문제는 승객들을 모두 안전하게 육지로 대피시키는 작업이 남았습니다.

이때 비행기는 언제 강에 가라앉을지 모르는 위급한 상황이었음에도 기장은 마지막 승객이 안전하게 내릴 때까지 비행기를 지켰습니다.

결국 기장의 영웅적 행동으로 말미암아 승객과 승무원 155명은 한 사람도 다친 사람 없이 구조되었습니다.

권력을 가진 당신들이여, 그대들이 가진 권력을 사람 죽이는 데 사용한다면 우리 사회는 지옥이 되고 말 것입니다.

그러나 슐렌버거 기장처럼 그대들이 가진 권력을 사람 살리는 데 사용한다면 우리 사회는 천국이 될 것입니다. 이 말을 꼭 명심하기 바랍니다.

정의로운 지도자는 절체절명 위기의 순간이 닥쳤을 때 자기 목숨을 살리려 하지 않고 오히려 정의의 힘을 발휘하여 다른 사람의 목숨을 구하려 합니다.

이것이 바로 정의와 진실의 힘에서 나오는 것입니다.

반대로 불의한 지도자는 절체절명 위기의 순간에 내 목숨, 내 재산, 내 명예만을 지키려 합니다.

이것이 바로 정의와 진실의 힘을 외면한 극악무도한 죄인 것입니다.

나는 이 시점에서 권력에 대한 죄가 더는 일어나지 않게 하려면 그동안 우리가 가져왔던 권력의 개념을 바꿔야 한다고 생각합니다. 그동안 권력은 높은 자리에서 힘을 휘두르는 것이라 여겨왔습니다. 하지만 권력은 그런 게 아니라 하나님의 청지기로서 국민에게 봉사할 수 있는 자리입니다.

그런 사람에게만 주어지는 힘입니다. 따라서 미래의 권력자들은 대가를 받지 않고 봉사하는 마음을 가진 사람에게만 그 자리를 주어야만 합니다. 만약 이렇게만 할 수 있다면 권력으로 인한 탐욕의 죄는 막을 수 있을 것입니다.

---

10) 전 세계의 의술+학술+기술+발명을 위하여 헌신적으로 노력하신 헌신자에게 하나님의 은총이 있기를 기도합니다.

이제 당신과 내가 기도하기를 원합니다.

온 인류가 슐렌버거 기장의 정신을 이어받을 수 있도록!

특히 권력을 가진 사람들, 지도자들이 슐렌버거 기장의 정신을 이어받을 수 있도록!

권력을 내 탐욕을 채우는 자리로 생각하는 것이 아니라 하나님의 청지기로서 오 하나님 이들을 감동하게 해주시고 변화시켜주시옵소서!

조직이 짓는 무서운 죄!

아! 나는 당신에게 2014년 4월의 악몽에 관해 이야기하지 않을 수 없습니다.

나의 나라 진도에서 무참히 일어났던 여객선 침몰 사건에 대해서 말입니다. 그때 대형 여객선이었던 세월호는 인천에서 출발해 제주도를 향하다가 진도 앞바다에서 그만 선체가 흔들리기 시작하더니 그대로 기울어버렸습니다.

그리고 거대한 배에는 서서히 물이 차 들기 시작했고 배 안에 타고 있던 500여 명의 사람 중 170여 명만 구조된 채 나머지 생명은 그대로 배와 함께 무서운 바다 깊이로 빠져들고 말았습니다.

더욱더 안타까운 것은 그 300여 명의 희생자 중 대부분이 아직 피어나 보지도 못한 고등학교 2학년 학생들이었다는 사실입니다.

이 사건은 전 세계를 공포와 분노로 강타했고 우리나라의 온 국

민들은 마치 내가 그 깊고 어두컴컴한 바닷속에 빠져 죽은 것처럼
오열하며 슬퍼했습니다. 도대체 왜 이런 일이 일어나야만 했던 걸
까요?

쏟아져 나오는 증언을 통해 초유의 여객선 침몰 사건의 실체가
서서히 드러나게 되었습니다.

즉, 일차적으로 선장 이하 선원들의 문제라 생각했는데 더 근본
적인 이유가 있었던 것입니다.

그것은 바로 악으로 가득 찬 청해진해운이라는 이 회사라는 조직
에서 비롯된 문제였습니다.

회사는 승객들의 안전이나 생명은 안중에도 없었던 듯합니다.

오로지 눈앞의 돈만 좇으며 배의 구조상 안전이 위험하다는 직원
들의 의견을 묵살해버리고 말았던 것입니다.

그러다 보니 세월호는 할 수 없이 안전에 심각한 문제가 있는 배
에 수백 명의 생명을 태우고 목숨을 담보로 모험을 거는 위태한 일
을 감행할 수밖에 없었습니다.

세상에 이보다 더 큰 악이 또 어디 있을까요?

그들의 눈에는 오로지 목숨보다 돈이 더 중요했을까요?

어떻게 수백 명의 목숨을 담보로 이런 무책임한 행동을 할 수 있
단 말인가요?

아! 아! 통탄하지 않을 수 없습니다.

---

11) 세계의 학자들이 다시 제3차 세계대전이 일어나면 지구를 일곱 번 반 파괴하는 것과 같
  다고 예언하고 있습니다. 종교전쟁. 국가 간 분쟁으로 인한 인류의 전쟁을 막을 세계인과
  미국인의 중개자+지도자가 나타나기를 위해 기도합니다.

정치조직까지 죄를 짓게 된다면?

세월호 사건은 시간이 지나면서 더 엄청난 사실이 밝혀지고 말았습니다. 당신은 이렇게 문제가 많은 선박이 어떻게 안전검사를 통과할 수 있었다고 생각하나요?

이것은 관련 정부 기관에서 해야 할 일이 분명할 터인데, 당신 나라 같은 선진국에서는 이런 것을 철저히 하는 것이 당연하겠지만 나의 나라는 전혀 그렇지 못했습니다. 아예 해운회사와 정부 기관 간에 무슨 결탁이 있었는지 제대로 검사조차 하지 않았습니다.

수백 명, 아니 수천 명의 목숨이 달린 일인데 어떻게 이럴 수가 있단 말인가요?

그들은 국민의 안전과 생명을 지키기 위해 노력하기는커녕 자신들의 이권 챙기기에 급급하였습니다.

이런 분위기 속에서 한 명이라도 진실을 말하는 순간 그는 말단직으로 전근을 가거나 징계를 받을 수밖에 없습니다. 어떻게 이럴 수가 있단 말인가요.

정부 기관조차 생명보다 돈을 더 중시했기 때문일 터입니다.

아니 관료조직의 권위 의식이 하늘을 찔렀기 때문일 터입니다.

결국 이 사건은 단지 선장 한 사람의 죄로 벌어진 일이 아니라 정치인, 공무원, 기업인, 선장, 선원, 사기꾼 등이 모두 합작하여 저지른 죄 때문에 일어난 일이라 할 수 있을 것입니다. 그중에 정치조직은 최상부에서 악을 저지른 집단이 됩니다.

우리는 이 사건을 통하여 최상부의 정치조직이 죄를 지으면 그

아래에서 어떤 일이 발생하는지 똑똑히 보았습니다.

만약 이것이 단지 해운업 분야에서만 일어난 사실이라면 그나마 불행 중 다행일지 모르나 나의 나라 전 산업 분야에 이런 정치조직의 악이 번져 있다면 이것은 심각한 문제가 아닐 수 없습니다.

또 다른 곳에서 수많은 국민들의 목숨을 앗아갈 준비를 하는 일과 진배없기 때문입니다.

실제 나의 나라 정치권은 이미 수많은 악을 저지르고 있습니다. 좌우로 나뉘어 매일 싸움질만 하지 국민들을 위한 생각은 안중에도 없는 듯합니다.

오죽하면 국민에게 가장 불신을 받는 직업 1위가 정치인일 정도니, 통탄할 일이 아닐 수 없습니다. 아이러니한 것은 그런데도 정치인이 되려고 하는 사람들은 여전히 많다는 사실입니다.

나의 나라 21대 국회의원을 선출하는데 경쟁률이 3.7대 1이었습니다. 이것은 권력이 주는 달콤한 맛이 있기 때문일 것입니다. 문제는 이런 정치권이 짓는 죄가 고스란히 국민들의 피해로 돌아오게 된다는 사실입니다.

세월호 사건을 일으킨 배후에 유병언이라는 사람이 있다는 사실이 밝혀졌습니다.

그는 십수 년 전 대한민국에 세모 사건으로 큰 물의를 빚은 인물입니다. 세모 사건은 한강유람선 업을 하던 세모라는 회사가 종교를 빙자해 수천억 원의 부도를 내고 사회적 물의를 일으켰던 사건

---

12) 미국 나라의 과거와 현재의 역사, 미래를 만들어갈 찬란한 새 역사를 위해 하나님께 간절히 기도합니다.

입니다.

놀랍게도 이번 세월호 사건을 통해 그때 유병언이 망하지 않았으며 부도낸 돈도 고스란히 빼돌려 지금도 그 못지않은 부를 누리고 있다는 것이 아닙니까.

당신은 어떻게 이런 일이 가능했다고 생각하는가요? 이런 일은 정치권의 도움 없이는 도저히 있을 수가 없는 일입니다.

결국 정치권의 악 때문에 그때 세모가 부도냈던 수천억 원은 고스란히 국민 세금으로 막은 셈이 되었습니다. 이것은 결국 한몫 잡으려는 정치권과 이권을 챙기려는 기업 조직이 서로 공생관계에서 일궈낸 최고 죄악의 결정체라 밖에 달리 표현할 길이 없습니다.

당신은 나의 나라에서 벌어지고 있는 이런 일들을 도대체 어떻게 해석할 수 있다고 생각하는가요?

개인이 짓는 죄보다 조직이 짓는 죄가 더 큰 불행을 만드는 것처럼 이제 조직이 짓는 죄보다 정치조직이 만들어내는 죄가 더욱더 큰 국민의 불행을 초래한다는 사실을 우리는 똑똑히 기억해야 합니다.

조직의 죄에 대하여, 나는 성경에서 예수님이 서기관과 바리새인들을 향해 던졌던 말을 똑똑히 기억하라 말하고 싶습니다.

"이 독사의 새끼들아!"

이것은 어느 정치가가 지껄인 말이 아닙니다.

바로 성인 중의 성인이었던 예수님이 외친 말입니다.

도대체 정의와 진실의 결정체라 할 수 있는 예수님께서 얼마나 화가 나셨기에, 하나님의 말씀을 거역했기에 이런 독한 말을 내뱉

은 것일까요?

그것은 당시 이스라엘의 지도자 그룹이었던 서기관과 바리새인들의 죄가 하나님의 뜻을 거역하고 이스라엘을 망치고 있기에 감히 예수님이 던져주었던 일침과도 같은 말이었습니다.

이는 그토록 사랑을 외쳤던 예수님조차 욕과 같은 심한 말을 던질 정도로 조직이 짓는 죄가 무섭다는 사실을 우리에게 암시해주는 것이나 다름없습니다.

아아, 나는 기대합니다. 당신 나라의 조직이 깨끗하다면 그것은 마치 맑은 윗물이 흘러 맑은 아랫물을 만드는 것처럼

전 세계 조직으로 흘러 깨끗한 조직을 만들어낼 것이라는 기대입니다.

그러니 먼저 당신 나라의 조직이 깨끗해지길 위해서 기도합니다.

물론 당신 나라의 조직은 전 세계 어느 나라보다 깨끗할 것이란 믿음은 있습니다. 그것이 현실로 이루어져야 합니다. 그것이 나의 마음에서 이는 작은 소망이고 감동입니다.

각종 이권단체, 조직들이 짓는 죄! 죄들!

이제 당신은 개인이 짓는 죄보다 조직이 짓는 죄, 단체가 짓는 죄가 얼마나 더 무섭다는 사실을 분명히 알았습니까?

개인이 짓는 죄는 그 개인과 관련된 몇몇 개인에게 피해를 주겠

---

13) 미합중국이 1776년 7월4일 독립기념일부터 현재까지 하나님의 보호하심에 늘 감사 기도합니다. 그날을 미합중국의 순결 정신의 날로 기도합니다. 하나님이시여! 미국을 눈동자처럼 보호하시고 정직한 나라로 만드소서!

지만 단체나 조직이 짓는 죄는 개인보다 더욱더 큰 범위까지 피해를 주니 이는 당연한 일입니다.

세월호 여객선 침몰 사건은 조직, 나아가 정치조직이 범한 죄의 대표적인 전형으로 이는 나의 나라 전체를 휘청거릴 정도로 엄청난 악영향을 끼쳤다고 하지 않을 수 없습니다.

우리 사회를 돌아보면 조직들이 짓는 죄가 도처에 깔려 있음을 금세 발견할 수 있습니다. 여기서 조직이라 하면 이제 정부조직뿐만 아니라 민간조직, 이익단체까지 그 형태는 무한합니다. 지금 나는 그 모든 조직에 대하여 이야기하는 것입니다.

정치조직은 좌우로 나뉘어 모두가 자기의 이익만을 위해 서로 헐뜯으며 싸우고 있습니다.

겉으로는 국민들을 위한다고 하지만 이제 더는 속을 국민이 없을 정도로 정치조직이 국민에게 지은 죄는 막중합니다. 선거 때만 되면 이것 해주네 저것 해주네 하면서 손을 벌리다가 선거철만 지나면 입을 싹 닫아버립니다. 이에 항의하려 연락해도 연락이 도무지 되질 않습니다.

민주주의 꽃이 선거인데 그 선거마저 자신들의 욕심을 채우기 위한 도구로 사용한 것입니다.

그리고는 자기들끼리 밥그릇 싸움해대느라 하루도 싸움질이 그치지 않습니다. 이러한 정치조직이 짓는 죄의 피해는 고스란히 국민들의 몫이 되고 마니 이처럼 커다란 죄가 또 어디 있겠습니까.

각종 이권단체가 짓는 죄 또한 만만치 않습니다. 대기업 단체들

은 자기 단체들의 이익만을 외칩니다.

그래서 어떻게든 자기들에게 유리한 상황을 만들어 자신들의 이익을 극대로 키웁니다.

그런데 이렇게 키워진 기업 조직은 결국 끝없는 욕심으로 화를 자처하고 맙니다. 무슨, 무슨 비리 사건이 터졌네, 어떤, 어떤 사건으로 부도가 났네 하면서… 그 기업이나 경제조직은 그것을 책임지지 못하고… 결국 모든 책임은 고스란히 다시 국민들의 몫으로 돌아오고… 이런 악순환이 되풀이되고 있습니다. 언제까지 국민들은 이런 일들을 보고만 있어야 한단 말인가요.

학연이나 지연 단체들도 마찬가지입니다. 지금 나의 나라에는 지역이기주의가 판을 치고 있습니다. 지역으로 똘똘 뭉치다 보니 그 지역에 속하지 않은 사람들은 피해를 보게 마련입니다. 학연은 또 어떤가요? 나의 나라에서 SKY대(서울대, 고려대, 연세대의 이니셜을 딴 이름), 이대(이화여대) 출신들의 권력이 가장 막강할 것입니다.

그들은 정치, 사회, 경제, 문화 등 모든 분야를 망라해 권력을 장악하고 있습니다.

그러다 보니 그에 속하지 못한 학벌의 사람들은 심한 박탈감과 열등감 속에 살아갈 수밖에 없습니다.

그야말로 학벌주의의 조장이 아닐 수 없습니다. 이 지역주의와 학벌주의는 나의 나라를 병들게 하는 망국의 주범으로 꼽히고 있습니다.

---

14) 미국은 독립 후 혼란과 고난+고통+갈등+슬픔의 사연을 모두 딛고 일어나 우뚝 섰습니다. 이제 새 희망의 역사 앞에서 국민이 합심하여 전 세계를 빛나게 하는 일에 손을 들고 앞장서기를 기도합니다.

왜냐하면 이렇게 지역과 학벌로 파벌을 형성하여 자기들끼리 법률의 선을 넘어가면서까지 권력을 나눠 갖고 있기 때문입니다.

그러니 세상에 이보다 더 큰 죄가 어디 있겠습니까?

이것은 조직의 죄가 단지 죄로 끝나는 것이 아니라 결국 한 나라를 멸망으로 이끄는 망국의 결과를 초래하고 말 것입니다. 그러기에 조직의 범죄는 반드시 막아야 할 것이라 외치지 않을 수 없습니다.

그런 의미에서 나는 나의 나라 학벌 조장의 주범이라 할 수 있는 서울대학교를 폐쇄하고 대신 전국의 대학에 최고학과를 하나씩 신설하는 방법을 생각해보고자 합니다.

그만큼 나의 나라에서 서울대학교 나오지 못한 사람들이 겪는 서러움이 크다는 이야기입니다.

만약 서울대학교를 폐쇄하여 나의 나라에서 학벌주의가 없어진다면 그로 인하여 짓는 죄들이 얼마나 많이 사라질 수 있겠습니까. 물론 가능성은 전혀 없는 이야기이긴 하지만 미래의 평등의식을 위해 이런 생각까지 해보는 것입니다.

이제 이러한 조직들은 나름의 권력과 힘이 있습니다. 선거 시에는 막강한 선거표가 있습니다. 이러한 조건을 바탕으로 국가기관 등의 상부조직에 자신들의 이익을 관철하기 위해 흥정을 요구하고 협상을 만들어냅니다.

물론 이것이 모두 나쁘다고 할 순 없겠지만 이 가운데 부당한 허가가 일어나기 때문에 문제가 됩니다.

상부 권력 기관마저 부당함을 알고도 어쩔 수 없이 허가를 내주

어야 할 때가 부지기수입니다. 이 피해가 고스란히 국민들에게로 돌아옵니다. 지금 나의 나라 조직에서는 이런 일들이 일어나고 있습니다.

나는 부디 당신 나라 조직에서는 이런 일이 일어나지 않기를 기도합니다.

만약 당신 나라에서도 이런 일이 일어난다면 당신 나라는 물론 세상의 정의마저 땅에 떨어질 것입니다.

오! 하나님이여, 인간의 땅에 조직으로 인한 죄악이 더 이상 들끓지 않는 방법을 찾을 수 있도록 지혜를 내려주시옵소서!

죄를 무서워하지 않는 사람들!

안타깝게도 죄가 이렇게도 무서운 결과를 가져올진대 사람들은 죄를 그다지 무서워하지 않습니다.

그러니 도처에서 죄를 지으며 살고 있는 것이 아닙니까? 하지만 죄의 대가가 얼마나 무서운지 안다면 죄를 짓기란 쉽지 않을 것입니다.

구약에서는 이에는 이로 눈에는 눈으로 죄를 갚아주란 말이 있습니다.

즉, 눈으로 죄를 지었다면 눈을 뽑아버려야 하고 손으로 죄를 지었다면 손을 잘라버려야 한다는 것입니다.

만약 죄의 결과가 이처럼 무서운 것인 줄 안다면 그나마 죄를 짓

15) 미국의 암흑시절에 빛이 되었던 민족정신+겨레의 청교도정신의 힘+세계의 봉사정신+협동정신+단결정신을 깨우쳐주시고. 정의의 사명자가 되어 헌신과 목숨을 바치는 순교정신으로 자유민주주의 기초를 세우고 온 땅에 전파하였기에 이에 감사 기도를 드립니다.

지 않으려 노력할 텐데… 어리석게도 사람들은 이 사실을 잘 깨닫지 못한 채 살아가고 있습니다.

더욱이 그 마음에 욕심이 잉태하고 나면 이제 죄를 짓는 것은 식은 죽 먹는 것만큼이나 쉬운 것이 되고 맙니다. 언제 욕심이 잉태하나요? 낮은 곳에 있는 서민들에게 욕심이 잉태하기보다는 주로 힘이나 권력을 가지게 될 때 욕심이 잉태하기 마련입니다. 대통령, 정치가, 검사, 판사, 사업가, 경찰, 선생님, 목사, 폭력배, 깡패…. 이처럼 권력의 자리에 오르는 순간 죄에 대한 두려움을 온 데 간데 없게 됩니다.

왜냐하면 이제 권력으로 한몫 잡아보겠다는 욕심이 잉태하기 때문입니다.

그래서 무소불위의 권력을 휘둘러 약하고 여린 사람들을 짓눌러 죄를 저지르고 맙니다. 이때 죄에 대한 두려움을 까마득히 잊고 마는 것입니다.

결국 인간의 욕심은 죄에 대한 두려움마저 앗아갈 정도로 무서운 것이라 하지 않을 수 없습니다.

오! 하나님, 부디 인간들이 더 이상의 욕심을 거두게 하시고 죄에 관한 결과가 얼마나 무서운 것인지 깨닫고 죄에 대한 두려움을 갖게 하여 주시옵소서!

민주주의는 절대 이기적이지 않았다!

나의 나라에서 벌어지는 조직의 죄를 지켜보면서 미합중국 당신 나라를 생각하지 않을 수 없습니다.

당신 나라에서 만든 찬란한 민주주의가 떠오르기 때문입니다. 민주주의가 무엇인가요?

자유와 평등, 인권을 외치는 정치조직이 아닌가요. 자유와 평등, 인권을 이루기 위해 국가지도자조차 국민들의 손으로 뽑자고 하는 제도가 아닌가요.

그렇게 만들어진 민주주의 국가에서 작동되는 조직들은 어때야 할까요? 당연히 민주적일 수밖에 없을 것입니다.

세계 각 나라의 정치조직이 민주적이지 않아 곳곳에서 거대한 민주화의 저항이 일어났었습니다.

그중 나의 나라를 포함한 몇 안 되는 나라들이 민주화를 이루기도 했었습니다. 그런데 지금 그런 민주주의 국가에서 만들어진 조직은 과연 민주적으로 움직이고 있는가요. 만약 민주적으로 움직이고 있다면 내가 조직의 죄 따위를 이야기할 필요도 없을 것입니다. 그런데 조직이 민주화되기는커녕 온통 죄로 물들어 있는 것처럼 보이니 이를 어찌해야 한단 말인가요?

아! 아! 나는 전 세계 나라들이 정직하지 못해도 미합중국 당신 나라만은 정직하다고 어릴 때부터 배웠습니다.

당신들은 절대 거짓말하지 않는다고 그렇게 배웠습니다.

---

16) 국가의 고난시절에는 예술계가 마음의 향수와 정서를 달래주었습니다. 이제 엔터테인먼트 계에서 새 창작예술 활동을 세계에 꽃피우며 국가정서 함양에 크게 이비지하기를 기도합니다.

그래서 당신 나라의 조직들은 최소한 나의 나라처럼 죄로 물들어 있지는 않다고 배웠습니다. 물론 당신 나라도 사람 사는 곳이니 죄를 짓는 조직도 일부 있겠지만 그러나 그렇지 않은 조직이 훨씬 많을 거라 나는 굳게 믿고 기도하고 있습니다.

민주적으로 만들어진 조직은 절대 죄를 지을 수 없을 것입니다. 오로지 자기들의 이익만을 위해서 움직이지 않을 것입니다.

왜냐하면 인권과 평등을 외치는 조직일 테니, 말입니다.

인권과 평등을 외치려면 최소한 자기만의 이익을 구해서는 안 될 것입니다. 자기 조직의 이익만을 추구하다 보면 어느새 다른 조직이 피해를 보게 되고 그래서 인권과 평등이 무너질 테니까, 말입니다.

그래서 나는 우리나라와 전 세계의 조직들이 당신 나라의 민주화된 조직을 본받기를 원합니다. 그것도 간절히 기도합니다. 조직들이 독재적이거나 이기주의로 물들지 않고 진실한 민주주의 체제로 구성되어 있을 때 비로소 조직이 짓는 죄에서 자유로울 수 있을 것이기 때문입니다. 그래서 오늘도 나는 이렇게 기도합니다.

하나님이여! 세계 각국의 조직들이 더 이상 죄짓지 않게 하시고 미합중국의 민주적인 조직을 본받게 하소서!

전 세계의 나라마다 조직의 권력을 휘두르지 않게 하시고 오히려 위대한 조직의 아름다운 힘을 발하여 인류 평화에 기여하는 일들이 일어나게 인도하여 주옵소서.

사람들이 모르는 죄의 대가

인류의 죄를 향한 기도!

아! 아! 하나님, 저의 기도는 끝이 없습니다. 인류의 죄가 제 가슴을 짓누르기 때문입니다. 도대체 인류의 죄는 언제까지 계속될 것입니까? 죄의 끝은 도대체 어디입니까?

빈곤의 문제, 인간의 정의가 무너지는 문제, 인권이 말살되는 문제, 세상의 부조리가 판치는 문제, 인간 욕심과 욕망으로 인류가 파괴되는 문제, 하나님이 허락하지 않은 섹스의 문제, 조직들이 짓는 죄의 문제까지….

이 모든 문제의 근원이 바로 인간들이 짓는 죄에 있지 않습니까? 그런데 하나님은 언제까지 이 죄를 보고만 있을 것입니까?

왜 사람이 사람을 잡아먹는 식인종 시대가 현대에도 계속되고 있습니까? 또 미래의 식인종은 어마어마한 무서운 무기와 조직을 갖고 인류를 파괴할 것이 아닙니까?

인간은 본질상 죄의 노예로 살 수밖에 없음을 너무도 잘 알고 있습니다. 하지만 이런 인간에게도 희망의 빛을 던져주시지 않았습니까?

---

17) 미국의 온 땅에 하나님의 정기가 흐르고 하나님 앞에 충성하는 자들이 많아지게 하소서. 나아가 미국 국민이 자신의 운명에 대한 개척정신을 가지고 인류 발전에 이바지할 수 있기를 하나님께 기도합니다.

죄의 노예로부터 해방시켜줄 한 줄기 빛이요 그리스도의 보혈의 대가인 복음, 민주주의, 과학기술… 등을 주시지 않았습니까.

미합중국 당신 나라를 통해 나의 나라에 복음이 전해졌을 때 복음은 나의 나라 사람들의 어두운 생각을 밝게 변화시켜주었습니다. 당신 나라를 통해 이 땅에 민주주의가 전해졌을 때 무너져 있던 이 땅의 정의와 인권을 바로 세워졌었습니다.

세계에서 가장 못살던 나의 나라에 신학문의 지식과 과학기술이 전해졌을 때 나의 나라는 비로소 가난을 떨쳐내고 번영의 길로 들어서게 되었습니다.

그렇게 이 땅의 사람들은 낡은 시대에 맛보지 못했던 놀라운 영광과 행복을 맛보았건만,

이게 웬일입니까? 세상은 다시 타락에 타락을 거듭하여 죄로 물든 세상으로 변해가고 있습니다.

더욱더 안타까운 것은 이 모든 타락의 근원 역시 당신 나라에서 시작되었다는 사실입니다.

당신 나라로부터 복음, 민주주의, 과학기술… 등이 전해져 세상에 빛을 던져주었건만, 이혼, 사생아, 동성애, 섹스 타락, 폭력, 마약중독… 등이 시작된 곳도 당신 나라입니다. 이제 그 나쁜 문화가 나의 나라에까지 전해져 사람들이 똑같이 이혼, 사생아, 동성애, 섹스 타락, 마약중독, 탐욕의 죄를 저지르고 있습니다.

오 하나님! 세상의 희망이었던 당신 나라마저 타락해가는 모습을 더 이상 보고 있을 수만은 없습니다.

당신 나라가 죄를 회개하고 다시 역할을 해주지 않으면 이 세상은 희망이 없습니다.

미합중국이 다시 살아나고 제 역할을 해주어야 전 세계 80억에게도 드디어 다시 복음의 능력이 부활할 것이요, 사랑과 소망이 생길 것입니다.

당신 나라의 거룩한 종교지도자는 무엇을 염려하고 있습니까?

당신 나라의 위대한 의인은 어떤 목표를 갖고 있습니까?

당신 나라의 뛰어난 학자들은 무엇을 연구하고 있습니까?

당신 나라의 위대한 교육자들은 어떤 교육 계획을 하고 있습니까?

당신 나라의 정치지도자는 어떤 새로운 정치를 구상하고 있습니까?

당신 나라에 세계의 정의와 진실을 구현할 더 이상의 지도자를 하나님이 보내주시기를 기도합니다.

나는 지금도 믿고 있습니다. 하나님께서 반드시 더럽혀진 이 땅을 살릴 의인을 보내주실 것이요,

그 의인은 분명 미합중국에서 나올 것이라는 것을!

나는 당신 나라 사람들은 모두 의인일 것이라는 어린 시절의 순수한 믿음을 지금도 간직하고 있기 때문에 지금도 이런 기도를 하는 것입니다.

오 하나님, 당신 나라 미합중국을 살려주시옵소서.

---

18) 미국은 전 세계의 나라마다 사랑과 복음과 배움의 터전을 세웠습니다. 생명을 바치면서까지 사랑으로 헌신하였기에 하나님의 생명책에 영광의 이름이 새겨지게 하옵소서!

인류가 죄의 수렁에서 벗어날 수 있는 길을 보여주시고 나와 당신의 욕심의 죄로 인해 무너진 양심의 정의와 인권을 바로 세울 수 있는 하나님의 지혜를 주시옵소서. 당신과 내가 선한 인류의 미래를 위한 꿈을 갖게 하여 주시옵소서.

인류의 죄를 향한 하나님의 계획

당신은 하나님이 인류의 죄를 지켜보면서 어떤 생각을 하고 있을 거로 생각하십니까?

한갓 인간에 불과한 내가 하나님의 생각을 읽는다는 것은 어쩌면 개가 인간의 생각을 읽는 것처럼 어리석은 일인지도 모릅니다.

하지만 적어도 나는 성서를 통하여 하나님의 뜻을 어느 정도 파악할 수 있다고 생각합니다.

성서에서, 하나님은 예수를 통하여 이 땅에 하나님 나라를 세우고자 했습니다. 그렇다면 하나님 나라란 무엇일까요?

그것은 다름 아니라 하나님이 통치하는 나라로 이 땅에 사랑과 정의가 세워지는 나라입니다. 왜 하나님은 이 땅에 사랑과 정의를 세우기 원하였을까요? 사실 따져보면 세상은 인간의 타락과 허락하지 않은 욕심의 죄 때문에 사랑과 정의가 무너지고 말았습니다.

그래서 빈익빈 부익부의 문제, 인간의 정의가 무너지는 문제, 인권이 말살되는 문제, 세상의 부조리가 판치는 문제, 인간 욕심과 욕망으로 인류가 파괴되는 문제, 인류 전쟁의 문제, 극심한 조직의

---

19) 언젠가 아들이 다니던 일리노이 주립대학교를 방문하려 고속도로를 지나다가 넓게 펼쳐진 옥수수 밭을 보고 나는 그곳에서 목 놓아 울었습니다. 이 옥수수 밭이 우리민족을 살렸다고 생각하니 한없이 울고 또 울고 또 감정이 복받쳐서 감격하며 울었습니다. 미국

이기주의 등의 문제로 세상은 더럽혀질 대로 더럽혀졌습니다.

이에 하나님이 이러한 세상에 자신의 사랑과 정의를 다시 세우고자 하는 일은 당연한 것이 되고 맙니다.

그렇다면 과연 이 땅에 하나님의 사랑과 정의를 바로 세우는 일은 정말로 가능한 일일까요?

이 문제를 해결하기 위해 반드시 해결해야 할 것이 있는데 바로 '죄'의 문제입니다.

이 땅에 인류가 벌이고 있는 죄의 문제를 해결하지 않고서는 이 땅에 사랑과 정의를 세우는 일은 아득히 멀어지는 일이 되고 말기 때문입니다. 과연 하나님은 인류의 죄 문제를 어떻게 할 것인가요?

나는 인류가 더 이상 죄를 짓지 않고 하나님의 사랑과 깨끗한 정의 앞에 나오기를 오늘도 기도합니다. 죄는 인간이 이 땅에서 당연히 누려야 할 사랑과 정의와 인권을 무너뜨리는 주범이기 때문입니다.

나는 당신과 당신 나라가 경제적인 면뿐만 아니라 도덕적인 면에서도 세계의 중심 국가이며 최고 국가임을 명심해야 한다고 생각합니다.

그리고 세계의 약소국가들을 책임지는 위치에 있는 그런 국가라고 생각합니다. 그런 중심국가요, 책임 국가가 중심 역할과 책임 역할을 하지 못하고 오히려 타락에 타락을 거듭한다면 나머지 전 세계 국가들이 어떻게 되겠습니까?

그들 역시 타락할 수밖에 없지 않겠습니까. 윗물이 맑지 못한데

국가와 국민이 감사하여 옥수수 대를 붙들고 또 울었습니다. 또 민족의 한이 있어 울었습니다. 미국의 옥수수 밭의 축복에 감사 기도합니다.

어떻게 아랫물이 맑을 수가 있겠습니까.

그런 면에서 나는 먼저 세계의 중심국가인 당신 나라가 먼저 죄로부터 반듯이 서 있을 수 있다면 이미 이 세상의 죄를 다스리는 문제가 반은 해결된 것이나 다름없다고 생각하며 기도하고 있습니다.

아! 아! 하나님 이 땅에 죄로 인해 무너진 사랑과 정의를 바로 세워주시옵소서. 인간의 마음에 도사리고 있는 거짓말의 욕심, 섹스의 욕심을 사랑과 봉사의 마음으로 변화 시켜 주시옵소서.

그래서 당신과 나, 전 세계 인류의 정의와 인권이 더 이상 위협받는 세상이 되지 않게 하여 주시옵소서! 나아가 1천 년, 1만 년 후 미래 인류의 정의와 인권까지 지켜지는 놀라운 하나님의 역사가 일어나도록 인도하여 주옵소서.

사랑과 정의를 무너뜨리는 죄!

당신은 앞에서, 성서에서 말하는 하나님의 뜻이 이 땅에 사랑과 정의를 세우는 것이라 했던 것을 기억하시나요?

그런데 당신은 이 땅에 하나님의 사랑과 정의가 세워져 있다고 생각하나요?

아마도 대답하기가 쉽지 않을 것입니다. 왜 그럴까요? 당신은 이 땅에서 하나님의 사랑과 정의를 무너뜨리는 주범이 누구라 생각하나요? 나는 하나님의 사랑과 정의를 무너뜨리는 주범이 누구인지,

무엇인지 감히 말할 수 있습니다. 바로 그 주범은 죄 때문인 것입니다.

왜냐하면 죄야말로 하나님의 사랑과 정의의 반대편에 있는 서 있는 것이 틀림없으며 그래서 죄는 언제나 하나님의 사랑과 정의를 무너뜨리기 때문입니다.

죄는 왜 하나님의 사랑과 정의를 무너뜨릴까요?

절친한 친구 관계인 두 사람이 있었습니다. 하지만 한 사람은 가난했고 한 사람은 부자였습니다. 하나님의 사랑과 정의가 살아 있을 때 두 사람은 평화로운 관계를 지속할 수 있었습니다. 그런데 어느 날 가난한 친구가 악한 마음으로 욕심을 품었습니다. 그것은 무서운 욕심이었습니다. 부자 친구를 속여 돈을 갈취하는 것이었습니다. 그래서 자기도 부자가 되어 보고 싶었습니다. 드디어 가난한 친구는 부자 친구에게 온갖 거짓 아부를 떨었습니다.

마음 착한 부자 친구는 가난한 친구가 안 돼 보여 그 친구를 돕기까지 했습니다.

그런데! 가난한 친구는 교묘히 부자 친구를 속여 모든 돈을 갈취하는 데 성공합니다. 졸지에! 상황이 역전되고 만 것입니다.

가난한 친구가 부자가 되고 부자가 가난뱅이가 되고 말았던 것입니다. 그제야 자신이 속았다는 사실을 안 부자 친구는 가난한 친구를 찾아 하소연했지만 이미 무게와 권력의 추가 기운 후였습니다.

힘도 없는 부자 친구는 이미 돈으로 권력까지 사버린 가난한 친

---

20) 미국 국가에는 자연 호수가 많이 있습니다. 그곳 거위가 가족소풍을 갑니다. 가족 모두가 기우뚱 기우뚱 하면서 도로를 가로질러갑니다 가족 모두 안전하게 가는 모습을 보며 미국의 가족들에게 감사 기도합니다.

구 앞에 속수무책으로 당할 수밖에 없었던 것입니다.

이제 가난한 친구는 부자가 되어 떵떵거리고 살았지만, 부자 친구는 온 가족이 길바닥에 나앉을 정도로 가난뱅이가 되어 차비도 없이 식사도 못 하고 쩔쩔매며 하루하루를 절망과 울분으로 살아가게 되었습니다.

당신은 이 이야기를 들으면서 무슨 생각이 드는가요?

처음 두 친구의 처지가 서로 다르긴 했지만 두 사람 사이에 죄가 들어오지 않았을 때는 최소한 사랑과 정의가 무너지지 않았습니다.

부자는 부자대로, 빈자는 빈자대로 두 사람은 서로 사랑을 나누며 평화를 유지하며 화목하게 잘살고 있었던 것입니다.

그런데 한 사람이 사랑을 내팽개쳐버리고 나쁜 마음을 품고 죄를 저지르면서 두 사람 사이에 세워져 있었던 사랑과 정의는 한순간에 무너지고 말았습니다. 서로를 위하는 사랑이 무너졌으며 서로 간에 평화로 세워져 있었던 정의가 무너져버렸습니다. 당신은 무엇이 두 사람 사이에 세워져 있던 사랑과 정의를 무너뜨렸다고 생각하나요? 두말할 여지없이 바로 죄 때문입니다. 바로 배신의 죄입니다. 죄라는 것은 무엇일까요?

사전에서는 '양심이나 도리에 벗어난 행위'라 했습니다.

즉, 사랑과 정의로 세워져 있던 두 사람 사이의 관계를 양심에 벗어난 행위를 해버림으로써 관계를 깨뜨리게 하는 것이 바로 죄였던 것입니다.

이처럼 죄는 두 사람 사이의 관계를 무너뜨리는 근본 원인이 됩니다.

그런데 당신은 죄가 얼마나 무서운 결과를 초래하는지 아십니까?

성서에서는 이러한 죄의 결과가 '사망'이라고 이야기했습니다. 죄의 결과가 단지 육체의 고통을 조금 받는 정도가 아니라 영혼의 죽음을 가져온다는 것입니다.

세상에 영혼이 죽고 싶은 사람이 한 명이라도 있을까요?

그런데 죄가 그 영혼의 죽음을 가져온다는데 그래도 죄를 짓겠다는 사람이 있다면 그 사람이 이상한 사람이 아닐까요.

그럼에도 불구하고 세상에는 이처럼 무서운 죄를 짓겠다는 사람이 너무도 많습니다. 그래서 이 세상의 정의와 진실은 여지없이 무너지고 있습니다. 내가 죄를 짓지 말아야 한다고 목이 터지도록 외치는 이유가 여기에 있습니다.

오, 하나님이여!

하나님이 세상에 정의와 사랑을 세우셨음에도 불구하고 세상에 여전히 득실거리고 있는 죄를 다스려주시옵소서. 부디 인간들에게, 특히 당신 나라 사람들에게 지혜를 주셔서 죄가 얼마나 무서운 것인지 깨닫고 더 이상 죄짓지 않으려 하는 마음을 주시옵소서!

애당초 공평하지 않은데 어떻게 죄 짓지 않을 수 있는가

어떤 사람들은 애당초 세상은 불공평하며 그래서 죄를 지을 수밖에 없는 것 아니냐며 항변하기도 합니다.

---

21) 미국 국가는 세계 1등 최고국가로서 인류의 평화+자유 민주주의+정의+진실+인권+복음 +사랑+교육+질서+보건+자연 기후 등을 책임지고 있습니다. 하나님께서 이 모든 것들에 능력을 허락하시기를 기도합니다.

애초에 부자와 가난한 자로 나누어진 것부터 공평하지 않음으로 정의가 세워져 있지 않은 게 아니냐고?

하나님이 처음부터 정의롭지 못한 세상을 만들었으니 인간들이 죄 짓는 것은 당연한 것 아니냐고? 물론 그렇게 생각할 수도 있습니다.

어차피 우리는 하나님이 이 세상을 공평하게 만들지 않았음을 인정하고 들어가지 않으면 안 됩니다. 잘 사는 사람이 있으면 못사는 사람도 있고 키 큰 사람이 있으면 작은 사람도 있고, 잘생긴 사람이 있으면 못생긴 사람도 있는 게 이 세상이기 때문입니다.

나는 하나님이 세상에 세워놓은 정의란 공평한 조건을 뜻한다고 생각하지 않습니다. 이미 인간들은 죄인(아담의 원죄 때문에)으로 태어났기에 처음부터 조건이 공평할 수는 없는 것입니다.

우리는 이 세상에서 죄인으로서 죗값을 치러야 하는 존재들인 것입니다.

그러니 불공평한 조건에서 시작하는 것은 당연합니다. 세상의 고난과 어려움도 다 죄인이기 때문에 받는 것입니다. 이런 가운데서 하나님이 세상에 세운 정의란 서로에게 피해를 주지 않고 평화를 유지하며 살아가는 것으로 생각합니다.

그 가운데서도 자기만의 이익을 구하지 않고 우리의 이익, 나아가 우리 모두의 이익을 우선하며 살아가는 것이 하나님이 이 세상에 세우신 정의라고 생각합니다.

그래야 우리는 죄인으로서 죗값을 갚고 의인으로서 다시 하나님이 세운 나라에 들어갈 수가 있는 것입니다. 실제로 정의의 사전적

의미 역시 사회나 공동체를 위한 옳고 바른 도리라 되어 있습니다. 절대 정의가 '공평'을 뜻하지 않습니다.

이런 기준으로 볼 때 앞의 두 친구는 처음 두 사람 간에 정의가 세워져 있었던 것이라 할 수 있습니다. 하지만 그러한 정의가 죄 때문에 무너지고 만 것입니다. 당신은 이것을 이해할 수 있습니까?

즉, 정의를 무너뜨리는 것은 불공평이 아니라 '죄' 때문인 것입니다.

성경에서 "의인은 없나니 하나도 없다"라고 했습니다. 여기서 의인이 바로 하나님의 사랑과 정의가 세워져 있는 자입니다.

아! 아! 왜 이 세상에 의인이 하나도 없는 것처럼 보일까요?

그것은 바로 이 세상이 온통 죄로 물들어 있기 때문일 것입니다. 도대체 이 문제를 어떻게 해결해야 한단 말인가요. 나는 이 절망의 순간에 당신에게 외치지 않을 수 없습니다.

당신과 당신 나라여, 그때 당신의 선조들이 세상에 복음을 전파하며 사랑과 정의를 세웠던 것처럼 다시 한번 당신과 당신 나라가 세상에 복음을 전파하는 주역이 돼 달라고요!

그래서 온통 죄의 어둠으로 물든 이 세상을 다시 한번 사랑과 정의의 빛으로 밝혀달라고요!

그것만이 내가 바라는 꿈이요, 희망이요, 소망입니다.

한 나라의 사랑과 정의도 무너뜨리는 무서운 범죄

그런데 죄는 단지 두 사람 사이의 사랑과 정의만 무너뜨리는 것

---

22) 하나님의 성령이시여 거룩하게 미국인 마음에 들어가서 세상에 헛된 마음을 불태워 버리시고 오직 하나님의 성령을 바라보고 하나님의 성령받기를 기도합니다.

이 아닙니다. 한 사람의 죄나 조직의 죄는 개인뿐 아니라 나아가 한 나라의 사랑과 정의를 무너뜨리기도 합니다.

과거, 세계 대부분의 나라에 노예제도가 있었는데, 이 역시 조직의 욕심으로 인한 잘못된 사회제도가 만들어낸 죄의 산물이라 하지 않을 수 없습니다.

만약 인간의 존엄성을 조금이라도 알았다면 한 사람이 한 사람을 짐승처럼 부리는 이런 노예제도를 어떻게 만들 수 있단 말입니까. 최소한의 인권도, 최소한의 정의도, 무엇보다 기본적인 사랑도 지켜지지 않는 이런 제도가 어떻게 만들어질 수 있었겠는가, 말입니다.

인간의 인권과 사랑과 정의가 무너지는 일은 한 나라에 독재자가 나타났을 때도 마찬가지로 일어납니다.

독재자가 나타나 자신의 욕심을 마음껏 휘두를 때마다 수많은 생명이 파리 목숨처럼 날아가 버리는 것을 우리는 역사 속에서 얼마든지 봐오지 않았습니까.

히틀러가 그랬고, 무솔리니가 그랬습니다.

당신은 히틀러라는 한 독재자의 출현으로 얼마나 많은 사람이 무참히 죽었는지 아십니까? 추정만으로도 수천만 명에 달할 정도입니다.

특히 치를 떨게 만드는 나치의 유태인 학살한 이야기는 당신도 알고 있지 않습니까?

바늘로 찌르고 사지를 찢고 독가스실에 처박고… 어떻게 인간이

인간에게 이런 만행을 저지를 수 있단 말입니까. 사실 세계에는 잘 알려지지 않았지만, 나치의 만행과 비슷한 일이 나의 나라에서도 일어났었습니다.

나의 나라는 일본에 36년 동안 지배당하는 시대를 겪었는데, 이때 수많은 생명이 일본의 총칼 앞에 소리 없이 죽어갔다고 전해지고 있습니다.

물론 나치가 유태인에게 저지른 만행과 비슷한 독가스 실험, 해부 실험 같은 것도 자행되었다고 합니다. 이 역시 당시 일본 제국주의 독재자들이 저지른 만행 때문에 일어났던 일입니다.

당신은 이제 한 독재자의 죄가 인류에게 얼마나 무서운 결과를 초래하는지 똑똑히 보고 느꼈습니까?

문제는 독재자의 죄로 인한 이런 무서운 일들이 지금도 지구 곳곳에서 벌어지고 있다는 사실입니다.

아! 누가 이 문제를 해결할 수 있단 말입니까.

나는 아무리 생각하고 또 생각해도 당신 나라 미국밖에 떠오르지 않습니다. 그래도 지금 당신 나라가 가장 힘이 있고 가장 정의가 세워져 있다고 믿기 때문입니다.

나는 어렸을 때부터 당신 나라가 그런 나라라고 배웠습니다.

아! 당신들이여, 당신들이 앞장서서 독재자로 인해 무너진 세상의 정의와 진실을 바로 세워 주십시오.

더 이상 이 세상에 나쁜 독재자들이 나타나지 않게 다스려 주십

---

23) 당신의 선조 선교사들께서 온 세상에 가난한자 병든 자 어리석은 자를 찾아 먼 타국땅 끝자락까지 찾아가 하나님 복음의 씨앗을 심었습니다. 미합중국 당신이 심은 복음의 씨앗을 위해 기도합니다.

시오.

나는 당신들과 당신 나라가 분명히 이 일을 해낼 수 있다고 굳게 믿고 있습니다. 그래서 나는 오늘도 간절히 당신을 위해 기도할 수밖에 다른 도리가 없습니다.

사랑과 정의를 앞세웠던 당신 나라 사람들!

나는 지금도 미합중국 당신 나라에 고마움을 금할 수 없습니다. 왜냐하면 당신 나라가 나의 나라에 베풀어준 사랑 덕분에 나의 나라에 정의와 인권이 얼마나 무너져 있었는지 깨달을 수 있었기 때문입니다.

당신 나라에서 처음 우리나라에 한 줄기 빛이 되었던 복음을 전해주었을 때 우리는 놀라지 않을 수 없었습니다.

거기에 하나님이 모든 사람을 똑같이 사랑하신다는 내용이 담겨 있었기 때문입니다. 종이라 해서, 머슴이라 해서, 하인이라 해서, 노비라 해서 미워하는 것이 아니라 하나님은 양반이나 상놈 모두를 사랑하신다는 내용이 담겨 있었기 때문입니다.

이런 놀라운 복음이 전해졌을 때 먼저 상놈, 종, 머슴, 하인, 노비들은 이게 옳은 건지 옳지 않은 건지 헷갈릴 수밖에 없었습니다.

만약 이 내용이 맞는다면 그동안 자기들도 존중받아야 하는 존재가 되기 때문입니다.

양반의 입장에서도 이게 맞는다면 자신들은 상놈에게 엄청난 해

를 가한 꼴이 될 수밖에 없었습니다.

당신은 아십니까? 당신 나라에서 자유와 평등, 인권을 주장하는 민주주의가 들어왔을 때 나의 나라 상놈들은 비로소 인권이 무엇인지 알게 되었다는 사실을!

그것이 우리에게 있어 너무나도 소중한 깨달음이 되었다는 사실을!

그리고 그 덕분에 지금, 나의 나라에 양반, 상놈 제도는 완전히 없어지고 말았다는 사실을!

모두가 당신 나라가 전해준 복음과 민주주의 덕분이었다고 나는 감히 말할 수 있습니다.

그래서는 나는 오늘도 당신 나라에 고마움을 금할 수가 없습니다. 아니 사무치도록 감사함을 멈출 수가 없습니다. 고맙습니다, 정말 고맙습니다.

뼈에 사무치도록 평생을 갚아도 못 갚을 만큼 고맙습니다! 당신은 이것을 꼭 알아야 합니다.

당신의 선조들은 나의 나라뿐만 아니라 전 세계 수천억 명의 사람들에게 인권과 사랑을 가르쳐주었던 것입니다.

또 희망을 주었던 것입니다. 그처럼 죽었던 생명을 살리고 전 인류에게 희망을 던져주는 위대한 일을 했던 것입니다.

그런데 그때의 감사함을 잊은 채 요즘 나의 나라에 다시 정의와 인권이 무너지는 소식이 곳곳에서 들리고 있으니 이를 어찌한단 말인가요? 정말 통탄할 일이 아닐 수 없습니다. 처음의 사랑을 잊어

---

24) 성령의 바람이 구름처럼 온 세상을 덮는 것처럼 미합중국의 선조께서 뿌린 복음의 씨앗이 온 세계 광야를 덮었습니다. 나는 이 복음의 씨가 열매 맺어 사랑과 기쁨으로 뒤덮기를 당신의 성령의 마음에 기도합니다.

버렸기 때문입니다. 처음의 정의를 잊어버렸기 때문입니다.

나는 간절히 기도합니다. 나의 나라 사람들이 다시 당신 나라가 처음 우리에게 전해주었던 그 복음과 민주주의의 기초로 돌아가기를! 다시 초심으로 돌아가 복음으로 마음을 재무장하고 모든 조직이 민주주의로 새롭게 태어나기를! 오늘도 간절히 기도합니다.

그러기 위해 가장 급히 해결해야 할 문제가 바로 욕심으로 인하여 짓는 죄의 문제입니다.

결국 죄로 인해 하나님의 정의와 인권이 무너지니 죄의 문제가 어찌 중하다 하지 않을 수 있겠습니까.

결국 죄로 인해 인간답게 살아야 할 인간들이 인간답게 살지 못하고 있으니 이 문제를 어찌 간과할 수가 있단 말입니까.

오! 하나님,

당신 나라와 나의 나라가, 온 세계의 전 인류가 반드시 죄의 문제를 해결하여 이 땅에 무너지고 있는 사랑과 정의의 문제를 해결할 수 있도록 지혜를 주시고 인도하여 주시옵소서!

오늘날 죄에 무뎌져 있는 사람들!

당신은 내가 이 책에서 말하는 죄의 의미를 이해하고 있나요?

아직도 당신이 생각하는 죄의 개념과 내가 주장하는 죄의 개념이 일치하지 않을 수도 있습니다. 이 시간 나는 분명히 말합니다. 내

가 이 책에서 이야기하는 죄는 단지 법을 어기는 죄만을 이야기하지 않는다는 것을!

단지 법을 어기는 죄만 이야기한다면 나라마다 법이 다르므로 죄의 종류도 달라지게 마련입니다. 하지만 성서에서는 죄가 단지 법을 어기는 것뿐만 아니라 양심을 어기는 것까지 죄라고 말합니다.

따라서 거짓으로 남을 속이는 것도 죄요, 남을 미워하고 훼방 놓는 것도 죄입니다. 비록 법을 어기지 않았더라도 말입니다.

당신이 만약 기독교인이라면 내 말의 의미를 충분히 이해할 것입니다. 사실 나는 이 책에서는 가능한 종교 이야기를 안 하려 하지만, 여기서는 종교 이야기를 하지 않을 수 없습니다. 지금 기독교가 짓는 죄나 비기독교인이 짓는 죄가 별반 다르지 않기 때문입니다. 문제는 비기독교인은 모르고 죄를 지을 수 있으나 기독교인은 알고도 죄를 지을 수 있다는 데 있습니다. 왜냐하면 기독교인들은 성경을 통해 죄가 무엇인지 그 개념을 배우기 때문입니다.

당신이 비기독교인이라면 아마도 나에게 항변할지도 모르겠습니다. 아니 법을 어기는 것이 아닌데 마음으로 나쁜 생각을 품는 것까지 어떻게 죄가 될 수 있냐고? 하지만 죄라는 것이 결국 남을 미워하고 거짓으로 속이고 훼방 놓고 자기의 이익만 추구하려는 마음에서 시작하므로 이것이야말로 죄의 뿌리라는 면에서 마찬가지로 죄라 하지 않을 수 없습니다.

무엇보다 당신의 양심 깊은 곳에서 이런 것들이 좋지 않은 것이라는 사실은 이미 이야기하고 있지 않습니까? 그러니 이런 것들까

25) 미국과 세계에서 수여되는 수많은 상장들 중에서 인류의 유익을 위해 특별한 일을 한 사람에게 주는 노벨상 수상자들에게 하나님의 영광이 임하길 기도합니다.

지 포함하여 나는 죄라고 이야기하는 것입니다.

그런데 당신은 이런 죄를 지을 때 얼마나 죄책감을 느끼나요?

예를 들어 당신이 남편이라면 아내에게 가슴을 찢어놓는 악한 말을 내뱉었을 때 얼마나 죄책감을 느끼나요?

당신이 아내라면 남편에게 증오하는 말을 내뱉었을 때 얼마나 죄책감을 느끼는가, 말입니다. 만약 남에게 상처를 줄 때마다 아직 죄책감을 느끼고 있다면 당신은 그래도 양심이 남아 있는 사람입니다. 하지만 상처를 주면서도 상처를 준 지도 모르거나 죄책감을 느끼지 않는다면 이제 당신의 양심은 점검해봐야 할 정도로 마음이 악해져 있음을 깨달아야 합니다.

아아! 지금 세상은 너무도 악해져 이런 죄책감마저 느끼지 않는 사람들이 점점 늘어가고 있으니 통탄할 일이 아닐 수 없습니다.

결국 이런 악한 마음들이 죄를 짓게 하고 나아가 더욱 큰 죄로 발전하여 이 세상까지 악하게 만드니 이것은 문제요, 통탄할 일이 아닐 수 없습니다.

노아 시대 사람들이 꼭 이랬습니다. 사람들의 마음이 악으로 물들었고 이것이 전염되어 그 시대 사람들 대부분이 악으로 물들었습니다.

결국 이를 참다못한 하나님은 세상을 물로 쓸어버렸습니다. 혹, 당신은 지금 세상이 노아 시대만큼 사람들이 악으로 물들어 있다고 생각하지 않는가요? 하지만 희망은 있습니다.

그때 하나님은 노아와 그 가족들만은 살려주지 않았습니까.

그때 노아와 그 가족들을 살려준 이유는 아직 그들의 마음만은 악으로 물들지 않았었기 때문이었습니다.

당신은 이 사실을 꼭 기억해야 합니다.

당신 나라는 세계 1등 국가 미국입니다. 마치 모든 세상의 죄악 속에서도 마지막 남은 노아처럼 당신 나라는 바로 그런 존재입니다. 죄악으로 물들지 않은 나라여야 합니다. 그러니 당신 나라만은 죄짓지 않아야 합니다.

죄짓지 않으려 노력해야 합니다. 그럴 때 하나님께서 당신 나라를 쓰셔서 인류의 죄악을 거두어주실 것입니다.

이 생각만 하면 나는 지금도 마음이 감동하여 벅차오릅니다. 부디 당신과 당신 나라가 나의 이 꿈을 이루어주길 간절히 기도합니다.

죄에는 반드시 대가가 따른다

그런데 당신은 혹시 죄의 대가에 대해 들어본 적이 있습니까?

죄의 대가라 하니 당연히 법을 어겼을 때 받는 판결 정도를 생각하는지도 모르겠습니다.

누군가를 죽였다면 사형이나 무기징역의 판결을 받는 그런 죄의 대가 말입니다. 물론 그것도 당연히 죄의 대가입니다.

하지만 만약에 앞에서 이야기했던 단지 상대를 거짓으로 속이거나 미워하고 훼방 놓거나 할 때 짓는 죄의 대가도 있다면 과연 믿을 수 있겠습니까?

---

26) 거리마다 기쁨이 충만한 미국 국민이 춤추고 노래하며 서로 정의와 진실과 행복이 충만하여 산위에서 깊은 계곡, 나아가 열방에서 광야까지 하나님의 축복이 전해지기를 기도합니다.

놀랍게도 세상이 돌아가는 이치를 보면 인과응보(因果應報, 선을 행하면 선의 결과가, 악을 행하면 악의 결과가 반드시 뒤따른다는 뜻의 나의 나라 사자성어)의 원리로 돌아가고 있음을 알 수 있습니다. 이것은 다시 말해 선을 행하면 보상이 따르지만 악, 즉 죄를 저지르면 그에 따른 대가를 받는다는 것을 뜻한다고도 할 수 있습니다.

길을 지나다가 문득 길가에 버려진 휴짓조각을 봤습니다.

그래서 휴짓조각을 주웠는데 그 옆을 지나던 사람이 칭찬해줍니다.

칭찬을 들으니 당연히 기분이 좋아질 것입니다. 여기서 길 가던 사람은 자신이 행한 선행 때문에 칭찬을 듣고 기분이 좋아지는 보상을 받은 셈이 되는 것입니다.

반대로, 길을 가던 사람이 길가에 버려진 100달러짜리 지폐를 봤습니다.

그는 얼른 주위를 두리번거리며 아무도 없는 것을 살피고는 지폐를 주워들었습니다.

이게 웬 횡재냐 하고 얼른 그 자리를 뜨려 했습니다.

그런데 갑자기 어떤 사람이 다가와 "혹시 여기 떨어진 100달러짜리 지폐 못 봤냐"라고 물어봅니다.

그 사람은 당황해하며 자기도 모르게 "못 봤다"라고 대답해 버리고 말았습니다. 순간 이 사람은 100달러짜리 지폐를 떨어뜨린 사람에게 거짓을 말하는 죄를 짓고 말았던 것입니다. 그렇다면 이 사람은 죄의 대가를 받을까요, 받지 않을까요? 다행히 그 사람에게 들키지 않았기에 잡혀가지는 않았고 또 겨우 100달러 가지고 법

정까지 갈 일도 없을 것입니다. 하지만 이런 사람조차 죄의 대가를 받기는 마찬가지입니다.

왜냐하면 그는 그 순간부터 혹시 들키지 않을까, 하는 두려움이 밀려오기 때문입니다. 그뿐만이 아닙니다.

그다음으로 자신이 그 사람을 속였다는 자책과 불안, 염려 등 양심의 가책에 시달리게 됩니다. 양심이 더욱더 깊은 사람은 이러한 양심의 가책에 시달리면서 한시도 편안한 시간을 못 보내게 될지도 모릅니다.

이 모든 것들이 바로 죄의 대가에 시달리기 때문에 나타나는 현상들입니다.

최소한의 양심을 가진 사람이라면 자신이 저지른 어떤 죄에 대하여 양심의 가책을 받고야 말게 됩니다.

이것이 바로 양심으로 받는 죄의 대가입니다. 사람을 죽인 살인자들이 잡히지 않기 위해 막 도망 다니다가 결국 잡히고 말았을 때 오히려 마음이 편하다고 이야기합니다.

그동안 엄청난 양심의 가책과 죄책감에 시달렸기 때문에 생기는 현상입니다. 아마도 양심이 있는 살인자라면 그는 불안과 염려, 두려움 때문에 밥도 제대로 먹지 못했고 잠도 제대로 자지 못했을 것입니다.

결국 살인자는 재판을 통해서도 죄의 대가를 받겠지만 이미 양심을 통해서도 고통과 두려움이라는 양심으로 받는 죄의 대가를 받고

---

27) 미국 국가의 창조+창의+신기술이 4~5차… 산업혁명에 기여하고, IT 기술의 위대성이 미래의 인류를 위한 연구개발에 임하여 세계 경제에 기여하기를 하나님의 은총 앞에 기도합니다.

있었던 셈이 됩니다.

　이처럼 사람이 죄를 저질렀을 때 양심의 가책으로 받는 죄의 대가도 엄청난 무게로 다가오게 되는 것입니다.

　당신은 누구를 미워하며 분을 품은 적이 있습니까? 그리고 이때에도 죄의 대가가 뒤따른다는 사실을 알고 있습니까?

　정도에 따라 차이는 있겠지만 누구를 미워하고 분을 품는 것이 정당한 일 때문이 아니라 내 이기심이나 지나친 욕심 때문이라면 이제 그것도 죄가 될 수 있습니다.

　그리고 이때에도 당연히 죄의 대가가 뒤따르게 됩니다. 누구를 미워하고 분을 품는 순간 내 마음은 너무도 힘들어집니다. 또 마음의 괴로움은 이제 몸으로까지 이어져 몸에 각종 이상증세를 일으킵니다. 이제 그는 몸과 마음의 고통으로 몸부림치는 상태에 빠지고 맙니다.

　이것이 바로 미워하며 분을 품은 데 대한 죄의 대가인 것입니다.

　강도나 살인처럼 실제적인 법을 어겼을 때 받는 죄의 대가는 더이상 말할 필요도 없겠지만 이때에도 최소한의 양심이 있는 사람이라면 추가적인 죄의 대가를 치르게 됩니다.

　바로 양심의 가책입니다. 그에 따라 나타나는 극도의 피로 증세와 몸의 이상 현상입니다.

　이것이 심하면 병에 걸리거나 심하면 암에 걸리기도 합니다. 이처럼 죄에는 반드시 대가가 뒤따르게 되어 있습니다. 죄에 반드시 죄의 대가가 따라다니는 것은 이것이 바로 하나님이 만든 세상의

이치이기 때문입니다.

죄의 대가가 이처럼 무서운 것인데도 죄를 짓고 싶습니까?

아마도 죄의 대가가 얼마나 무서운지 깨닫는다면 죄를 지으려는 사람은 점점 줄어들 것이라 생각합니다.

그런 면에서 나는 당신에게 외치고자 합니다. 당신의 지혜로 죄의 대가에 대한 무서움을 세상에 선포하여 세상의 죄를 줄이는데 앞장서 달라고요!

당신 나라의 온 국민이 한마음으로 이 일을 이루어달라고요!

죄의 대가도 모른 채 죄 짓는 사람들

당신은 죄의 대가에 대한 이야기를 듣고 무엇을 느낍니까?

갑자기 죄가 무섭고 두려운 생각이 들지 않습니까?

안타깝게도 오늘날 사람들은 이런 죄의 대가도 모른 채 지금, 이 순간도 무수한 죄를 지으며 살아가고 있습니다. 정말로 통탄할 일이 아닐 수 없습니다. 만약 그가 죄의 대가를 알았다면 이렇게 죄를 지으며 살아갈 수 있을까요?

아마도 대부분의 사람이 죄의 대가를 모르기에 죄를 짓고 살아간다고 생각합니다. 하지만 내가 말한 죄의 대가를 알고도 여전히 죄를 짓는 사람이 있다면 그는 죄의 대가를 모르고 죄를 짓는 사람보다 더 악한 사람임이 틀림없습니다. 죄의 대가가 단지 양심의 가책이나 마음과 몸이 힘든 수준이라면 견딜 만하며 차라리 죄를 짓는

---

28) 미국은 온 세상에 하나님의 사랑을 늘 베풀었습니다. 참으로 봉사정신과 희생정신에 하나님께 감사의 기도를 올립니다.

것이 더 낫다고 계산했기 때문입니다.

당신은 이런 인간의 모습을 보며 무슨 생각이 드나요? 정말이지 인간이 악하다는 생각이 들지 않는가요? 하지만 나는 당신에게 죄의 대가가 단지 여기에서 그치지 않는다는 이야기를 해야만 할 것 같습니다. 이제 죄의 대가가 더욱더 무서운 것은, 앞에서도 이야기 했던 성경의 말씀 때문입니다.

"죄의 대가는 사망이요."

죄의 대가가 단지 양심의 가책 수준이 아니라, 징역 몇 년을 사는 수준이 아니라 '사망'이라는 것입니다.

이것은 이제 단순한 죄의 대가를 넘어 영혼 재판을 뜻하는 매우 무서운 이야기입니다.

성서는 또한 영혼으로 죽는 '죽음의 고통'에 대해 이야기합니다.

예수님은 중풍 병자를 고치면서 죄를 용서해준다는 선포를 하였습니다. 즉, 이 중풍 병자의 병이 그가 전에 지었던 죄 때문임을 간접적으로 알려준 것입니다.

이것을 다시 정리하면 중풍 병자는 전에 죄를 지었고 그리고 그 죄의 대가로 중풍까지 얻게 되었다는 것입니다. 이 얼마나 무서운 이야기입니까.

당신도 지금 병을 앓고 있다면 그것이 전에 지었던 죄 때문일 수도 있다는 이야기입니다.

또 당신이 지금 짓고 있는 죄 때문에 앞으로 암과 같은 무서운 병에 걸릴지도 모릅니다. 죄의 결과는 이처럼 무서운 것입니다.

아마도 그 중풍 병자가 어떤 죄를 지었는지는 아무도 모릅니다. 그 중풍 병자는 알고 있을지도 아니면 자신조차 모르고 있을지도 모릅니다.

그때 중풍 병자가 지은 죄가 세상의 법을 어긴 죄라면 아마 이미 법의 심판에 의한 대가를 받았을지도 모릅니다.

그런데 중풍 병자는 그 죄로 인해 중풍을 얻는 죄의 대가까지 덤으로 받게 된 것이라는 이야기입니다. 이것이 죄의 대가가 가져오는 무서움입니다.

아마도 당신이 죄를 짓는다면 그것 때문에 암에 걸릴지도 모르며, 그것 때문에 뇌출혈이 일어날지도 모릅니다. 그리고 결국 죄의 마지막 결과인 사망에 이르게 될지도 모릅니다.

성경은 이러한 죄의 대가가 곧 사망까지 가져온다고 경고하고 있습니다.

여기서 사망이란 앞에서도 언급했듯이 영혼의 사망을 뜻합니다. 영혼의 사망이란 무엇일까요?

그것은 곧 하나님과의 단절, 곧 지옥을 뜻합니다. 성경의 내세관에 의하면 마지막 때 생명의 부활을 할 수 없습니다. 그래서 지옥을 가게 됩니다.

나의 영혼이 영원한 지옥의 불구덩이에서 고통받으며 영원의 시간을 보내야 하는 것입니다.

만약 죄의 대가가 이런 것이라면, 이처럼 무서운 것임을 안다면

---

29) 미국 국민 중 혹 잘못한 점+부족한 점+범죄 점+자신의 이익을 위하여 함정을 만든 점 등이 있다면 양심을 일깨워 반성과 성령과 회개의 불길이 일어나기를 위해 기도합니다. 누가 시발자가 되어 양심선언이 일어나길 기도합니다.

이제 사람들이 죄를 지으려 할 때 멈칫하지 않을 수 없을 것입니다.

하지만 안타깝게도 사람들은 이런 죄의 대가가 얼마나 무서운지도 모른 채 오늘도 죄를 지으며 살아가고 있습니다. 더욱더 무서운 것은 이제 이러한 죄에 둔감해져 아무런 양심의 가책을 느끼지도 않고 죄짓는 사람들이 점점 많아져 간다는 사실입니다.

원래 사람은 익숙한 것에 무뎌지는 근본 속성이 있습니다. 동양 속담에 '바늘 도둑 소도둑 된다'는 말이 있습니다.

처음에는 작은 죄를 저지르던 사람이 점점 죄에 둔감해져 나중에는 큰 죄를 짓게 된다는 의미를 담은 속담입니다. 죄는 이런 것입니다. 이런 죄를 방지하기 위해서는 아예 뿌리부터 싹둑 잘라버려야 합니다.

내가 이 책의 처음에 정자와 난자를 놓고 기도했던 장면을 떠올려보십시오. 내가 왜 정자와 난자를 놓고 기도했겠습니까?

어떤 사람들은 이런 나를 두고 돈키호테 같다느니 괴짜라느니 놀릴지도 모르나 나는 죄를 너무도 무서워하였기에 어떻게 하면 사람들이 죄를 짓지 않을까, 생각하고 또 생각하다가 그 죄의 뿌리부터 탄생을 잘라버려야겠다는 생각으로 아예 정자와 난자부터 기도하기로 작정했던 것입니다. 그렇게 기도하고 또 기도했건만, 그러나 죄를 짓는 사람들은 점점 더 많아지고 있습니다.

부정한 섹스의 쾌락을 누리려는 사람들은 점점 더 많아지고 있습니다.

아아, 나는 먼저 당신에게 나의 속마음을 외치고 싶습니다.

세상 사람들이 모두 죄를 짓더라도 당신은 제발 이런 죄를 짓지 말아야 한다고!

당신은 제발 죄의 대가가 얼마나 무서운지 깨닫고 더 이상 죄를 짓지 않으려 노력하며 살아가야 한다고!

왜냐하면 미합중국은 거룩한 나라요,

거기에 사는 당신은 거룩한 나라의 백성이므로 당연히 죄를 짓지 말아야 하기 때문입니다.

내가 당신들을 위해 이토록 간절히 기도하는 것은, 당신들이야말로 지금 지구상에서 유일한 희망이요, 빛의 역할을 할 수 있는 존재들이라 생각하기 때문입니다. 이미 당신의 선조들은 그런 역할을 목숨 걸고 해내었습니다.

이제 당신들 차례입니다.

당신들과 내가 정정당당하게 똑바로 서면 세상 사람들도 정정당당하게 똑바로 설 것입니다.

하지만 나와 당신들이 정정당당하게 똑바로 서지 못한다면 세상 사람들도 똑바로 서지 못한 채 죄를 무서워하지 않고 여전히 죄를 짓고 말 것입니다.

마지막으로 죄를 짓지 않기 위한 방법으로 죄가 생겨나는 과정을 적어보도록 하겠습니다.

죄는 최초로 마음의 욕심에서 싹이 트게 됩니다. 인간의 뇌에 욕

---

30) 미국인의 미소와 노래+민요+시+스포츠 등 모든 분야에 늘 거룩함이 깃들기를 기도합니다.

심을 담당하는 부분이 있는데 이때 그 부분이 매우 활성화되면서 인간은 그 욕심을 이루기 위한 온갖 연구와 이해, 노력을 하게 됩니다. 그것은 생각으로 전달되는데 이때 사탄이 개입하게 됩니다.

즉, 정당하지 않은 방법을 써서라도 그 욕심을 이루라고! 말입니다. 만약 이때 사탄의 놀음에 놀아나면 이제 죄를 짓게 되는 것입니다.

다시 정리하면 죄는 욕심→연구→생각→습관→사탄→'죄의 선택'의 행동 과정으로 이루어집니다. 우리가 의지력이 있어 사탄의 개입 단계에서 죄를 차단할 수 있다면 좋겠지만 그만큼 의지력을 가진 인간은 매우 드뭅니다.

따라서 아예 뿌리부터 죄를 차단해버리는 것이 중요합니다.

즉, 욕심이 떠오르는 단계에서 차단해버리는 것입니다. 이것이 내가 죄를 짓지 않으려 노력하는 사람들에게 해줄 수 있는 최선의 기도입니다.

---

31) 미국의 방송국에서 동물의 새끼 상처를 치료하고 보호하는 중계를 하는 것을 보고 다시 한 번 미국인에 대한 존경스러움을 느끼며 기도하였습니다.

미국의 정의와
인권을 위해!

아! 너무도 고마운 미국의 정의와 인권

정의와 인권을 세우는 미국의 헌법

나는 당신 나라를 너무도 상상하고 사랑하였기에 내 아들을 당신 나라에서 교육하고자 했습니다.

그래서 이미 중학교 1학년 여름방학, 겨울방학에 한 달 동안 시카고 연수 교육을 시켰으며 고등학교부터는 아예 당신 나라의 시카고 윌링 하이스쿨 고등학교에서 공부를 시키기도 하였었습니다.

내 아들은 결국 시카고 일리노이 주립대학에서 공부하고 무사히 졸업할 수 있었습니다.

그것은 단지 내 나라의 다른 학부모들이 하는 것처럼 당신 나라로 유학 보내는 것과는 차원이 다른 것이었습니다.

내가 당신 나라를 너무도 사모하였기에 내 아들이 당신 나라의 정신을 그대로 배웠으면 하는 마음에 당신 나라에서 공부시켰던 것입니다.

그 정도로 나는 당신 나라를 사랑하고 동경하였었습니다.

그런데 우연의 일치일까, 나는 내 아들을 데리고 당신 나라를 여

행하면서 놀라운 사실을 발견하게 되었습니다.

7월 4일!

당신은 이날이 무슨 날인지 기억하십니까?

바로 당신 나라가 영국의 압제로부터 독립을 선언했던 바로 그 독립기념일이 아닙니까.

1776년 7월 4일 말입니다.

그런데 놀랍게도 내 아들의 태어난 날 역시 1982년 7월 4일입니다.

나는 이것이 서로 일치한다는 사실을 당신 나라에 가서야 알게 되었습니다. 당신은 이 사실에 대해 어떻게 생각하십니까?

다른 사람은 이것이 우연의 일치라고 넘길 수 있겠으나 나는 도 저히 이것을 우연의 일치로 넘길 수 없다는 사실을 이제 당신이 더 잘 알 것입니다.

내가 얼마나 당신 나라를 사모하고 행동도 닮고 싶고 정신을 이 어받고 싶었기에 하필 그날 내 아들이 탄생하고 또 당신 나라로까 지 유학을 보내게 되었는지?

정말이지 내가 안 먹고 안 입고 안 쓰고 절약하고 또 절약하여 나 의 아들을 당신 나라에 유학 보내 공부시켰다는 것은 기적 중의 기 적임이 분명합니다.

나는 가슴이 뛰지 않을 수 없었습니다.

당신은 내가 당신 나라의 헌법을 얼마나 고맙게 생각하고 있는지 아십니까?

---

32) 당신의 선조님께서 우리민족에게 복음을 전하며 예수님은 나를 사랑하셔서 나의 죄를 위하여 목숨을 바쳤다고 가르쳤습니다. 하나님께서 당신도 사랑하고 계십니다. 오직 사 랑으로 미국인 전체에게 형제 사랑에 감동되어 기도합니다.

당신 나라는 비록 1776년 독립을 선언했지만,

그것이 곧 당신 나라의 독립을 의미하는 건 아니었습니다. 당신 나라의 독립은 그로부터 어언 12년 후인 1787년이 되어서야 비로소 영국으로부터 진정한 독립을 이룰 수 있었기 때문입니다.

그때 독립과 함께 만들어진 것이 바로 당신 나라의 헌법입니다.

당신은 그때 만들어진 당신 나라의 헌법이야말로 세계의 정의와 인권을 바로 세우는 헌법이었음을 알고 있습니까?

그때 만들어진 당신 나라의 헌법에는 독립선언서에 담긴 정신이 그대로 반영되었습니다. 즉, 벤저민 프랭클린(Benjamin Franklin), 존 애덤스(John Adams), 로저 셔먼(Roger Sherman), 로버트 리빙스턴(Robert Livingston), 토머스 제퍼슨(Thomas Jefferson) 등 다섯 사람이 기초한 '독립선언서(The Declaration of Independence)'에 담긴 만인 평등, 행복추구권, 자유 및 생명권 등이 헌법에 그대로 반영된 것입니다.

아아! 나는 자유와 정의를 골자로 하는 이 헌법이야말로 당신 나라의 정신이 가장 잘 반영된 법이라고 감히 외치고 싶습니다.

이 헌법이 있었기에 자유와 정의가 박탈되어 있었던 전 세계 국가들에게 희망을 줄 수 있었다고 외치고 싶습니다.

그만큼 당신 나라에서 만들어진 헌법이 소중하고 고마웠기 때문입니다.

그래서 당신 나라의 민주주의 헌법이 전 세계에 긍휼한 새로운

역사를 쓸 수 있기를 간절히 기도합니다.

준법정신의 위대함과 민주주의에 감사!

당신은 내가 당신 나라를 위대하게 생각하는 것이 단지 이런 위대한 헌법을 만들었다는 데 머물지 않는다는 것을 알아주기 바랍니다.

무엇보다 내가 당신 나라를 위대하게 생각하는 것은, 이런 헌법을 만들고 이제 그 헌법을 하나도 어기지 않고 그대로 지키는 준법정신을 보여주었다는 사실에 있습니다.

세계의 많은 나라를 보십시오. 그 나라들은 하나같이 당신들이 전해준 민주주의를 한다고 하나 결국 독재를 하거나 어떻게든 법을 어겨 자신들의 욕심을 채우기에 급급했다는 사실을 당신도 잘 알고 있지 않습니까?

하지만 당신 나라만은 온전히 헌법을 지키며 당신들이 세운 민주주의를 지키지 않았습니까. 결국 오늘날 당신 나라가 세계 최강국이 된 것도 바로 이 법을 지키겠다는 원칙에 충실했기 때문에 가능했던 일이 아닙니까?

그런 면에서 나는 당신 나라의 준법정신이야말로 헌법보다 더 위대하다고 감히 말하고 싶습니다.

이제 이렇게 헌법과 준법정신으로 만들어진 당신 나라의 민주주의는 더욱 위대하다고 하지 않을 수 없습니다. 당신은 당신 나라의 민주주의가 얼마나 위대한지 알고 있습니까?

---

33) 1등 국가에서 혹시 법에 죄를 범하여요? 당신이 양심선언을 하시면 이것이 시발제가 되어 온 국민의 양심선언으로 이어져 최고 1등 국가로서 위신이 세워질 것입니다. 당신의 정의와 결심을 위해 기도합니다.

민주주의라 하면 고대 그리스의 민주주의를 떠올릴 것이나 당신 나라의 민주주의는 그것과 차원이 다른 민주주의입니다.

고대 그리스는 비록 인류 최초로 민주주의를 실현하긴 했으나 인간 차별이 극심했습니다. 여자와 노예는 아예 사람 취급을 받지 못했기 때문입니다. 하지만 당신 나라의 민주주의는 어떤가요?

그 어느 나라의 민주주의보다 한 개인의 인권을 소중히 하고 지위 고하를 막론하고 모두가 평등하다는 사상을 담고 있지 않습니까?

전 세계에서 당신 나라의 민주주의처럼 한 개인의 인권과 한 나라의 정의를 소중히 다루는 제도가 없을 정도입니다.

전 세계에서 당신 나라의 민주주의처럼 한 개인의 정의를 소중히 다루는 제도가 없을 정도입니다. 그전까지 대부분의 나라가 개인의 소중함보다는 나라의 이익을 우선했기에 당신 나라의 민주주의가 잘 이해되지 않을 정도로 당신 나라의 민주주의는 개인의 소중함을 일깨워주었습니다.

당신은 이 사실을 분명히 알아야 할 것입니다. 당신 선조들이 만든 헌법의 소중함과 당신 나라의 민주주의가 얼마나 위대한 것인지!

결국 당신 나라의 민주주의는 전 세계로 전파되어 세계의 정의와 인권을 세우는 데 혁혁한 공을 세우기에 이릅니다.

이것이야말로 좋은 것을 나만 누리지 않고 더 낮은 곳으로 전하려는 하나님 사랑의 발로라 해야 하지 않겠습니까?

이것이야말로 세계 정의의 실현이라고 해야 하지 않겠습니까?

미국 대통령 1,000대를 위해

아아! 당신은 내가 당신 나라 대통령을 위해 기도하고 있다는 사실을 알고 있습니까?

단지 지금 대통령을 위해서만 기도하는 것이 아니라 다음 대통령, 그다음 대통령을 위해서도 기도하고 있다는 사실을 알고 있습니까?

나아가 당신 나라 대통령 1,000대까지를 위해 기도하고 있다면 믿을 수 있겠습니까?

1,000대라니, 아마 당신이 깜짝 놀랄지도 모르겠습니다.

당신 나라 대통령 임기가 4년이니 천대라면 4천 년이상 그런 세월이 올지 안 올지도 모르는데 1,000대까지 기도한다니 당신이 놀랄 만도 할 것입니다.

하지만 나는 1,000대까지 기도하지 않고는 견딜 수가 없습니다.

당신 나라 대통령이 어떤 존재인가요?

당신 나라의 대통령은 단지 당신 나라의 대통령에 머무는 대통령이 아니지 않습니까.

당신 나라 대통령은 곧 전 세계의 대통령이요,

전 세계를 움직이는 핵심 인물이라 해야 하지 않겠습니까?

그래서 나는 내가 비록 능력이 모자라고 비천하고 어리석은 존재일지라도 당신 나라 대통령을 위해 기도하지 않을 수 없습니다.

만약 당신 나라 대통령이 좋은 뜻을 품고 세계를 다스린다면 세계는 좋은 곳이 될 것이요,

---

34) 나는 미국 나라와 국민들이 내 마음속에서 영원히 1등 국가, 최고나라, 멋진 젠틀맨, 나의 큰집과 큰 형님, 사랑의 선구자, 복음의 은혜자이기를 하나님께 기도하고 있습니다.

당신 나라 대통령이 조금만 빗나간 뜻으로 세계를 다스린다면 세계도 역시 빗나갈 수밖에 없을 것입니다. 그 정도로 당신 나라 대통령은 막강한 힘을 가진 자리가 아닌가요? 대통령이 욕심을 내면 무서운 일이 벌어집니다. 그러니 내가 당신 나라 대통령을 위해 기도하는 것은 당연한 일이 되고 맙니다.

아직도 당신은 내가 왜 당신 나라 대통령의 1,000대까지를 기도하는지 잘 이해되지 않을 것입니다. 1,000대까지 기도할 수밖에 없는 간절한 이유가 있습니다.

물론 지금 가장 중요한 대통령은 현재의 대통령입니다.

현재의 대통령이 잘해야 당신 나라가 바로 서고 또 전 세계에 평화를 줄 수 있으니까요.

하지만 아무리 현재의 대통령이 잘 다스린다 해도 다음 대통령이 악한 사람이 들어선다면 어떻게 되겠습니까?

당연히 그것은 재앙이 될 것입니다. 당신 나라에 재앙이 될 뿐만 아니라 전 세계에 재앙이 될 것입니다. 그래서 나는 다음 대통령을 위해서도 기도하지 않을 수 없습니다.

그리고 그다음 대통령을 위해서도… 이렇게 계속 기도하다 보니 1,000대까지 기도하게 된 것입니다.

당신은 이제 나의 기도를 이해할 수 있겠습니까?

나는 이처럼 당신 나라 대통령 1,000대까지 기도를 한다고 하여 주

변 지인들로부터 많은 비난과 지탄과 때로는 험한 말도 들었습니다.

하지만 아무리 주변의 탄압이 심해도 당신 나라 대통령 1,000대를 향한 나의 기도를 멈출 수 없습니다.

그것은 곧 나의 신앙이요, 정성이요, 나의 사명이기 때문입니다.

이와 함께 나는 당신 나라 대통령을 위한 구체적인 기도도 하고 있습니다. 지식과 선악을 분별할 수 있는 분별력을 갖게 해 달라고! 더 크고 깊은 세계를 보고 통찰할 수 있는 영안을 갖게 해 달라고!

하나님의 뜻을 분별하여 이해하고 실천하는 능력을 갖추게 해 달라고!

인류의 생명과 후대의 역사에 책임지는 대통령이 되게 해 달라고!

전 세계 인류의 사랑과 평화와 질서를 지켜내는 능력자가 되게 해 달라고!

미래의 재앙을 대비할 수 있는 지도자가 되게 해 달라고!

전 세계에 사람을 죽이는 무기를 사람 살리는 무기로 변화시키는 대통령이 되게 해 달라고!

인류의 번영을 책임질 발명자를 많이 만들어낼 수 있는 대통령이 되게 해 달라고, 말입니다.

사실 나는 당신 나라 대통령뿐만 아니라 전 세계 나라의 지도자들을 위해서도 기도하고 있습니다. 영국, 독일, 프랑스, 중국, 러시아, 스페인, 일본, 캐나다, 이탈리아, 스위스, 멕시코, 호주, 뉴질랜드, 브라질, 터키, 이스라엘뿐만 아니라 가나, 나이지리아, 케냐, 인도, 베트남, 칠레… 등의 제3세계 지도자들까지! 부족의 족장들까지!

---

35) 미국 국가에서 억울한 사건이 많다는 것은 배신자+윤리파괴+감정의 분노+환경파괴+질서의 혼탁 등이 있다는 뜻이고 국민을 위한 정치와 문화가 잘못되어 가고 있다는 증거입니다. 미국이 혼탁하면 전 세계가 혼탁합니다. 하나님께 미국 나라가 정의의 나라가 되길 위해 기도합니다.

왜냐하면 그들이 정치를 잘해야 나라와 부족이 잘 될 수 있음으로!

그들이 조금만 빗나가면 나라 전체가 죄 덩어리 속으로 빠질 수 있음으로!

나는 오늘도 당신 나라 대통령과 전 세계 나라의 지도자들을 위해 기도하고 있습니다.

세계의 모범이 되어야 할 미국의 정치가, 정부조직

아아! 나는 또 당신 나라를 위해 기도합니다.

이번에는 당신 나라의 장관들과 상·하원 의원들, 주지사, 외교관, 정치가들을 위해서입니다. 그들이 대통령을 잘 보좌하여 정말 사랑과 정의가 세워지는 정치를 할 수 있게 해 달라고, 나는 오늘도 기도합니다.

당신은 이런 내 마음을 아십니까, 모르십니까? 권력을 가진 한 사람이 죄를 지었을 때 어떤 결과가 초래되는지는 당신이 더 잘 알고 있지 않습니까?

역사적으로 무수한 권력가들이 자신의 욕심을 채우기 위해 민초들을 핍박하고 수많은 죄를 저질러 온 것을 당신도 너무나 잘 알고 있지 않습니까?

그래서 나는 당신 나라의 권력가들을 위해 기도할 수밖에 없는 것입니다. 당신 나라는 세계의 중심 국가이므로 당신 나라만큼은 권력가들이 자신의 욕심을 채우지 않고 오로지 국민들을 위해 봉사

하는 정치가들이 되어야 합니다. 그래야 당신 나라가 잘되며 당신
들과 전 세계의 국민들이 잘살 수 있기 때문입니다.

내가 당신 나라의 권력가들이 봉사하는 마음으로 정치를 해야 한
다고 주장하는 더 큰 이유가 있습니다.

그것은 당신 나라가 바로 세계의 중심 국가이기 때문입니다.

중심 국가는 당연히 그를 따르는 국가들에게 모범이 되어야 합니
다. 아버지, 어머니가 모범이 될 때 자식들이 올바로 크게 마련입
니다. 스승이 모범이 될 때 제자가 제대로 배울 수 있는 법입니다.
이처럼 큰 사람은 작은 사람에게 모범이 되어야 합니다. 나라도 마
찬가지입니다. 큰 나라가 모범을 보일 때 작은 나라도 따르게 마련
입니다.

당신 나라가 어떤 나라인가요?

지금 전 세계의 정치와 경제, 문화와 예술, 발명과 지식뿐만 아니
라 특히 권력을 이끌고 있지 않습니까?

그런 당신 나라의 권력가들이 좋은 모범을 보인다면 당연히 당신
을 따르는 나라의 권력가들도 당신들을 본받을 수밖에 없습니다.
당신은 이것을 명심해야 할 것입니다.

특별히 나는 당신 나라의 대통령이 세계의 정치인들을 독수리의
눈동자로 잘 관찰하는 대통령이 되기를 기도합니다.

나는 특히 당신 나라의 경찰들을 위해 기도하고 있습니다.

왜냐하면 내가 그토록 주장하는 정의를 지키는 직책이 바로 경찰
이기 때문입니다. 나는 지금 당신에게 감히 말할 수 있습니다. 전

---

36) 나와 당신에게 건강+능력을 주신 것은 주님께서 세상에 정의로운 큰일을 하라고 하신
   것인데 혹시 정욕으로 쓸까 봐 걱정되어 당신과 나의 심령을 위해 기도합니다.

세계에서 당신 나라만큼 정의가 세워져 있는 나라도 없을 거라고!

　당신은 지금 후진국의 경찰들이 무슨 짓을 저지르고 있는지 아십니까?

　그들은 자신의 주머니를 채우기 위해 온갖 불법을 저지르는 중심에 서 있을 정도입니다. 교통경찰들은 도로를 지나는 차들을 일부러 세워 돈을 뜯습니다. 치안 경찰들도 술집, 유흥장 등을 다니며 돈을 뜯어내기에 바쁩니다. 후진국에서 경찰들의 권력은 오히려 판사, 검사보다 더 크다고 할 수 있을 정도입니다.

　그런 면에서 나는 당신 나라의 경찰을 존경하지 않을 수 없습니다.

　당신 나라 경찰들은 이런 불법과 부패를 저지르지 않고 오로지 정의를 위해 일하고 있을 테니까! 그것은 당신 나라를 정의로운 나라로 만드는 데 초석이 될 것입니다.

　당신은 그것에 대한 자부심과 사명감을 가져야 할 것입니다. 물론 아무리 당신 나라라 해도 일부 소수의 경찰은 후진국의 경찰들과 다를 바 없는 행동을 하는 경찰도 있을 것입니다. 그래서 나는 그들을 위해 기도합니다. 지금 불법을 저지르고 있는 당신 나라 경찰들이여!

　당신들은 전 세계의 경찰들에게 모범이 되어야 할 세계 최고 국가의 경찰들이오. 그런데 어떻게 그런 위대한 경찰이 죄를 저지를 수 있단 말이오. 당장 죄의 사슬을 끊으시오. 그리고 이제부터 당신 나라의 정의를 위해 일하시오. 그렇지 않는다면 당신은 하나님

의 진노를 면하지 못할 것이오.

나는 오늘도 변함없이 당신 나라 경찰들이 한 사람도 빠짐없이 당신 나라 사회의 정의를 위해 일하기를 기도합니다.

그래서 전 세계 경찰들에게 본이 되는 경찰이 되길 위하여 기도합니다. 당신은 이런 내 기도가 얼마나 간절한지 아십니까, 모르십니까?

미국의 낮은 곳에서 일하는 사람들을 위한 기도

내가 당신 나라를 위해 어디까지 기도하는지를 알면 당신이 깜짝 놀랄지도 모르겠습니다.

왜냐하면 나는 당신 나라의 꽃 한 송이 심지어 풀 한 포기를 위해서도 기도하고 있기 때문입니다.

당신은 그깟 꽃 한 송이, 풀 한 포기가 뭐 그리 대단하다고 기도하는지 이해가 되지 않을 수도 있을 것입니다.

하지만 나에게 있어 당신 나라 미국의 땅에 피는 꽃 한 송이, 풀 한 포기는 무엇보다도 소중합니다. 하찮은 것 하나라도 당신 나라 땅에서 자란다면 나에게 소중한 것이기 때문입니다.

생각해보십시오. 그 꽃 한 송이가 절망에 빠져있는 누군가에게 희망의 꽃이 되어 준다면 그보다 더 소중한 것이 어디 있겠습니까? 그 풀 한 포기가 스러져가는 누군가에게 생명의 기운을 전해줄 수

---

37) 하나님께서 우리에게 신지식을 주신 것은 세상의 평화와 정의를 위한 사명자로 세우기 위함이건만 우리는 자신의 유익만 채울까, 하는 교만에 빠져 있었습니다. 하나님께 회개하며 기도합니다.

있다면 이보다 더 귀중한 것이 어디 있겠습니까?

더욱이 이 꽃 한 송이, 풀 한 포기를 위한 기도가 당신을 위한 것이라면 이보다 더 중요한 일이 어디 있겠습니까?

그래서 나는 오늘도 당신 나라의 꽃 한 송이, 보잘 것 없는 풀 한 포기를 위해서도 기도하고 있습니다.

마찬가지로 나는 이제 당신 나라의 낮은 곳에서 일하는 사람들을 위해서도 기도합니다.

만약 내가 높은 사람들을 위해서만 기도하고 낮은 사람들을 위하여 기도하지 않는다면 이미 그것으로 하나님의 사랑과 정의를 무너뜨리는 일이 되고 맙니다.

따라서 당신 나라의 낮은 사람들을 위해 기도하는 것이 나에게 있어서는 높은 사람들을 위해 기도하는 것보다 오히려 중요한 일이 되는 것입니다.

당신은 알고 있습니까? 내가 당신 나라 청소부를 위해서도 기도하고 있다는 사실을!

당신 나라의 청소부가 오히려 당신 나라 최고의 도시라 할 수 있는 뉴욕 시장보다 더 중요하다는 사실을!

당신 나라는 이미 민주주의 시스템으로 돌아가는 나라입니다.

그래서 뉴욕 시장이 한 달간 자리를 비워도 뉴욕은 별문제 없이 돌아갑니다. 아니, 대통령이 자리를 비워도 마찬가지일 정도로 당신 나라의 국가 시스템은 정말 부러울 정도로 잘 돌아가고 있습니다.

하지만 생각해보십시오. 만약 뉴욕의 청소부가 한 이틀만 자리를

비운다면 어떻게 될 것인지? 아마 뉴욕 시내는 쓰레기 더미로 길거리가 지저분해지기 시작할 것입니다. 그리고 사흘, 나흘째 자리를 비운다면?

이제 뉴욕 시내는 쓰레기 더미와 그 쓰레기에서 내뿜는 악취로 온 도시가 진동할 것입니다. 사람들은 코를 막고 쌍을 찡그리고 바깥에 나오기조차 싫어할 것입니다. 이제 닷새째 자리를 비운다면? 세균이 득실거리고 전염병이 돌고…. 아마 뉴욕은 곧 마비되고 말 것입니다. 청소부의 존재가 이런 것입니다.

그러니 우리가 어찌 청소부를 하찮다고 기도하지 않을 수 있겠습니까?

이처럼 나는 낮은 사람들을 위한 기도도 멈추지 않고 있습니다. 청소부뿐만 아니라 우편배달원, 심지어 막노동하는 노동자, 낙심하는 자, 고통 속에 절망하는 자, 부모가 버린 어린 생명까지… 나는 당신 나라의 낮은 곳에서 힘없이 일하며 살아가는 사람들을 위해서도 기도하고 있습니다.

미국 어머니들의 가정교육에 감사

당신은 청교도 정신으로 무장했던 당신의 어머니, 그리고 당신 선조의 어머니들을 생각해본 적이 있습니까?

나는 청교도 정신으로 무장했던 당신 나라의 어머니들이야말로 위대한 어머니였다고 칭송하고 싶습니다. 왜냐하면 당신 나라의 어

---

38) 하나님께서 특별히 미국인에게 주신 재물을 가지고 홀로 부귀영화를 누릴까 조심하며, 아끼고 절약하여 빈곤자에게 많은 구제와 헌신과 봉사와 나눔이 있기를 기도합니다.

머니들이 당신과 당신 선조들을 하나님의 지혜로 가득한 청교도 정신으로 교육했고 결국 당신 나라가 세계 최강국이 되는 초석을 놓았다고 보기 때문입니다. 물론 청교도 정신으로 무장했던 당신 나라 어머니들이 더욱 위대한 것은 당신들이 빗나가지 않고 정직한 사람이 되도록, 또 하나님의 사랑과 정의에 충만한 사람이 되도록 좋은 교육을 시키고 영향을 주었다는 데 있습니다.

그랬기에 당신의 선조들은 그런 정신으로 세계로 뻗어 나갈 수 있었고 그 많은 나라에 선한 영향력을 줄 수 있었다고 나는 생각합니다.

당신은, 그러나 전 세계에 청교도 정신으로 무장했던 당신 나라의 어머니들처럼 자식에게 선한 영향력을 끼치지 못한 어머니들이 너무도 많다는 사실을 알고 있습니까?

전 세계의 모든 어머니가 자식을 사랑하지만, 모든 어머니가 당신 나라 어머니들처럼 현숙하지는 못하다는 사실을 알고 있습니까?

자식에 대한 어머니의 교육은 입이 열 개라도 모자랄 만큼 중요하고 또 중요한 것임이 틀림없습니다. 이것은 당신도 충분히 동의할 것입니다. 만약 어머니가 지혜롭고 현숙하다면 자식에게 사랑을 듬뿍 줄 것입니다.

사람의 육체는 음식을 먹어야 살 수 있지만, 사람의 마음은 사랑을 먹어야 살 수 있습니다. 사람의 육체가 음식을 먹지 못하면 병드는 것처럼 사람의 마음도 사랑을 먹지 못하면 병들게 마련입니다.

이처럼 사람이 태어나 사랑을 먹는 것은 음식을 먹는 것 못지않

게 중요한데 지금 많은 가정의 아이들이 병들고 있습니다.

몸이 병든다는 뜻이 아니라 마음이 병들고 있다는 뜻입니다.

그래서 ADHD 증세를 보이거나 비뚤어진 아이로 자라고 있습니다. 무엇 때문인가요? 당연히 사랑을 먹지 못했기 때문입니다. 아이는 엄마의 사랑을 먹고 자라야 하는데 엄마가 사랑을 주지 않으니 아이가 삐뚤어질 수밖에 없습니다.

가정에서 이런 일이 생기는 이유는 간단합니다. 가정의 불화 때문입니다. 세상에 자식 사랑하지 않는 부모가 어디 있겠습니까?

하지만 성격 차이, 경제문제, 불륜 문제 등의 가정불화가 생긴다면 이제 이야기가 달라집니다. 어머니가 아이에게 정상적인 사랑을 먹일 수 없습니다. 아니 사랑은커녕 오히려 아이에게 상처를 줍니다. 사랑을 먹고 자라도 모자랄 판에 상처를 받고 사니 아이가 비뚤어지는 것은 당연하다 하겠습니다.

당신은 후진국 가정에서 벌어지는 이런 일들을 알고 있습니까? 그런 면에서 당신 나라의 가정은 부럽기 그지없습니다.

지혜롭고 현숙한 어머니 밑에서 자라니 훌륭한 인품을 가진 성인으로 자라는 것이 당연합니다.

그러나 나는 또한 당신 나라의 하류층 가정에서 중후진국의 가정과 똑같은 일이 벌어지고 있다는 사실 또한 잘 알고 있습니다.

그래서 언제나 당신 나라 어머니와 가정을 위해 기도하고 있습니다.

당신은 지금 어머니와 어떤 관계에 있습니까?

---

39) 미합중국의 정부조직 관계자들이 사명에 충실하고 스스로 진실+정의+희망+양심+질서를 지켜 온 세계로 전파되기를 기도합니다.

만약 좋은 관계에 있다면 그 어머니에게 정말로 감사하기를 바랍니다.

나쁜 관계에 있다면 화해의 기도를 하기 바랍니다.

그 어머니는 그냥 어머니가 아니라 위대한 미합중국 당신 나라의 어머니이기 때문입니다.

당신 나라의 어머니는 전 세계 나라의 어머니이기도 합니다.

그것은 전 세계 나라 어머니들의 모범이 되는 어머니라는 뜻입니다.

그런 어머니를 둔 당신이니 지금 당연히 그 어머니를 위해 감사하고 기도해야 하지 않겠습니까?

미국 선생님들의 학교교육에 감사

나는 당신 나라 선생님들에게 감사 기도를 드립니다. 당신은 인생에서 가장 소중한 것이 무엇이라 생각하십니까? 사랑, 행복… 등 여러 가지를 떠올릴 수 있겠으나 나는 '만남'이야말로 가장 소중한 것 중 하나라고 생각합니다. 왜냐하면 만남이야말로 한 사람의 인생을 결정짓는 중요한 것이기 때문입니다.

인생으로 태어나 누구를 만나느냐에 따라 무엇을 만나느냐에 따라 그 사람의 인생은 승패가 결정 나게 됩니다.

사람이 태어나 처음 만나는 이는 당연히 부모일 것입니다.

이것은 숙명적인 것이므로 자신의 의지로 어찌할 수 없지만 어쨌든 이것을 위해서도 기도해야 할 것입니다.

당신은 당신 나라 어머니와 만났다는 점에서 이미 큰 축복을 받은 셈입니다.

다음으로 인생에 있어 중요한 만남이 무엇일까요?

당연히 선생님일 것입니다. 아이들이 어떤 선생님을 만나느냐에 따라 그 인생이 결정된다고 할 정도로 학교에서 만나는 선생님이 중요하고 또 중요하기 때문입니다.

그런 면에서 나는 당신 나라의 선생님들을 칭송하고 싶습니다. 입이 마르고 닳도록 칭송하고 싶습니다.

당신 나라의 교육은 그야말로 지혜롭고 현명한 사람을 만들어내는 교육이었기 때문입니다.

그 지혜와 사명을 심어주는 교육이 결국 세계 최고의 국가를 만들어내었기 때문입니다. 그 교육을 담당한 사람이 바로 미합중국 당신 나라의 선생님들이었기 때문입니다.

당신 나라의 선생님들은 하나님의 명령에 순종하여 정성과 사명과 지혜로 아이들을 가르쳤던 것입니다.

당신은 당신 나라 선생님들이 얼마나 위대한 일을 했는지 알고 있습니까?

세상의 훌륭한 인물들, 대통령, 주지사, 장관, 상하의원… 등 세상의 경이로운 발명품들, 발명가들… 이 모든 것들이 바로 당신 나라에서 나왔습니다. 어떻게 이것이 가능할 수 있었는가요?

당연히 당신 나라 교육이 잘 되었기 때문입니다.

---

40) 황금보다 귀한 것은 시간입니다. 세월의 시간 속에서 미국인이 사랑의 선구자가 되어 희망과 꿈을 실천하므로 세계 역사에 흔적을 남기기를 늘 기도합니다.

당신 나라 선생님들이 훌륭했기 때문입니다. 만약 당신이 이것을 인지하지 못했다면 다시 생각해보길 바랍니다. 왜 당신 나라가 지구상의 위대한 나라가 되었는지? 말입니다.

이것은 당연히 위대한 당신 나라의 학교 교육과 선생님이 있었기에 가능했던 일이지 않겠습니까.

지금 후진국에서는 아직도 교육 때문에 미래의 고민을 안고 있습니다.

여러 이유가 있겠지만 당신 나라처럼 선진화된 교육제도가 아니라 낙후된 교육제도가 판을 치기 때문일 것입니다. 나의 나라도 이 문제 때문에 골치를 앓고 있습니다. 이것보다 더 큰 문제는 아이들을 사랑하지 않는 자신의 이익을 먼저 생각하는 이기적인 선생님들이 들끓기 때문일 것입니다.

세상에는 아이들에게 사랑을 주고 기쁨과 희망을 주는 선생님이 있는 반면, 그 반대의 선생님들도 많습니다. 그 선생님들이 아이들에게 나쁜 영향을 주고 오히려 아이들을 빗나가게 하는 원인이 되기도 합니다. 그런 면에서 선생님들은 아이들에게 정말이지 중요하고 커다란 영향을 끼치는 존재임이 분명합니다.

최근에 나는 당신 나라에서 흘러나오는 선생님과 관련된 기사를 보고 슬픔을 금할 수 없습니다.

당신 나라에서도 후진국처럼 좋지 않은 선생님이 나타나 나기 시작했다는 것입니다.

아아! 이 기사를 본 내 마음이 너무도 슬프고 비통하지만, 그래도

나는 다시 정신을 차리고 기도합니다. 당신 나라의 좋지 않은 선생님들이 하나님 앞에 회개하고 다시 착한 선생님으로 거듭날 수 있게 해 달라고! 말입니다.

선생님이 악한 마음을 품으면 무서운 일이 벌어지는 게 당연합니다. 사실 나의 나라에서는 선생님의 권위가 땅에 떨어져 있습니다. 아이들이 아예 선생님을 인정하지 않을 정도로 신뢰가 무너져 있습니다. 그러다 보니 나의 나라 학교에서도 온갖 입에 담기 어려운 죄들이 들끓고 있습니다. 통탄할 일이 벌어지고 있는 것입니다.

하지만 한편 나는 나의 나라 선생님들에게서도 희망을 보았습니다.

마치 당신 나라 선생님들이나 할 수 있을 일을 나의 나라 선생님들도 해낸 것입니다. 당신은 내가 앞에서도 이야기했던 세월호 사건을 기억할 것입니다.

그때 나의 나라 안산에 있는 단원고 선생님들도 아이들과 함께 배를 탔습니다. 그런데 안타깝게도 세월호는 부패와 무능의 악 때문에 그만 바닷속으로 가라앉기 시작했습니다.

바로 그 절체절명 위기의 순간에 단원고 선생님들은 자기 목숨을 버리고 아이들의 목숨을 구하는 일을 했습니다.

단 한 명도 빠짐없이 그런 일을 했다고 합니다.

아아! 세상에 이보다 숭고한 일이 또 어디 있겠습니까.

이보다 아름다운 일이 또 어디 있겠습니까.

이 이야기 하나만으로 나는 그동안 무너진 줄 알았던 나의 나라

---

41) 하나님께서 미합중국을 축복하여 1861년 링컨 대통령 당선, 1879년 에디슨 전구 발명, 1903년 라이트형제 비행기 성공, 빌게이츠의 컴퓨터 프로그램 발명, 스티브 잡스의 스마트폰 발명 등 수많은 인류의 문명 혜택을 낳았습니다. 여기에 그치지 않고 새 발명에 도전하는 역사가 더욱 많이 일어나길 위해 기도합니다.

선생님들의 정신이 죽지 않았다는 사실을 깨달을 수 있었습니다. 당신은 나의 나라 선생님들이 보여준 이 숭고한 희생을 어떻게 생각하십니까?

나는 대부분의 선생님이 이처럼 아이들을 사랑으로 대하고 있다고 생각합니다. 이처럼 사랑으로 아이들을 대하는 선생님들은 아이들을 위해 때로는 자신의 목숨도 바칠 수 있는 것입니다. 하지만 몇몇 자신의 욕심대로, 감정대로 행하는 선생님이 있기에 선생님들 전체가 욕먹고 있다고 생각합니다. 나는 아이들에 대한 선생님의 사랑과 자존심이야말로 세상에서 가장 귀한 것이어야 한다고 생각합니다. 과거의 선생님들은 이런 사랑과 자존심이 있었습니다. 따라서 지금 바르지 못한 선생님들도 과거 선생님들의 뜻을 본받아 스스로를 일깨울 수 있기를 간절히 바라고 기도합니다.

이제 나는 다시 마음을 가다듬고 기도합니다. 무엇보다 당신 나라 선생님들이 당신의 아이들 한 사람, 한 사람을 사랑으로 보살펴주기를!

당신 선조의 선생님들이 당신 선조를 훌륭하게 교육시켰던 것처럼 당신의 아이들도 훌륭하게 교육시켜주기를!

그래서 당신의 아이들이 세상의 본이 되는 거룩하고 훌륭한 사람으로 커나갈 수 있기를!

나는 당신 나라의 선생님들이라면 충분히 이 일을 해낼 수 있으리라 확신하고 또 확신합니다.

그래서 당신 나라 선생님들의 가르침으로 사랑과 봉사 정신으로 가득한 인성의 인재가 자라난다면 다시 한번 무너진 세계의 정의와 질서를 세울 수 있다고 생각합니다. 정의로운 인재를 길러내는 기초는 바로 선생님, 그리고 어머니의 몫인 것입니다.

왜 유독 미국의 어머니와 선생님들이 위대한 교육을 할 수 있었을까

나는 당신 나라 어머니와 선생님들에 대하여 매우 궁금한 점이 한 가지 있습니다.

전 세계 모든 나라에 어머니와 선생님들은 있게 마련인데 왜 유독 당신 나라의 어머니와 선생님들만 아이들을 세계 1등 시민으로 키우는 위대한 일을 할 수 있었느냐 하는 것입니다. 왜 유독 당신 나라의 어머니와 선생님들만 아이들을 거룩하고 참된 인성과 사랑이 넘치고 봉사하는 인간으로 키우는 위대한 일을 할 수 있었느냐 하는 것입니다. 나는 이것이 항상 궁금하고 또 신기했습니다.

사실 나의 나라에서 교육은 비정상적으로 행해질 때가 많습니다. 학생들의 봉사점수를 따기 위해 봉사를 해야 하는데 문제는 봉사를 해야 한다면 진짜로 고아원이나 양로원을 찾아가서 봉사를 해야 할 터인데 이를 편법으로 하는 방법을 그것도 선생님이 가르쳐주곤 하는 것입니다. 이러니 교육이 제대로 될 수가 있겠습니까? 초등학교, 중학교 때부터 거짓을 가르치니 말입니다.

그런데 당신 나라의 어머니와 선생님들은 그렇지 않았던 것 같습

---

42) 미합중국 사회의 치안유지+질서+유비무환에 기여하는 수많은 조직관계자들의 수고에 감사드리며, 세계 뉴스의 초점이 늘 전 세계 국민 보호에 있기에 기도합니다.

니다.

당신 나라 개척시대 초기 교육을 살펴보면 가정의 어머니들이 중심이 된 가정 및 교회 중심의 학교가 설립되었고, 이때 당신 나라 어머니들과 선생님들의 교육열은 대단했습니다.

이미 18~19세기에 고등학교까지 무상교육 제도를 실시했던 것입니다. 나의 나라는 세계 10위권의 경제 대국이 되어 중고등학교 무상교육을 실행하고 있습니다. 지금 나의 나라가 19세기 당신 나라보다 못 사는 나라는 아닐 텐데, 말입니다. 아마도 이러한 교육에 대한 남다른 관념을 가진 당신 나라 어머니와 선생님들이 결국 위대한 당신 나라를 만들었다고 볼 수 있을 것입니다.

아아! 나는 여기에 당신 나라 어머니들과 선생님들이 위대한 교육을 할 수 있었던 결정적인 이유를 발견했습니다. 그것은 바로 당신 나라 어머니들과 선생님들이 '청교도 정신'에 입각한 교육을 했다는 사실입니다. 이것은 너무도 중요한 의미를 나타냅니다.

성경에 "모든 지혜와 지식의 근본은 하나님을 경외하는 것"이라고 하지 않았습니까.

즉, 당신 나라 어머니들과 선생님들이 바로 하나님 중심의 마음으로 아이들을 가르쳤기에 당신 나라 아이들을 인성과 사랑과 봉사의 정신으로 온 세상에 충만한 지혜와 지식을 얻을 수 있었던 것입니다. 그래서 그 지혜와 지식으로 세계 중심 국가를 건설할 수 있었던 것입니다.

오! 하나님이여, 어리석은 인류가 올바른 교육이 올바른 인간을 만든다는 평범한 사실을 깨달을 수 있도록 인도하여 주시옵소서! 전 세계의 어머니들과 선생님들이 이 사실을 깨달을 수 있도록 인도하여 주시옵소서!

부디 아이들을 교육할 때 자신들의 욕심으로 가르치지 않게 하시고 오직 하나님의 뜻으로 가르칠 수 있도록 해주셔서 모든 아이가 하나님의 지혜와 지식으로 충만하게 인도하여주시옵소서!

나아가 하나님의 지혜와 지식으로 충만한 아이들이 새로운 미래를 이끌어갈 수 있도록 큰 꿈을 심어주옵소서!

---

43) 황금 같은 귀한 달란트가 있는 데도 이를 사용하지 않은 채 허송세월을 보내면 후회하고 안타까워하게 마련입니다. 미국인에게 이런 일 없이 늘 새 마음과 새 꿈으로 사명자로서의 삶을 살기를 기도합니다.

내 마음속의 당신, 이것만은 고쳐주소서!

미국이 죄 짓기 시작한 때!

부정한 섹스와 쾌락, 마약, 중독, 음주운전, 이혼, 도박, 자살, 폭력, 구타, 총기사고, 교통사고, 청부살인, 갱 집단, 사기, 강간, 사생아 출산, 청소년 탈선(폭력과 탈선을 부추기는 매스컴, 폭력 영화 등의 영향)… 등은 지금 전 세계를 죄악의 도가니로 몰아넣는 주범들이라 할 수 있는 요소들입니다.

그런데 당신은 이런 부정한 요소들의 진원지가 어디인지 아십니까?

아마도 이런 것들의 진원지가 바로 세계 중심이라 자처했던 당신 나라라고 한다면 당신은 당황할지도 모르겠습니다.

물론 일부 유럽 선진국에서 나온 것도 있겠지만 어쨌든 나의 시각으로 볼 때 이런 더러운 것들이 당신 나라를 비롯한 선진국에서 나온 것은 분명한 사실일 것입니다. 이것을 당신도 부인하지는 못할 것입니다. 당신이 나에게 어떤 험악한 말을 하여도 잘 듣겠지만, 어쨌든 이것은 부인할 수 없는 사실입니다.

아아! 당신 나라를 사랑하고 동경하며 닮고 싶어 하는 나로서는 도저히 상상할 수 없는 일입니다. 도대체 그렇게 정직하고 사랑스러우며 자유와 정의를 외쳤던 당신 나라에서 어떻게 이런 일이 일어날 수 있단 말입니까?

당신 나라에서 이런 문제가 생겼다는 것은 이미 더 큰 문제를 야기할 수밖에 없었습니다.

왜냐하면 당신 나라는 세계의 중심이므로 다른 나라들이 이것을 따라 할 것은 불 보듯 뻔하기 때문입니다.

당신 나라에서 생겨나는 이런 나쁜 문화들은 근본적으로 전 세계에 악영향을 미칠 수밖에 없습니다.

실제 당신 나라에서 시작된 부정한 섹스와 쾌락, 마약, 음주운전, 이혼, 도박, 자살, 폭력, 구타, 총기사고, 교통사고, 살인, 사기, 강간, 청소년 탈선, 사생아 출산… 등의 문제들은 이제 전 세계로 번갯불처럼 확산하여 세계 곳곳의 나라들에서 사회를 파괴하는 주범으로 작용하고 있습니다. 물론 나의 나라에서도 마찬가지 문제로 정서를 해치고 있습니다.

그렇다면 도대체 언제부터 당신 나라에 이런 나쁜 문화가 번지기 시작했을까요?

당신은 그 시발점을 알고 있습니까?

나는 그 시발점이 바로 1960년대에 불어 닥친 히피 문화가 그 주범이라고 생각합니다.

1960~1970년대 당신 나라에서는 엄청난 일들이 많이 일어났습

---

44) 미국합중을 위해 기도할 때 하나님의 보호하심을 순간순간 느끼며 은혜와 감동과 감격의 축복을 느낍니다. 이 모든 축복을 허락하신 하나님의 사랑에 감사의 기도를 올립니다.

니다. 베트남 전쟁, 존 F. 케네디의 암살, 마틴 루터 킹 암살, LA 흑인 폭동 사건 등. 만약 당신의 시대에 이런 일들이 한꺼번에 터졌더라면 당신의 감정은 어땠을까요? 심하게 요동치지 않을 수 없었을 것입니다.

당시 당신의 선배들도 이런 당신 나라 사회에 분노와 절망을 느끼지 않을 수 없었을 것입니다.

결국 이러한 배경을 바탕으로 반사회주의 운동이 물결처럼 번지기 시작합니다. 이른바 히피 운동입니다. 히피족들은 겉으로는 평화를 사랑하고 자연으로의 회귀를 외쳤지만, 문제는 그들이 지나치게 사회의 굴레를 벗어난 자유를 추구했다는 점에 있습니다.

그들은 일단 머리를 치렁치렁 길렀으며 아예 맨발로 다니거나 샌들을 신고 다녔습니다. 머리를 이상한 색깔로 물들였으며 알록달록한 옷을 만들어 입었습니다. 여기에서 문제가 터지고 맙니다. 히피족들은 그들의 상징으로 마리화나를 들고나왔기 때문입니다.

그야말로 자유를 넘어선 방종의 시작이라 할 수 있는 장면입니다.

여기에 자유 섹스를 주장하며 그룹섹스, 동성 섹스 등이 유행하기 시작합니다.

언뜻 자라나는 젊은이들이 보기에 쏙 빠져들 만한 매력적인 문화처럼 보이기도 합니다. 하지만 그 결과는 어찌 되었습니까?

이제 젊은이들 사이에 히피적 자유 문화가 확산하기 시작하면서 자유 섹스 사상이 전 세계로 번져나가게 되었습니다.

그러다 보니 자연스레 마약 문화가 번졌고 이혼 문화가 번졌습니다.

이에 언론도 부정한 판을 더 키우는 데 한몫하여 거리마다 방종과 무질서가 판을 치고 있습니다.

이제 도대체 이 문제를 해결하기조차 벅찰 정도로 전 세계에는 히피적 자유 문화가 판을 치고 있습니다.

미국이 죄 짓지 말아야 한다

이미 엎질러진 물은 다시 담을 수 없습니다. 그 엎질러진 물을 가지고 신세 한탄 하는 것처럼 어리석은 일도 없다는 뜻입니다.

물이 엎질러졌다면 이제부터가 중요합니다.

당신은 물이 엎질러졌다면 어떻게 할 것인가요? 당연히 얼른 어질러진 바닥을 깨끗이 닦아야 할 것이 아닌가. 마찬가지입니다.

나는 감히 나와 당신에게 고하려 합니다. 지금까지 죄를 짓고 살았다면 그것은 어쩔 수 없습니다. 이제부터는 더 이상 죄짓지 않으려는 노력이 필요합니다. 그리고 과거의 죄로 인해 더러워진 내 몸과 마음을 깨끗이 닦아야 합니다.

만약 죄의 대가가 있다면 달게 받겠다는 태도를 보여야 합니다. — 그것은 내가 죄를 지었으므로 당연한 일이기도 합니다. 또 그래야 내가 죄로부터 자유로울 수 있습니다. — 그리고 이제부터 다시는 죄를 짓지 않으려는 노력을 해야 합니다.

이것이 바로 나와 당신이 죄로부터 양심으로부터 자유로워지는 유일한 방법입니다.

---

45) 당신께서 현재 위대한 명예와 지식이 있어서 어떤 꿈을 펼치고자 한다면 오직 하나님의 거룩한 정의+진실+도전정신을 가지고 임하기를 기도합니다.

　나는 당신 나라만은 죄를 짓지 말아야 한다고 생각합니다. 당신은 왜 내가 그런 생각을 하는지 이해하십니까?

　당신 나라는 세계의 중심국가가 아닌가요. 아버지가 죄를 지으면 아들이 따라 하게 마련입니다. 어머니가 죄를 지으면 딸이 따라 하게 마련입니다.

　마찬가지로 세계의 중심국가가 죄를 지으면 나머지 주변 국가들이 따라 하게 마련입니다. 주변 국가에서 죄를 지을 때 중심국가가 따라 할 이유가 없겠지만 중심국가가 죄를 지을 때 주변 국가로 전해지는 파급력은 번개보다 더 빠를 수밖에 없습니다. 이것이 인간 사회의 속성이기 때문입니다.

　그러므로 제발 나와 당신과 당신 나라는 하나님의 성령을 어기는 죄를 짓지 말아야 합니다. 아니 죄를 짓기보다 오히려 본(本)이 되어야 합니다.

　당신의 선조들을 바라보십시오. 그들은 죄를 짓기보다 본이 되는 일을 하지 않았습니까. 나는 당신의 선조들만 생각하면 먼저 가슴 한편이 아려옵니다.

　어떻게 끝도 보이지 않는 태평양을 건너 지도상에 보이지도 않는 나의 나라를 향해 배를 타고 올 수 있었단 말입니까? 한 달, 아니 몇 달이 넘게 걸리며 태풍이라도 만나면 그걸로 목숨이 끝날 수도 있는데 그 미지의 나라에 복음을 전하기 위해 목숨을 걸고 올 수 있었단 말입니까?

　도대체 당신 나라 선조들은 우리를 얼마나 사랑했기에 이런 무모

한 행동을 감행할 수 있었냔 말입니다.

나는 지금도 그 생각만 하면 갑자기 몸이 움츠러들고 소름까지 끼치도록 고맙고 고맙기 그지없습니다.

만약 그때 당신의 선조가 나의 나라에 오지 않았다면! 그것은 생각만 해도 끔찍해서 상상조차 하기 싫습니다. 당신의 선조들이 나의 나라에 와주었기에, 그리고 도와주었기에 목숨을 바쳤기에 그래서 나의 나라가 살 수 있었기 때문입니다!

당신은 바로 그런 훌륭한 일을 한 선조의 자손, 청교도 정신의 계승자입니다. 그것을 잊지 말고 명심해야 할 것입니다.

당신의 선조들이 이 세상에 얼마나 훌륭한 일을 하였는지! 당신은 똑똑히 기억해야 할 것입니다.

그리고 당신의 몸에는, 당신의 핏줄에는 바로 그 훌륭한 선조들의 피가 흐르고 있고 그 선조들의 DNA가 퍼져 있습니다.

하나님의 특별한 사명인 청교도 정신이 배어 있습니다. 그러므로 당신도 얼마든지 그 선조들이 했던 일을 할 수 있으며 아니 그보다 더 훌륭한 일도 할 수 있습니다.

그런데 그깟 죄 때문에 헤매고 있다는 것은 도대체 말이 안 됩니다. 그러니 이제 당신은 나와 함께 결심하기 바랍니다. 더 이상 앞에서 이야기했던 그런 지질한 죄 따위는 상종도 하지 않겠다고!

그리고 이제부터는 죄의 노예가 아니라 오히려 당신 하나님의 성령으로 선조들 못지않은 선한 행동의 본이 되겠다고 결심하기 바랍니다.

---

46) 어떤 일을 할 때 정당하지 못하면, 정의롭지 못하면, 질서를 파괴하면, 무법자가 되면, 자기의 권력을 이용하면, 거짓으로 속인다면 이것은 하나님 보시기에 부끄러운 것이 되고 맙니다. 하나님과 성령의 은총이 임하여 이 모든 불의들이 하나님의 의로 바뀌기를 기도합니다.

죄의 대가가 무섭다는 사실을 명심해야 한다

마지막으로 꼭 명심해야 할 것은 역시 무서운 죄의 대가가 있다는 사실입니다. 나와 당신이 이 세상에서 죄를 지었다면 반드시 대가가 있을 것입니다.

그것이 세상 법의 심판에 따른 형벌이 될 수도 있고 아니면 나와 당신이 감당해야 할 고통으로 받는 죄의 대가도 있을 것입니다. 하지만 이것만으로 나와 당신이 지은 죄의 대가가 끝나지 않습니다. 하늘에서 받아야 할 심판이 남아 있기 때문입니다. 이는 무서운 이야기가 아닐 수 없습니다.

물론 나는 당신에게 죄의 대가가 무서우니 죄를 짓지 말라는 투의 이야기를 하고 싶지는 않습니다. 세상에는 아무리 죄의 대가가 무섭다는 이야기 해도 끄떡도 하지 않는 사람들이 즐비하니, 말입니다.

하지만 이것만은 명심하기 바랍니다. 죄의 대가가 단지 미래의 죽음만 가져오는 게 아니라 현실의 행복까지 빼앗아간다는 사실을! 이게 무슨 이야기냐고 반문할지도 모르겠습니다.

행복은 내 양심이 완전히 만족한 상태가 되었을 때 다가옵니다. 여기서 양심이 만족한 상태라는 것은 마음에 거리낌이 없는 상태를 뜻합니다. 그 상태에서 뭔가를 이뤄냈을 때 비로소 나는 진정한 행복을 맛볼 수 있습니다.

반면 마음에 거리낌이 있지만 그럼에도 뭔가를 이뤄냈을 때도 잠

시 행복을 맛볼 수 있습니다. 하지만 안타깝게도 그 행복은 진짜 행복이 아니라 가짜 행복입니다. 아니 행복이 아니라 일시적 쾌감일 뿐이라는 표현이 더 가깝겠습니다. 그는 뭔가를 이뤄냈지만, 양심에 거리낌(이것은 결국 죄 때문에 생기는 것임)이 있기 때문에 내일이면 다시 괴로움에 떨 수밖에 없습니다. 그러므로 이것은 진짜 행복이 아닙니다.

이처럼 죄는 단지 죄의 대가만 던져주는 것이 아니라 현실의 행복까지 앗아가는 무서운 좀비와 같은 것입니다.

그런데도 당신은 이런 죄를 짓고 살려고 하십니까? 우리네 인생은 영원에 비추어볼 때, 마치 잠시 스쳐 가는 바람처럼 매우 짧은 순간에 불과합니다. 그런데 그 짧은 순간에 지은 죄가 영원의 삶에 영향을 미치니 죄의 무서움이 바로 여기에 있습니다.

당신은 그런데도 불구하고 죄를 지으렵니까? 이제 나와 당신은 죄로부터 영원히 분리되도록 노력해야 할 것입니다. 하루아침에 되지 않겠지만 최소한 지금부터 노력해야 한다는 이야기입니다.

하나님께서 항상 당신의 마음과 생각과 행동을 지켜보고 있다는 사실을 잊지 마십시오. 당신은 나의 이 생각에 동의하십니까?

미국의 부정한 프리섹스 문화

당신은 당신 나라에 사생아가 얼마나 된다고 생각하십니까?

---

47) 미합중국의 땅속에 지하자원의 근원과 정기를 위해 기도합니다. 전국토의 땅속에 무엇 있는지는 모르지만 이를 위해서도 오직 하나님의 은총을 위해 기도하였습니다.

나는 놀라운 이야기를 들었습니다. 나의 나라에 '아버지 학교'라는 것이 있는데 내가 거기에서 교육을 받고 봉사하고 있습니다.

아버지 학교는 깨어진 가정을 아버지가 회개함으로써 살려야 한다는 취지로 진행하고 있는 교육프로그램입니다.

그런데 바로 거기에서 나는 미합중국 당신 나라의 목사님을 통하여 당신 나라의 사생아가 100만이나 된다는 이야기를 들은 것입니다.

이 세상에 태어날 때 정말이지 축복을 받고 태어나도 모자랄 아이가 부모의 축복 없이 태어나는 아이가 100만이나 된다는 것입니다.

당신은 이 숫자를 보며 무엇을 생각하십니까? 과연 이것이 세계의 중심국가라 자청하는 당신 나라에서 일어나야 할 일이라고 보십니까?

이것은 분명 정상적이지 않은 모습임이 틀림없습니다.

「미국이 감추고 싶은 비밀 50가지」라는 책에 의하면 "당신 나라에서는 한 해 약 400만 명의 아이가 태어나는데 그중 결혼하지 않은 여성이 낳은 아이가 무려 32%라고 합니다.

또 미혼모를 포함해 혼자 애를 키우는 사람들은 총 1,190만 명(이 가운데 84%가 여자)에 달한다고 하니 이게 될 법이나 한 이야기입니까? 또 어린 나이에 부모가 되어버리는 경우도 많습니다. 한 마디로 미래에 대한 어떤 대책도 없이 무책임하게 애를 낳고 있다는 이야기밖에 되지 않습니다.

---

1) 「미국이 감추고 싶은 비밀 50가지」본문 中 232페이지, 최성욱 저, 미래를소유한사람들, 2007.12.06

당신은 도대체 왜 당신 나라에서 이런 일이 벌어진다고 생각하십니까? 답은 간단합니다.

자유로운 섹스문화가 범람해도 너무 범람한 까닭입니다. 플레이보이지는 물론이고 온갖 인터넷 사이트에서 야동들이 성행합니다.

거기에 젊은 여인들은 마치 나체 같은 차림으로 거리를 활보합니다.

그야말로 자유 섹스의 문화가 범람하고 있습니다.

사람들은 너도, 나도 섹스의 자유를 즐기자며 굶주린 맹수처럼 달려들고 있습니다. 그룹섹스에 동성애 섹스, 변태 섹스까지! 나이트클럽에서 현란한 조명과 가슴을 터트릴 것 같은 음악에 영혼을 맡기며 몸을 흔들어대는 사람들은 이제 마음만 맞는 상대라면 아무런 죄의식 없이 섹스의 쾌락을 즐깁니다.

인터넷만 켜면 벌거벗은 여자들이 미끈한 다리와 엉덩이로 유혹하며 이리 오라 날개짓 하고 있습니다.

수천, 아니 수천억 개도 넘어 보이는 섹스 동영상들이 장소를 불문하고 온 세계를 돌아다니고 있습니다.

이제 자라나는 아이들에게 숨기려야 숨길 수도 없는 상황이 됐습니다.

그걸 보고 자라는 아이들의 미래가 어떻게 될 것인지 생각만 해도 끔찍한 일이 아닐 수 없습니다. 당신은 이런 현상을 그대로 지켜보고만 있어야 한다고 생각하십니까?

인간이 섹스를 하나님의 뜻대로 조절할 수 있다면야 무슨 걱정을 하겠습니까.

---

48) 미국에서 매일 탄생하는 인류의 생명과 온 세상에 탄생한 생명 영혼에게 하나님의 사랑과 은혜의 축복이 임하기를 늘 기도합니다. 장차 세상의 주인이 될 아이들의 진실한 책임과 정의를 위해 기도합니다.

하지만 유혹에서 오는 섹스의 힘은 너무도 강력하기에 인간은 도 대체 섹스를 조절할 힘조차 가지고 있지 못한 것 같습니다.

당신 나라 CDC에서 실시한 20~59세의 남녀 6,237명을 상대로 한 설문조사에 의하면 당신 나라 남성의 평균 섹스 파트너는 6.8명 이고 당신 나라 여성의 평균 섹스 파트너는 3.7명이라고 합니다.

이것이 현실입니다. 현재 당신 나라의 현실만 이런 것이 아니라 전 세계 문명국가들의 현실도 정도의 차이가 있을 뿐 이와 별반 다 르지 않습니다.

나의 나라 역시 섹스 문화가 점점 타락해가고 있습니다. 이처럼 인간은 섹스를 컨트롤하기는커녕 섹스의 노예로 살아갈 수밖에 없 는 환경에 놓이고 있습니다.

나는 이것이 섹스 자유주의가 가져온 최악의 결과라 생각합니다.

자유 섹스가 세상에 던져주는 가장 큰 문제는 쾌락의 섹스로 인 해 잉태될 생명에 관한 것일 터입니다. 자유 섹스를 즐기던 사람들 은 이렇게 태어난 아이를 키울 자신도 능력도 없습니다. 그래서 생 겨난 것이 바로 사생아 100만인 것입니다.

도대체 이 사생아들이 무슨 죄가 있단 말입니까?

당신은 도대체 누가 이에 대한 책임을 져야 한다고 생각하십니까?

샘물처럼 맑은 눈망울을 초롱 거리는 저 아이들이 대체 무슨 잘 못을 저질렀기에 태어날 때부터 어미 아비 없이 이 삭막한 세상에 홀몸으로 던져져야 한단 말입니까?

이것은 죄악 중에 죄악이요, 죄를 넘어 사악한 일입니다.

이것은 천륜을 저버린 무서운 일이라 하지 않을 수 없습니다. 이 사악하고 무서운 일이 단지 순간의 쾌락 때문에 생긴 일이라면 프리섹스가 얼마나 나쁜 짓인지 더 이상 말하지 않아도 깨달을 것입니다.

더욱 무서운 것은 이렇게 태어나 자란 아이들이 어떻게 될지에 관한 것입니다.

과연 이 아이들에게 정의를 요구할 수 있을까요? 이 아이들에게 사랑을 요구할 수 있을까요? 그럴 수는 없을 것입니다. 결국 이 아이들도 정의롭지 못한 아이로, 사랑이 없는 아이로 자라 더욱더 많은 죄를 저지를 가능성이 매우 높다는 데 더욱 무서움이 있다는 것입니다.

아아! 하나님 이 인간의 죄악을 용서하여 주십시오.

인간의 쾌락이 이처럼 악합니다. 순간의 쾌락에 빠져 이 엄청난 죄를 저지르고 있습니다.

저 역시 젊은 시절 넘치는 정욕으로 인하여 죄를 지었던 적이 있음을 고백합니다. 천 번, 만 번 하나님께 잘못을 구하니 용서하여 주옵소서. 섹스는 하나님의 거룩한 선물인데 끝없는 인간의 쾌락과 끝없는 욕심으로 인하여 부정한 섹스인 줄도 모르고 오늘도 섹스를 즐기며 살아가는 인간들이 그저 한스러울 뿐입니다.

오! 하나님 인간의 어리석음을 용서하여 주십시오. 이 모든 것이 인간의 약함과 지혜의 부족에서 오는 것임을 고백합니다.

---

49) 미국 하늘에서 내리는 비, 늦은 비, 황무지의 땅에 단비를 위해 기도합니다. 온 땅에 하나님의 목마른 사슴이 물을 찾는 것처럼 온 인류가 하나님의 성령의 단비를 맞기를 기도합니다.

죄 가운데 빠진 어른들은 스스로 자신의 잘못을 깨달을 수 있도록 도와주시고 아이들은 더 이상 죄짓지 않으려는 올바른 아이로 커갈 수 있도록 인도하여주시옵소서.

이를 위해 올바른 지도자를 주시고 바르게 가르치는 어머니와 선생님을 주셔서 정서적으로 안정되고 지식적으로 지혜로우며 덕과 사랑을 갖춘 아이들이 성장할 수 있도록 인도하여 주시옵소서!

섹스의 본질은 무엇일까?

당신은 이 문제를 어떻게 해결해야 한다고 생각하십니까?

"그저 이렇게 살다가 죽어 버리면 그만이지"라고 생각하십니까? 그것은 문제를 더 크게 만들 뿐이지 절대 해결책이 될 수 없습니다. 이 문제의 근본 해결책으로 나는 이제 당신 나라에 범람하고 있는 프리섹스 문화를 바꾸어야 한다고 생각합니다.

당신은 섹스가 무엇이라고 생각하십니까?

성서에서 섹스란 부부의 사랑을 위해 준 것이며 오직 자손을 번식시키기 위해 준 것이라 이야기합니다.

즉, 섹스는 단지 당신이 한순간 즐기기 위해 준 것이 아니란 이야기입니다. 이 세상 모든 만물을 창조한 이가 하나님이듯이 섹스를 만든 이 또한 하나님입니다. 하나님이 인간에게 섹스를 주었을 때 그 목적은 부부간에 서로 사랑을 더욱더 깊게 하며 그 결과로 자손

을 낳아 번식하라고 하는 데 있습니다. 그 애정의 표현으로 최고의 선물로 하나님이 준 것이 바로 섹스란 이야기입니다.

나는 당신의 선조들이 이 성서적 목적에 맞는 성문화를 가졌다고 알고 있습니다. 그들은 섹스가 던져주는 쾌락의 함정에 빠지지 않았으며 오직 섹스를 하나님의 뜻에 맞게 사용하였다고 알고 있습니다. 어떻게 이것이 가능할 수 있었을까요? 나는 그것이 감히 청교도 정신 때문이었다고 말하고 싶습니다.

혹시 당신은 또 내가 당신의 선조 청교도 이야기를 꺼내니 지금 시대가 어떤 시대인데 청교도의 금욕적 성문화를 끄집어내냐고 질타할지도 모르겠습니다. 하지만 그것은 당신이 갖고 있는 대단한 오해가 아닐 수 없습니다.

당신의 선조였던 청교도들은 절대 섹스를 억제하고 금욕을 한 적이 없기 때문입니다. 오히려 청교도들은 하나님이 허락하신 섹스야말로 쾌락을 넘어 거룩하고 맑고 고요하고 찬란하며 선한 것이라고까지 했습니다. 당신은 도대체 이게 무슨 말인지 이해가 되십니까?

당신의 선조, 청교도의 성문화에서 배우라

사실 기독교가 금욕주의를 추구한다고 인식된 것은 중세 기독교의 유산이라는 것을 당신은 알아야 합니다. 다음은 중세 기독교 지도자들의 말을 들어보십시오.

"인류가 죄를 통하여 번성하느니, 다시 말해서 성적 관계를 통해

---

50) 지구의 땅 위에는 봄이 되면 여러 종류의 나무 가지에 새순이 돋고 이후에 열매가 맺어집니다. 매년 온 땅의 새순에서 축복의 열매가 열매 맺기를 위해 기도합니다.

종족 이어가느니 차라리 괴멸하는 쪽이 낫겠습니다."

-터툴리안-

"성 행위는 무죄하지만 그 행위에 동반되는 정욕은 죄입니다."

-어거스틴-

"남편과 아내가 생육이 아니라 쾌락을 위해서 성적 관계를 가질 때면 그것은 성 행위를 더럽히는 것입니다."

-그레고리-

"결혼이란 경건하고 신성한 결합이다. 그러므로 거기에서 얻어지는 즐거움은 억제되고 진지하며 조심스럽고 양심적인 쾌락이어야 합니다.

-M.E.몽테뉴-

어떤가요? 이들이 쾌락적인 섹스에 대하여 얼마나 부정적이었는지 느껴지십니까?

결국 중세 기독교에서는 쾌락적 섹스에 대하여 이토록 부정적 견해를 갖고 있었기에 지도자 중 하나였던 오리겐은 스스로 자신을 거세까지 해버렸다고 합니다.

또 이 문화가 이어져 가톨릭 성직자들의 결혼이 금지하기에 이르렀다고 합니다.

결혼은 섹스 때문에 더러운 것이고 순결은 섹스가 없기에 고결한

것이라 여겼기 때문입니다. 심지어 중세 교회에서는 결혼한 부부 사이에도 7일 중 5일을 금욕하라고 권장하기까지 하였으니 얼마나 금욕의 문화가 팽배했는지 알 수 있을 것입니다.

터툴리안의 말은 섹스가 종족 번식을 위해 존재하지만 이처럼 죄악 된 섹스를 계속한다면 차라리 종족 번식을 포기하고 싶을 정도로 부정한 섹스를 멀리하겠다는 고백이라 할 수 있습니다. 어거스틴의 말은 의미심장합니다.

분명 섹스는 하나님이 주신 것으로 무죄합니다. 하지만 정욕으로 하는 섹스는 죄라는 것입니다. 그레고리는 더 나아가 생육을 목적으로 하는 섹스 외의 모든 쾌락적 섹스가 더러운 것이라 고백합니다.

중세의 종교지도자들은 이처럼 종족 번식을 목적으로 하는 것 외의 모든 섹스에 대하여 죄라는 인식이 팽배해 있을 정도로 부정적 인식이 강했습니다. 그렇다면 당신의 선조 청교도들도 이 전통을 따랐을까요?

절대 그렇지 않았습니다. 당신의 선조 청교도들은 오히려 중세의 성 의식을 완전히 잘못된 것으로 보고 그 대척점에 섰습니다. 청교도의 초석을 만들었던 칼빈은 다음과 같이 이야기했습니다.

"부부 사이에서 행하는 성적 결합은 깨끗하고 순결하며 순수하고 거룩합니다. 왜냐하면 그것이 하나님께서 세우신 제도이기 때문입니다."

어떤가요? 많은 가톨릭 지도자들은 결혼과 섹스가 인간 타락의 결과라 말했지만, 당신의 선조 청교도들은 결혼을 거룩한 것이라

---

51) 미합중국의 순교자님과 헌신자님. 작고하신 선열님의 영혼에 하나님의 영광이 임하기를 기도합니다.

주장하였습니다. 앞에서 이야기했던 몽테뉴가 고백한 섹스야말로 하나님이 주신 섹스의 의미를 가장 잘 표현하고 있으며 당신의 선조 청교도들의 섹스에 대한 생각을 잘 대변하고 있습니다. 즉 섹스는 즐거움이 억제되고 진지하며 조심스럽고 양심적인 쾌락을 얻는 것이어야 한다는 사실입니다. 또 다른 청교도 지도자였던 토마스 케이테커는 또 이렇게 말했습니다.

"결혼은 이 세상에서 사람이 누릴 수 있는 외면적 축복 가운데 가장 큰 것 중 하나입니다."

당신은 청교도들의 결혼관이 단지 결혼의 소중함에만 머물러 있지 않다는 사실을 알아야만 합니다. 청교도 지도자였던 윌리엄 에임즈는 부부간에 이루어지는 섹스에 대하여 "선의와 기쁨으로 또한 기분 좋게" 해야 한다고 주장했습니다. 어떤가요? 이것은 섹스를 거부하는 금욕주의가 아니라 섹스를 즐거움의 도구로 사용하였다는 명백한 증거이지 않습니까.

그렇습니다. 당신의 선조 청교도들은 섹스란 먼저 하나님께서 인간에게 주신 선물이기에 자연적인 욕구라 인정하였습니다. 하지만 섹스가 또한 중요한 이유는 자연적인 욕구 이전에 하나님이 주신 것이란 사실입니다.

하나님이 왜 인간에게 섹스를 주셨을까요? 하나님이 하는 모든 일이 다 선을 위해 하는 것이라면 이제 섹스도 선한 목적을 위해 준 것이 되고 맙니다. 당신은 이 사실을 인정하십니까?

섹스는 비단 육체적 결합일 뿐만 아니라, 영혼과 감정까지 아우

르는 두 사람 사이의 전인격적인 결합이라 할 수 있습니다.

두 사람은 이 전인격적인 결합을 통하여 비로소 신이 인간에게 던져준 하나라는 의미의 사랑이 무엇인지 접근할 수 있게 됩니다.

그래서 청교도들은 섹스야말로 두 사람을 하나 되게 만들어주는 위대한 선물이며 그래서 선한 행위로 보았습니다.

이제 당신은 청교도들이 이러한 의미를 가진 섹스를 최고의 선으로 이끌어주는 제도가 바로 결혼이라고 생각하였다는 사실을 알아야 합니다. 섹스가 최고의 선이 되기 위해서는 반드시 결혼이라는 제도 아래서 행해질 때만 가능하다고 보았다는 것입니다.

그리고 결혼생활에서 서로 사랑하는 부부간에 이루어지는 섹스야말로 최고의 선을 이루는 행위라고 보았다는 사실입니다.

당신은 아직도 청교도가 지나친 금욕주의에 빠져 있었다고 생각하십니까? 절대 그렇지 않았다는 사실을 알 수 있었을 것입니다. 청교도들은 오히려 섹스에 대하여 자유로웠으며 그것을 즐기기까지 했습니다. 물론 그것은 당연히 결혼한 부부 안에서 이루어질 때만입니다. 이 경건한 섹스 자유주의가 부부라는 울타리를 벗어날 때 그것은 이제 간음이 되고 죄악이 되고 맙니다.

나는 지금 간절히 기도합니다. 부디 나와 당신이 당신의 선조 청교도들의 성문화를 다시 이어받기를! 그들처럼 단지 말초적 쾌락이 아닌 진정한 섹스의 본질에 따르는 즐거움을 누릴 수 있기를 위하여!

나는 당신에게 다시 한번 외칩니다. 섹스의 본질을 지키지 않고

---

52) 인류는 매일 변함없이 물과 불을 사용하고 있습니다. 인체의 수분과 지구의 수분이 70%로 같은 것은 하나님의 신비입니다. 모든 만물이 잉태의 양수로부터 수분 속에서 성장 후 죽는 날까지 물과 불을 사용하게 하심에 감사드리며 미국과 인류의 땅에 생수의 물과 불의 에너지가 끊임없이 임하기를 기도합니다.

섹스의 쾌락에 맡긴 결과야말로 순간적인 말초적 즐거움은 있을지 몰라도 그 후에 져야 할 짐은 실로 감당하기 무서운 것이 되고 만다는 사실을 기억하라고!

프리섹스의 결과가 이처럼 참담한 것이라면 이제 나와 당신도 프리섹스 주의를 버리고 그 옛날 청교도의 성령 인도를 따르는 경건한 섹스주의로 돌아가야 한다는 사실을 기억하라고!

그 길만이 당신이,

당신의 생명이 살길이요,

당신 나라 미합중국이 살길이요,

나와 인류, 우리 모두가 살길이라는 것을 외치고 싶습니다. 이를 위하여 먼저 하나님께 나의 어리석음과 죄의 용서를 구하고 다시 새 생명을 주실 것을 구해야 할 것입니다.

미합중국 당신 나라의 타락은 곧 세계의 타락을 의미합니다. 왜냐하면 당신 나라에서 하는 것은 전 세계 나라들이 따라 하기 때문입니다.

그만큼 당신 나라의 영향력은 막강합니다. 그래서 당신 나라에서 출발한 프리섹스 주의가 이제 당신 나라에서 가장 먼저 바뀌어야 한다는 것입니다.

당신 나라에서 프리섹스 주의가 경건한 섹스주의로 바뀐다면 이제 전 세계 모든 국가의 섹스관이 바뀔 것입니다.

그러면 최소한 섹스 문제 하나만은 깨끗하게 해결할 수 있습니다. 이제 나와 당신은 결심해야 합니다. 하나님의 성령으로 고침

받기를 다짐해야 합니다. 부정한 섹스는 죄의 시발점이 됩니다. 더 이상 섹스의 쾌락과 탐욕을 멈추기로! 그리고 프리섹스 주의의 굴레에서 빠져나오기로! 오직 그 길만이 저 버려진 100만의 아이들에게 속죄하는 유일한 길이 될 것입니다.

그리고 당신 나라의 종교지도자, 지식층, 예술가, 가정 행복 연구가, 저명인사가 먼저 고백과 자복과 회개와 반성을 통하여 변화되고 앞장서기를 기도합니다. 또 이들이 강연을 통하여 세계 인류에게 거룩한 섹스를 선포하기를 원합니다. 그렇게 될 때 비로소 섹스는 부정한 섹스가 아니라 하나님이 주신 본래대로의 거룩하고 순결하며 정직하고 기쁘고 즐거운 섹스가 되어 세계 인류에게 선포될 수 있을 것이기 때문입니다.

당신 나라 미합중국은 지금 세계의 1등 국가요, 중심국가요, 모범국가입니다.

그런 위대한 나라의 국민이었던 당신의 선조들께서 한 생명을 천하보다 더 귀하게 여겨 전 세계에 하나님의 복음을 가져다주었습니다!

당신의 선조들께서 전 세계에 민주주의와 인권을 가져다주었습니다!

당신의 선조들께서 전 세계에 정의와 평화를 가져다주었습니다!

당신의 선조들께서 전 세계에 사랑과 평등과 도덕을 외치고 가져다주었습니다!

---

53) 제가 어린 심정으로 장차 크면 우리나라를 도와준 미국에 보답하는 마음으로 반드시 미국을 위해 일하겠다고 결심했습니다. 미국을 알면 알수록 참으로 위대한 나라이고 훌륭한 나라라는 것을 알게 됩니다. 미국인의 마음과 정의를 닮고 싶은 마음에 하나님께 더욱 기도합니다.

당신의 선조들께서 전 세계에 학문과 진리를 가르치고 가져다주었습니다.

당신의 선조들께서 인류의 번영과 양식을 가져다주었습니다!

당신의 선조들께서 인류에 희망과 삶의 변화를 가져다주었습니다!

그런데 어찌 당신들이 가장 거룩해야 할 섹스를 부정한 섹스로 만들어 타락할 수 있단 말입니까!

세상 사람 모두가 타락한다 해도 당신들만은 정의를 지켜야지 타락해서는 안 됩니다!

세상 사람 모두가 죄를 짓는다고 해도 당신들만은 죄를 지어서는 안 됩니다!

왜냐하면 당신들이야말로 세상을 타락으로부터 건져내야 할 지도자요, 선구자 역할을 해야 할 사람들이기 때문입니다!

마약이 판치는 세상!

이제 나는 섹스의 문제에 더하여 마약의 문제를 이야기하지 않을 수 없습니다. 당신은 왜 현대사회가 마약이 판치는 세상으로 변해버렸다고 생각하십니까? 세상 사람들은 크게 두 가지 이유로 마약을 한다고 말합니다.

첫째, 마약을 하면 평소에는 느낄 수 없는 쾌락을 느끼게 해주기 때문입니다. 더 재미있고 더 짜릿한 쾌감을 쫓던 사람들에게 마약은 최상의 쾌감을 던져줍니다.

둘째, 어떤 사람들은 세상의 고통을 잊기 위해 마약을 하기도 합니다. 세상은 살아가기에 슬픈 일과 고통이 너무 많지 않습니까?

그때 마약을 하면 그 슬프고 아픈 현실의 고통을 순간적으로 싹 잊게 해주니 이보다 더 좋은 약물이 어디 있겠습니까?

사실 사람들이 마약을 하는 이유는 이 두 번째 이유가 더욱 클 것입니다.

하지만 나는 마약을 하는 사람들에게 이렇게 외치고 싶습니다. 그것은 결코 좋은 것이 아니라 죄악이라고!

당신도 마약이 죄악이라고 생각하십니까? 그것은 한 개인뿐만 아니라 사회를 병들게 합니다. 사회는 개인 개인이 자신의 역할을 함으로써 유지되는 것이련만 한 개인이 망가져 버리면 결국 사회도 망가져 버립니다. 그래서 마약은 무서운 것이며 죄악이라 하지 않을 수 없습니다.

나만 좋으면 됐지 무슨 상관이냐고? 항변할지도 모르겠습니다. 하지만 마약은 개인에게도 결코 좋은 것이 아닙니다. 딱 마약 하는 그 순간만 좋을 뿐입니다.

그것은 결국 한 사람을 중독으로 이끌어 파멸에 이르게 합니다. 마약을 하면 순간적으로 기분을 상승시키는 작용이 일어납니다.

문제는 이때 인간의 뇌에서 도파민이라는 호르몬이 분비되어 다시 마약을 하지 않으면 미치게 만든다는 사실에 있습니다. 이제 중독 상태에 빠진 마약 복용자는 다시 마약을 찾게 되고… 어떻게,

---

54) 제가 형님으로 모시는 나라에서 혹시 생활에 방탕한 자, 낙심한 자, 절망 자가 있습니까? 새 희망과 소망으로 죄가 있다 해도 양심선언하면 하나님께서 성령의 힘으로 새 희망과 꿈을 주십니다. 이런 축복이 임하기를 기도합니다.

어떻게 해서 마약을 구입하여 마약을 하게 되고… 그 가운데 또 다른 죄를 저지르게 되고… 이런 악순환이 계속 반복됩니다.

더욱더 무서운 것은 이처럼 마약 중독자가 마약을 계속 복용할 때 그의 몸과 정신은 서서히 썩어들어간다는 사실입니다.

그리고 결국 처절한 죽음에 이르게 한다는 사실입니다. 생각해 보세요. 이게 그 사람 한 사람만의 문제일지… 이런 마약중독이 들불처럼 번진다면 그 사회도 마약중독자의 썩어가는 몸처럼 썩어 문드러져 죽고 말 것입니다. 그래서 마약은 무서운 것이며 사회악이요, 씻을 수 없는 죄라는 것입니다.

이제 왜 마약이 죄악인지 깨달았습니까?

이토록 마약으로 인한 범죄가 인간사회를 병들게 하고 있는 지금, 당신은 이 문제를 어떻게 해결해야 한다고 생각하십니까?

이 문제를 예방하기 위해 어떻게 해야 한다고 생각하십니까?

아! 하나님, 나의 나라는 물론 당신 나라 사람들, 나아가 각 나라와 전 인류가 더 이상 마약을 하지 않기를 간절히, 간절히 기도합니다.

미국의 마약 실태

아! 안타까운 것은 이런 마약중독에 있어 당신 나라 역시 자유로울 수 없다는 사실입니다.

마약과의 전쟁을 선포했던 부시 대통령 당시 국립마약남용연구소(NIDA)가 조사했던 통계에 따르면 미국의 마약 경험자는 2200만 명이 넘는다고 합니다.

당신 나라 인구가 3억 3천만이니 100명 중 7명은 마약을 해봤다는 이야기입니다. 하지만 통계에 잡히지 않은 마약 경험자가 더 많을 것으로 보고 미국 연방정부는 전체 인구의 31% 정도가 마약을 경험해봤을 것으로 추산하고 있습니다.

더욱더 안타까운 것은 이 통계에 당신 나라 청소년들도 상당수 포함되어 있다는 사실입니다.

2015년 국립마약남용연구소(NIDA) 통계에 의하면 매일 대마초를 피우는 고교생의 비율이 6%를 넘는다고 합니다. 왜 맑고 밝게 자라야 할 청소년 때부터 마약을 한단 말입니까. 정말이지 통탄할 일이 아닐 수 없습니다.

왜 티 없이 맑게 자라야 할 청소년들이 이런 약물에 의지하고 있단 말입니까. 도대체 무엇이 문제입니까. 이 사회가, 나라가 어디로 가고 있단 말입니까?

이제 나와 당신이 가슴에 손을 얹고 생각해 봅시다.

나와 당신은 언제까지 마약의 범죄를 법에만 맡긴 채 보고만 있어야 할 것입니까?

이제 당신과 내가 깨어나 이 문제를 해결해야 하지 않겠습니까?

마약의 문제는 마약중독이 인간의 삶을 파괴하고 나아가 목숨을

---

55) 전쟁 영웅 나폴레옹은 장거리 전쟁에서 식량을 부패하지 않게 휴대하는 문제 때문에 고민했다 합니다. 이에 대해 연구한 결과 영국에서 통조림을 발명했다고 합니다. 저는 미합중국 국민이 인류에 절실히 필요한 것을 발명하기를 기도합니다.

위협하기 때문입니다.

하나님께서 천하보다도 더 귀히 여기는 귀중한 삶과 생명이 그깟 마약 때문에 파괴되고 있다는 이야기입니다. 이 어찌 안타까운 일이 아닐 수 있겠습니까?

나는 지금 당신들에게 통렬히 말해주고 싶습니다. 마약을 하고 있는 당신들이여! 하루속히 제발 마약의 수렁에서 빠져나오라고!

마약보다 더 좋은 것을 가져다주었던 당신의 선조들!

당신 나라의 역사를 130여 년만 거슬러 올라가 봅시다.

때는 1800년대 말로 그때 세계는 비약적인 문명의 발전을 거듭하면서 마약중독이 새로운 국제적 문젯거리로 떠오르던 시절이었습니다. 하지만 그때까지만 해도 당신 나라 사회에 마약은 큰 문제가 되지 않았습니다. 왜 그랬을까요?

그때만 해도 당신 나라에 청교도 정신이 살아 있었기 때문입니다. 그때만 해도 육체의 쾌락을 즐기기보다 하나님의 사랑을 더 중요시하였기 때문입니다. 그래서 그 시절 당신의 선조들은 마약을 해야 할 큰 필요를 느끼지 못했습니다.

선한 행동은 건전한 정신에서 나오게 마련입니다.

당신의 선조들은 그런 건전한 정신을 지녔기에 세계에 선한 행동을 끼칠 수 있었습니다.

그때 당신의 선조들은 마약중독의 쾌락에 몸을 맡기기보다 전 세

계에 목숨 걸고 복음을 전하러 다녔습니다. 그때 복음이 전해진 나라 중 하나가 바로 나의 나라였지 않습니까?

아! 나는 생각해봅니다.

만약 그때 나의 나라에 한 줄기 빛(복음)이 전해지지 않았다면 지금의 대한민국이 가능했을까? 절대 그럴 수 없었을 것입니다.

그때 나의 나라에 전해진 복음은 놀라운 능력을 발휘하여 나의 나라 사람들을 변화 시켜 나갔습니다.

그리고! 오늘날 전 세계가 놀랄 대한민국의 기적을 일궈낼 수 있었던 것입니다.

만약 그때 당신의 선조들이 나의 나라에 복음을 전하지 않고 마약중독에만 빠져 있었다면 오늘날 대한민국이 어떻게 있을 수 있었겠습니까?

그런데 오늘의 당신 나라 사람들은 왜 선조들의 그 선한 행동을 저버리고 마약중독에 빠져들고 있단 말입니까?

하늘나라에 있을 선조들이 이 모습을 본다면 얼마나 가슴을 치고 통곡하겠습니까?

일말의 양심이 있다면 이제 더 이상 마약 같은 건 하지 말아야 할 것입니다.

마약 대신 다시 과거를 되돌아보며 선조들의 역사를 공부하는 것이 선조들에 대한 최소한의 도리가 될 것입니다.

그리고 선조들의 행동을 본받으려 노력하는 것이 최소한의 도리

56) 매년 송구영신 예배 때 새로운 마음으로 전 세계 각 나라마다 국가의 희망과 각자의 꿈을 위해 기도와 노력의 열정을 불태웁니다. 내가 사모하는 미국이시여 세계의 평화와 정의와 사랑을 위해 기도합니다. 미국인 당신의 큰마음에 인류를 위한 사랑이 불타오르기를 위해 기도합니다.

가 될 것입니다.

그래야 당신들도 당신들의 선조들이 위대한 일을 했던 것처럼 세상을 위해, 온 인류를 위해 위대한 일을 할 수 있지 않겠습니까?

성경 잠언에서도 '악인은 불의의 이익을 탐하지만, 의인은 그 뿌리로 말미암아 결실한다'고 했습니다.

누구나 순간의 잘못으로 죄에 빠져들 수 있습니다. 하지만 당신은 절대 의인이 되어야지 악인이 되어서는 안 된다는 사실을 명심하십시오.

성경에서 의인은 죄를 탐하는 사람이 아니라 그 뿌리로 말미암아 결실하는 사람이라 했습니다.

죄의 뿌리를 자르고 오히려 그 바탕 위에 아름다운 하나님의 열매를 맺는 결실의 기쁨을 누려야 하는 것입니다. 이것이 의인이 해야 할 일이요, 바로 당신이 해야 할 일인 것입니다.

지금 세상에 우리가 해야 할 일들이 얼마나 많이 펼쳐져 있는데 그깟 마약 따위의 죄에 빠져 허우적거릴 시간이 없습니다.

그러니 지금 당신이 마약에 빠져있다면 하루빨리 죄의 굴레에서 빠져나와 의인의 길을 걷기를 간절히 기도합니다.

당신이 그렇게 할 때 비로소 우리의 미래, 온 인류의 미래도 활짝 열릴 것입니다.

더! 더! 갖고 싶은 사람들의 욕심!

비버리 힐스! 당신 나라의 부를 상징하는 곳입니다. 세상 사람들은 누구나 성 같은 집에서 부귀영화를 누리며 살기 원합니다.

하지만 현실에서 부귀영화를 누릴 수 있는 사람은 극히 제한되어 있습니다.

그래서 사람들은 드림을 꿈꾸며 좀 더 살기 좋은 곳으로 떠납니다. 그렇게 도착한 곳이 바로 당신 나라입니다.

사람들은 이것을 '아메리칸 드림'이라고 부릅니다.

지금 전 세계 최고의 부유국이 어디입니까?

바로 당신 나라 아닙니까. 하지만 당신 나라에서도 부자와 빈자는 갈리게 마련입니다. 잘사는 사람들은 좀 더 잘살려고 못 사는 사람 누르고… 그래서 못 사는 사람들은 더욱더 못 살게 되고… 세상은 왜 이런 악순환을 계속 반복해야 하는 것인지… 나는 알 수가 없습니다. 하지만 분명한 것은 잘사는 사람들이 더 잘 살려고 가난한 사람들을 짓밟는 행위가 분명 나쁜 짓이란 사실입니다.

당신은 정의와 진실이 부자에게만 있고 빈자에게는 없다고 생각하십니까?

절대 그렇지 않다는 사실은 우리의 양심이 이야기하고 있지 않습니까.

오히려 빈자의 정의와 진실은 더 위대하다 할 수 있습니다. 왜냐하면 더 어려운 가운데 지켜나가야 할 정의와 진실이기 때문입니다.

이처럼 정의와 진실이란 인간이라면 누구나 누려야 할 권리인 것

---

57) 미국은 세계의 나라마다 인간의 존엄성과 인권과 자유와 기본 권리를 주장하며 복음을 전파하였습니다. 그 씨앗은 광야의 메마른 땅에서 온갖 시련과 고통 속에서 생명의 싹을 틔웠습니다. 저는 숨 쉬고 살면서 당신들의 얼굴에 환한 미소를 보내면서 감사기도를 하고 있습니다.

입니다.

그런데 부자가 더 잘 살려고 빈자를 짓밟는 것은 빈자의 인권을 유린하는 행위라 하지 않을 수 없습니다. 그럼에도 부자들은 탐욕에 눈이 어두워 좀 더 잘 살기 위해 빈자들을 누르기에 여념이 없습니다.

지금 많은 부자는 그 정도로 자신의 욕심을 채우려고 죄를 서슴지 않는 행동을 하는 사람들이 많습니다. 물론 세상의 모든 부자가 다 그렇다는 이야기는 아닙니다.

인자하고 도덕적이고 양심적이며 태양의 광선처럼 빛나는 위대한 기부에 나서는 부자도 있지만, 그렇지 않은 부자도 있기에 하는 이야기입니다. 부자가 획득한 부는 정당한, 정정당당한 것이어야 합니다.

그래야 정의와 진실이 살아 있는 부자라 할 수 있지 않겠습니까?

당신 나라의 부자들만은 탐욕을 부리지 않기를!

나는 당신 나라의 부야말로 정정당당히 획득한 부라고 생각하고 있습니다.

그래서 나는 당신 나라야말로 정정당당한 부자나라, 세계 최고의 부자나라라고 생각하고 있습니다.

그런데 안타깝게도 '부자가 3대를 못 간다'라는 나의 나라 속담처럼 당신 나라의 부가 흔들리고 있다는 소식이 들립니다. 이것은 매

우 심각한 소식이 아닐 수 없습니다. 왜냐하면 당신 나라의 부가 무너진다면 세계 경제의 도미노 현상이 일어나 결국 세계 경제 또한 무너질 것은 불 보듯 뻔하기 때문입니다.

왜 철옹성 같았던 당신 나라의 경제가 휘청이고 있을까요?

나는 그 근본 원인을 생각하지 않을 수 없습니다.

당신은 수년 전 당신 나라의 월스트리트에서 있었던 거센 파도를 기억하나요? 1 대 99의 싸움, 말입니다. 그때 월스트리트를 장악하고 있던 당신 나라 최고의 부자들은 탐욕에 눈이 어두워 서민들의 함성을 듣지 못했을 수도 있을 것입니다.

2008년 서브프라임 모기지 사태로 촉발된 세계의 금융위기, 그 순간에도 월스트리트의 부자들은 여전히 돈 잔치를 하고 있었기에 99%의 당신 나라 사람들이 분노하며 월스트리트를 장악하지 않았습니까?

탐욕의 끝은 결국 패망뿐입니다.

그것은 로마제국의 예에서도 분명히 볼 수 있습니다. 로마제국은 한때 세계 최고의 제국으로 번성했으나 온갖 쾌락과 욕망으로 타락한 나머지 결국 나라가 패망하여 역사의 뒤안길로 사라지지 않았습니까?

당시 세계에서 가장 부유하고 초강대국이 된 로마는 점점 타락하기 시작했습니다.

정치적으로 부정부패가 일어났고 점령국에 대하여 탐욕을 휘두르

---

58) 매일 변함없이 날짜 변경선을 넘어가며 기도하고 있습니다. 특히 미국의 땅에 정열적인 태양의 빛이 떠오를 것을 상상하면서 당신들의 나라에 온 만물이 생동하는 모습을 상상하면서 매일 새벽 그 순간에 기도를 합니다.

기 시작했습니다. 점령국의 여자들은 잡아다가 성노리개로 삼거나 첩으로 삼았고 남자들은 노예로 끌고 와 집안에서 부려먹었습니다.

이런 일이 일어나자 로마에 반감을 품거나 로마를 원수로 생각하는 민족들이 점점 많아졌습니다. 이런 감정들이 쌓이고 싸여 결국 로마는 게르만 민족의 침략을 받아 멸망하고 말았던 것입니다.

탐욕이 왜 패망을 이끌까요? 그것은 당연히 탐욕이 무서운 죄를 이끌어내기 때문입니다.

로마의 예에서처럼 탐욕은 다른 사람의 인권을 빼앗고 인간과 인간 사이에 지켜야 할 최소한의 정의마저 무너뜨리니 이것이 죄가 아니고 또 무엇이란 말입니까?

성경에서 죄의 결과는 사망이라 했고 탐욕이 죄를 이끄니 결국 탐욕의 결과가 패망이 되는 것은 당연한 결과인 셈이지요.

부디, 나는 당신 나라만은 로마제국처럼 탐욕으로 인한 패망의 전철을 밟지 않기를 바라고 또 바라며 그래서 기도합니다.

그러기 위해서는 먼저 당신 나라의 지식층과 부자들이 부당한 방법으로 부를 쌓으려 하지 않고 정당한 방법으로 부를 쌓으려 노력해야 할 것입니다.

부를 쌓는 과정에서 탐욕을 부리지 말고 오히려 가난한 사람들을 배려하며 부를 쌓아나가려 노력해야 할 것입니다.

그렇게 될 때 당신 나라의 경제는 다시 살아날 것이며 세계 경제에도 다시 희망을 던져줄 것을 나는 확신하고 또 확신합니다.

　다시 말하지만 잘못된 욕심으로 인해 생겨난 탐욕은 세상의 정의와 진실을 무너뜨리고 세상의 평화를 파괴하는 가장 큰 주범임을 잊지 말아야 합니다.

　그래서 이제 더 이상의 탐욕은 거두어 들어야만 한다는 것입니다.

　당신은 인간이 얼마나 부귀영화를 누려야만 만족할 수 있다고 생각하나요? 세상의 권력자, 부자들이 얼마나 더 가져야 만족할 수 있다고 생각하나요?

　욕심으로 내세우자면 한도 끝도 없을 것입니다. 하지만 잠깐 욕심을 잠재우고 나면 그저 불편하지 않을 정도의 기본적인 것과 만족하는 마음만 있어도 인간은 충분히 행복할 수 있습니다.

　지식층과 부자들은 물론 권력자, 지배자, 능력자, 배경 있는 자들도 이것을 깨달아야 더 이상의 죄를 짓지 않을 수 있을 것입니다.

　나는 오늘도 변함없이 기도합니다.

　당신 나라의 경제가 다시 회복되고 더욱더 튼튼해져서 스러져가는 세계 경제를 다시 일으켜 세우기를 위하여!

　다시 세계 경제의 중심에 서서 세계 경제를 이끌어나가기를 위하여!

　또 당신 나라의 지식층과 부자들이 탐욕에 빠지지 않고 가난한 사람들까지 배려할 수 있는 아름다운 부자가 되기를 위하여!

　당신 나라의 국민들이 서로 합심하여 새로운 지식으로 똘똘 뭉쳐 미래를 이끌어가기를 위하여! 나는 오늘도 기도합니다. 이것을 위해 당신과 나는 영원히 기도해야 할 것입니다.

---

59) 매일 하루에 35만 명의 새 생명이 탄생하고 1년이면 1억3천만 명이 탄생하게 됩니다. 이 생명들에게 하나님의 거룩함이 임하기를 위해 기도합니다. 한 생명은 천하보다 더 귀하다 했습니다.

미국의 쓴물이 단물 되게

이스라엘 백성들이 출애굽에 성공하여 광야를 거닐고 있을 때입니다.

그들은 너무도 목이 말라 샘을 찾아 헤매고 있었습니다. 3일을 찾아 헤매었으나 샘을 찾지 못하고 있었습니다.

마라에 이르렀을 때, 드디어 샘물을 발견했습니다.

그런데! 물을 마시려는 순간 그것은 입에 댈 수도 없을 만큼 쓴 물이었습니다.

아아! 이제 이스라엘 백성들은 절망에 빠질 수밖에 없는 상황이었습니다.

그 순간 모세가 하나님께 기도했습니다. 그리고 나뭇가지를 꺾어 물에 넣으니 쓴 물이 단물로 변해버렸습니다.

그제야 이스라엘 백성은 단물을 마음껏 마실 수 있게 된 것입니다.

당신은 성경의 이 이야기를 보며 이 세상의 쓴맛을 내는 쓴 물은 어떤 것이 있다고 생각하십니까?

지금 마약과 알코올에 중독되어 있고 도박과 게임에 중독되어 있어 헤어 나오지 못하고 있다면 이것이 곧 세상의 쓴 물일 것입니다.

만약 당신 중에 이런 쓴 물에 빠져 있다면 이것은 당신 나라 국가적으로 엄청난 손실이 아닐 수 없습니다. 왜냐하면 당신은 세계 인류를 위해 일할 책임이 있는 사람이기 때문입니다.

그런 면에서 당신 나라에 존재하는 이러한 쓴 물든 당신 나라가 세계로 나가는 데 방해가 되는 장애물입니다.

아아! 나는 기도합니다.

당신을 가로막고 있는 장애물들이 모두 제거되게 해 달라고!

마라의 샘물처럼 모든 쓴 물들이 단물로 변화되게 해 달라고!

나아가 당신 나라의 가족, 각종 단체와 조직, 종교단체, 사회단체, 국가조직 등 모든 단체에도 이들의 앞길을 가로막는 장애물이 있을 터인데, 이러한 장애물 역시 쓴 물이 단물로 변화되는 것처럼 장애물을 제거하고 나아갈 수 있게 해 달라고!

나는 오늘도 당신 나라와 당신을 위해 기도합니다.

나는 이처럼 당신 나라에서 쓴 물을 단물로 만드는 운동이 펼쳐지길 기도합니다. 죄악 된 것을 의로운 것으로 바꾸는 운동, 잘못된 것을 바른 것으로 바꾸는 운동, 모든 쓴 물을 단물로 바꾸는 운동의 전개입니다.

만약 당신 나라에서 이런 운동이 전개될 수 있다면 이는 곧 전 세계 나라로 순식간에 번져가 전 세계의 쓴 물이 단물로 변화되는 놀라운 일들이 일어날 것입니다. 당신은 이런 미래의 멋진 모습이 보이지 않습니까?

아아! 나는 당신과 함께 이 운동을 꼭 펼쳐나가 보고 싶습니다. 당신의 나의 이 소원을 들어줄 수 없나요?

---

60) 미국의 넓은 땅에 감동의 찬양을 보냅니다. 봄에 곡식의 씨앗이 뿌려지는 넓은 땅. 이 씨앗들을 싹틔울 영양분+물+태양. 그리고 열매 맺기까지 농부의 손길에 참으로 감사와 감동의 찬양을 보냅니다. 인류의 곡물과 양식을 생산하게 해주심에 감사합니다. 미국의 땅이여~ 국민이여~ 지구여~ 이들을 주심에 하나님께 감사기도를 올립니다.

제3기도

한국의 정의와
인권을 위해!

너무도 고맙게 세워진 한국의 정의와 인권

상놈은 사람 취급도 못 받았던 세상!

당신은 아십니까? 나의 나라에 반상 제도가 있었다는 사실을!

여기서 반상이란 양반과 상놈을 말하며 이러한 제도는 조선 시대 내내 긴긴 세월 존재했으며 나의 나라가 해방된 후 6.25 전쟁이 터지기까지인 1950년경까지 정치적으로 흘려 내려오며 존재했었습니다.

그런데 상놈이 문젭니다. 사람은 사람일진대 사람 취급에서 제외된 것이 바로 상놈이었기 때문입니다.

양반은 그 상놈을 개 부리듯, 소 부리듯 부리며 살았습니다.

그러면 상놈은 개, 돼지, 소보다도 못한 취급을 받으며 살았던 것입니다.

내가 당신 나라에 뼈에 사무치도록 고맙게 여기는 것은,

바로 당신 나라 덕분에 이 짐승만도 못한 반상 제도가 나의 나라에서 없어졌다는 사실 때문입니다.

아마도 당신은 나의 나라에서 반상 제도가 없어진 게 당신 나라

와 무슨 상관이 있을까 싶겠지만, 당신 나라가 나의 나라에 전해준 복음의 한 줄기 빛과 민주주의가 없었다면 꿈도 꾸지 못할 일이었기에 나는 그리 생각하지 않을 수 없습니다.

당신은 나의 나라 양반들이 상놈들에게 얼마나 짐승만도 못한 취급을 했는지 아십니까?

아마 당신 나라에도 과거 노예 제도가 있었으니 어느 정도 이해는 할 것입니다. 하지만 나의 나라에서 상놈의 인권이 무시되는 문제는 당신 나라와는 또 차원이 다른 것이었습니다.

당신 나라의 경우 노예가 전체 인구의 5% 정도에 불과했으나 나의 나라에서 상놈은 일본의 식민지 당시 전체 인구의 95% 정도였으니까, 말입니다.

과거 나의 나라에서 양반 외에는 거의 사람 취급받지 못하고 사는 사회구조로 되어 있었습니다. 그러다 보니 돈을 주고 양반 자리를 사는 경우가 많았었는데 그 덕분에 한때는 양반의 수가 제법 많아졌다고도 합니다.

하지만 나의 나라가 근대화를 맞이하고 결국 일본의 식민지가 되었을 당시 조사한 바로는 양반의 수가 전체의 5%도 채 되지 않을 정도였다고 합니다. 나머지 95%가 상민 이하, 즉 상놈이었던 것입니다. 이것은 무엇을 말할까요? 거의 대부분의 사람들이 양반의 지배 아래서 살았다는 말밖에 되지 않습니다.

이런 사회 구조였으니 나라가 위험해지는 게 어쩌면 당연했는지

---

61) 미국인들의 개성과 인격, 장점과 단점도 존중합니다. 여러 인종의 합심이 협력하면 할수록 더 위대한 목적을 달성할 수 있습니다. 이런 연구와 발명과 노력에 찬사를 보내며 기도합니다.

도 모릅니다.

어쨌든 내가 지금 당신에게 하고 싶은 이야기는 그때 나의 나라 상놈들이 어떤 취급을 받고 살았는지에 관한 것입니다.

그때 나의 나라 상놈들은 억울한 일을 당해도 참아야 했고 속이 터지는 일이 생겨도 참아야 했습니다. 왜냐하면 양반들의 비위를 맞춰야 입에 풀칠하고 목숨을 부지할 수 있었기 때문입니다.

반대로 양반은 얼마든지 권력을 휘두르고 살 수 있었고 그러다 보니 서슴지 않고 나쁜 짓을 하는 양반도 더러 있었습니다.

그러다 보면 붙잡혀 벌을 받아야 할 때도 있었습니다. 문제는 이때에도 자신은 절대 벌을 받지 않는다는 사실입니다.

어떻게 벌을 받지 않을 수 있을까요? 바로 집안의 노비가 양반 대신 벌을 받으면 되기 때문입니다. 이제 노비는 양반 대신 관가로 끌려가 벌을 받게 됩니다.

당신은 나의 나라 형벌 중에 곤장 제도를 아십니까? 사지를 납작 엎드려 묶어두고 넓적하고 기다랗게 생긴 나무 몽둥이로 볼기짝을 가차 없이 때리는 형벌입니다.

이것을 한 대 맞을 때는 정신이 아득해지고 두 대 맞을 때는 살점이 떨어져 나가는 고통으로 울부짖어야 합니다.

오죽하면 그 곤장을 맞다가 판결을 내리기도 전에 죽어버렸다는 사람이 그렇게도 많다 하겠습니까.

어쨌든 양반들 대신하여 곤장을 맞는 노비의 볼기짝은 살점이 떨어져 나가고 피범벅이 되고 맙니다. 그것을 맞고 집에 돌아온 노비

는 결국 그 후로 일어나지 못하고 죽어갔다고 합니다. 이것은 실제 있었던 사실입니다.

아아, 얼마나 불쌍한 노비입니까. 이것이 그 시대에 나의 나라 노비들이 맞이했던 처절한 운명이었던 것입니다.

반대로 양반은 어땠는지 아십니까? 세상 어느 나라든지 살인죄라는 게 있을 터입니다. 물론 그때 나의 나라에도 살인죄라는 게 있었습니다.

그럼에도 불구하고 양반이 자기 집 노비를 죽였을 경우에 그것은 살인죄가 되지 않았습니다. 왜 그랬을까요? 그것은 노비의 경우 아예 사람 취급하지 않았다는 이야기밖에 되지 않습니다. 우리가 집에서 개, 돼지를 키우다가 죽으면 그냥 갖다 버리면 되듯이 노비도 그렇게 취급받았다는 이야기입니다.

이것이 어떻게 사람 사는 사회라고 할 수 있을까요? 당신은 나의 나라에서 있었던 이 문화에 대하여 어떻게 생각하십니까?

미국이 한국의 인권에 씨앗을 심어 주었다!

이처럼 나의 나라에서 상놈의 인권은 저 길바닥에 버려진 쓰레기보다 못한 것이었습니다.

그런 면에서 나의 나라는 도대체 인권이라고는 찾아볼 수 없는 나라였습니다. 아니, 인권을 떠나 최소한의 인간이 누려야 할 기본

---

62) 세계 최고의 나라에서 혹시 독거노인+소년소녀가장들이 사각지대에서 노인+아동학대를 받을까, 배고픔을 당할까, 혹시 매 맞는 일이 생길까? 걱정하게 됩니다. 오 하나님이여, 당신의 자녀들을 굽이굽이 보호하옵소서. 이를 위해 기도합니다.

적인 생각조차도 없었던 나라였습니다.

내가 이 대목에서 더욱 안타까워하는 것은 계급제도라는 미명 아래 저질러진 온갖 죄악들입니다.

왜 인간의 인권이 무시됩니까? 그것은 계급의 권력을 바탕으로 자기 욕심을 채우기 위해 죄를 짓기 때문입니다.

여기 두 사람이 있다고 칩시다. 한 사람은 양반, 한 사람은 상놈. 양반이 부려먹던 상놈이 그해 농사를 지어 100석의 쌀을 소출했습니다.

그런데 상놈의 가족들이 1년을 먹고살려면 최소한 10석의 쌀을 가져야 합니다.

그런데 양반이 욕심을 부렸습니다. 자기가 쌀을 더 갖고 싶었던 것입니다. 그래서 상놈을 윽박질러 자기가 98석을 갖고 상놈에게는 2석만 주었습니다. 결국 상놈은 이 때문에 양반에게 진 빚을 갚지 못해 노비 신세로 전락하고 말아야 했습니다. 이처럼 양반이 자기 마음대로 하고 싶은 것을 할 수 있게 해 주었던 제도가 반상 제도였습니다.

이 이야기는 내가 지어낸 이야기가 아닙니다. 나의 나라 조선 시대에 비일비재했던 이야기입니다.

당신은 내가 왜 이 이야기를 하는지 알고 있습니까?

한 사람의 인권이 왜 무너지는가를 설명하기 위해서였습니다. 한 사람의 인권이 무너지는 이유는 간단합니다. 가진 자(권력, 재력,

지식, 능력)가 못 가진 자(불쌍한 자)에게 자기 욕심을 채우기 위하여 가진 자의 권력의 법을 휘두르며 죄를 짓기 때문입니다.

그로 인해 못 가진 자의 인권은 처참한 나락으로 떨어지며 말살될 수밖에 없습니다.

이것 때문에 한 사람의 인권은 처절하게 무너집니다. 이 외에 어떤 다른 이유가 있을 수 있겠습니까.

그런 의미에서 나의 나라에 있었던 반상 제도는 필연적으로 가진 자가 못 가진 자에게 권력을 휘두르는 제도였으므로 인권의 회복을 위해서는 반드시 없어져야 할 제도이기도 했습니다.

이처럼 암울한 인권의 불모지였던 나의 나라에 당신 나라 선조께서 던져준 복음의 한 줄기 빛과 민주주의는 그야말로 암흑 속의 빛이었습니다.

복음은 비로소 우리가 인권이 무시되는 나라에 살고 있었다는 사실을 일깨워주었고 사람은 사람으로서 누려야 할 최소한의 권리가 있다는 사실을 알게 해 주었습니다.

그것이 바로 당신 나라 선조께서 나의 나라에 전해준 복음의 한 줄기 빛이요, 민주주의였습니다. 그래서 나는 어제도, 오늘도, 내일도 당신과 당신 나라에 고맙다고 말하지 않을 수 없습니다.

당신 나라의 선조야말로 황무지와 같았던 이 나라 이 땅에 인권의 선구자요, 찬란한 빛이 아닐 수 없습니다. 그래서 감사하다고 기도드리지 않을 수 없습니다.

---

63) 세계 강대국, 세계의 패권주의 나라가 정직+진실+정의+바른 마음을 갖지 못하면 온 세상도 흑암과 혼돈으로 전락하게 됩니다. 미합중국에 하나님의 지혜와 권능이 임하기를 기도합니다.

오! 당신과 당신 나라여! 당신들이 140여 년 전 나의 나라에 전해준 복음에 감사합니다.

그리고 80여 년 전 나의 나라에 전해준 민주주의에 감사합니다. 그 덕분에 나의 나라도 인권이 무엇인지 맛보았고, 지금 나의 나라에 그 인권이 세워져 조금이라도 인권을 외칠 수 있는 나라가 되었습니다.

이 모든 것이 그때 당신 나라가 전해준 복음의 한 줄기 빛과 민주주의 덕분임에 다시 한번 감사, 또 감사를 드립니다.

현명한 민주주의의 선택!

당신은 나의 나라가 해방 후 둘로 쪼개졌던 사실을 알고 있을 것입니다.

1945년 제국주의를 앞세웠던 일본이 패망했을 때 나의 나라는 서러웠던 일본의 식민지 36년을 끝으로 해방의 기쁨을 맛보기에 충분했습니다. 하지만 이게 웬일입니까? 하늘이 무너져도 유분수지!

나의 나라는 해방의 기쁨과 동시에 남과 북으로 나누어는 비극을 맞이하고 말았습니다.

그것은 당신 나라의 민주주의와 소련의 공산주의가 나의 나라 한반도 땅에서 서로 대립했기 때문에 일어난 일이었습니다.

그처럼 갑자기 찾아온 남과 북의 분단은 나의 민족에게 일본 식민지 36년에 이어 또 한 번 깊은 상처를 주기에 충분했습니다.

나는 나의 나라에 왜 38선이 그어졌는지에 대해 알게 되었습니다.

나의 나라에 38선이 그어진 이유에 대해 그동안 여러 설들이 나돌고 있었지만, 대체적인 것이 1945년 2월에 열렸던 얄타회담에서 당신 나라와 소련이 38선을 기준으로 남과 북을 점령한다는 것이었습니다.

그래서 나는 그동안 당신 나라에도 이 38선 분단에 일말의 책임이 있다고 생각하고 있었습니다.

그런데 최근 새로운 사실을 알게 되었습니다. 그것은, 38선 분단에 당신 나라와 소련뿐만 아니라 일본의 개입까지 있었다는 사실입니다. 원래 얄타회담에서 결정된 것은 당신 나라는 조선군(일본의 조선 파견군) 수비지역(한반도 전체)을 맡고 소련은 관동군 수비지역(만주)을 맡는다는 것이 주된 협약이었습니다.

만약 그때 당시 회담 내용대로 진행되었다면 나의 나라가 남북으로 분단되는 일은 없었을 것입니다.

그런데 일본이 패망 직전 마지막 발악으로 당신 나라와 소련의 싸움을 부추기려 관동군의 수비지역을 38선까지 남하시켰던 것입니다.

그럼에도 불구하고 일본은 패망하고 말았고 얄타회담 내용대로 소련은 관동군 수비지역인 38선 이북까지 점령하게 되었던 것입니다.

그 덕분에 나의 나라는 뼈아픈 분단의 비극을 맞이하게 되었고요.

어쨌든 강대국이었던 당신 나라 미국, 소련, 일본이 나의 나라 분단의 비극에 깊은 책임을 통감해야 한다고 생각하는데 당신은 이

---

64) 미합중국에서 깊은 우울증에 빠진 자, 알코올 중독자, 사창가 여성, 동성애자, 사회에서 소외된 자들을 위하여 기도합니다. 미합중국이 이들의 회복을 위해 앞장섬으로써 세계 인류의 선구자가 되길 기도합니다.

문제에 대하여 어떻게 생각하십니까?

그 분단의 상황에서, 너무도 감사한 것은 그때 나의 나라 남쪽 정부가 당신 나라의 민주주의를 선택했다는 사실입니다.

그때 나의 나라 지도자들은 민주주의파와 공산주의파, 사회주의파로 나뉘어 있었습니다. 그중 이승만(나의 나라 초대 대통령)은 민주주의를 주장하는 파였습니다. 이미 북한은 김일성의 등장으로 공산주의 체제를 확립하고 있는 상태였고요.

아아! 나는 이때 나의 나라가 공산주의를 채택하지 않고 민주주의를 채택한 것에 감사하고 또 감사할 따름입니다.

나는 이때 나의 나라가 민주주의를 채택했기 때문에 오늘의 대한민국이 존재할 수 있다고 생각합니다.

만약 그때 공산주의를 채택했었다면, 사회주의를 채택했었다면 어찌 되었을까, 생각만 해도 끔찍합니다.

그런 의미에서 이승만의 결정에 감사하다 하지 않을 수 없습니다.

이승만은 일본 식민지 때부터 독립운동을 했던 인물로 일찍이 당신 나라로 건너가 하버드와 프린스턴 대학에서 수학하고 그 대학에서도 천재로 인정받을 만큼 인재 중의 인재였습니다.

아마도 그때 이승만은 당신 나라 민주주의의 우수함을 보았을 것입니다.

당신 나라 민주주의야말로 인간이 인간답게 살 수 있는, 인간이 인간으로서의 권리를 누리고 살 수 있는, 나아가 국가의 번영도 이루어낼 수 있는 그런 제도임을 알았을 것입니다. 그래서 나중에 나

의 나라에도 이 민주주의를 보급해야겠다고 결심했을 것입니다.

그래서 그는 해방 이후 나의 나라 지도자로 떠올랐을 때 나의 나라에 민주주의 체제를 심을 수 있었던 것입니다.

나의 나라에 민주주의를 도입한 이승만은 24살이었던 고종 황제 때 임금제도 폐지를 주장하여 사형선고를 받았고 이때 당신 나라 선교사가 구명 운동하여 가까스로 풀려났습니다.

이후 미국으로 건너가 당신 나라에서 공부하였는데 이때 조지 워싱턴 대학에서 학사, 하버드대학에서 석사, 프린스턴 대학에서 박사학위를 따 세계 최고 수준의 학력을 소유하게 되었습니다.

이후 하와이에서 학교를 설립하여 교육으로 조국의 독립을 위한 운동을 펼쳤습니다. 그뿐만 아니라 일본의 진주만 공격을 미리 예견하는 책을 내 당신 나라를 깜짝 놀라게 했으며 이후 국제 외교를 통한 독립운동을 이끌었습니다.

이 덕분에 이승만은 나의 나라 독립 후 당신 나라의 민주주의를 도입하기에 이르렀던 것입니다.

1948년 7월 17일, 나의 나라 국회에서 감동적인 장면이 연출되었습니다.

처음으로 헌법이 제정되어 공포되는 제헌국회가 열리게 되었는데 이때 하나님께 기도함으로 제헌국회가 개의되었다는 사실입니다.

당시 198명의 국회의원 중에는 4명의 목사가 포함되어 있었습니다.

그중 한 명이었던 이윤영 의원이 기도함으로 제헌국회가 시작되

---

65) 미국인 3억 3천만 명의 입에서 나오는 3억 3천만 개 말의 위력을 느낍니다. 특히 미국인들의 말은 진실한 말이든지, 정의의 말이든지, 거짓말이든지, 속임수의 말이든지, 배신자의 말이든지 세상 사람들이 듣고 있다는 사실을 알아야 합니다. 당신들의 말이 전 세계에 훌륭한 영향을 주는 말이 되기를 기도합니다.

었습니다.

그리고 초대 대통령이었던 이승만이 성경에 손을 얹고 선서함으로써 초대 헌법이 발의되었습니다.

여기에 잠시 그때의 기도문을 소개합니다.

"이 우주의 만물을 창조하시고 인간의 역사를 섭리하시는 하나님 이시여!

이 민족을 돌아보시고 이 땅을 축복하셔서 감사에 넘치는 오늘이 있게 하심을 주님께 저희들은 성심으로 감사하나이다.

오랜 시일 동안 이 민족의 고통과 호소를 들으시고 정의의 칼을 빼서 일제의 폭력을 굽히시사 세계만방의 양심을 움직이시고,

또 우리 민족의 염원을 들으심으로 이 기쁜 역사적 환희의 날을 이 시간에 우리에게 오게 하심은 하나님의 섭리가 세계만방에 정시 하신 것으로 저희는 믿나이다.

하나님이시여!

이로부터 남북이 둘로 갈리어진 이 민족의 어려운 고통과 수치를 신원하여 주시고, 우리 민족, 우리 동포가 손을 같이 잡고 웃으며 노래 부르는 날이 우리 앞에 속히 오기를 기도하나이다.

하나님이시여!

원치 아니한 민생의 도탄은 길면 길수록 이 땅에 악마의 권세가 확대되나 하나님의 거룩하신 영광은 이 땅에 오지 않을 수밖에 없을 줄을 저희들은 생각하나이다…

이제 이로부터 국회가 성립이 되어서 우리 민족의 염원이 되는, 세

계만방이 주시하고 기다리는 우리의 모든 문제가 원만히 해결되며,

또한 이로부터 서 우리의 완전 자주독립이 이 땅에 오며, 자손만대에 빛나고 푸르른 역사를 저희들이 정하는 이 사명을 완수하게 하여 주시옵소서.

하나님이 이 회의를 사회하시는 의장으로부터 모든 우리 의원 일동에게 건강을 주시옵고,

또한 여기서 양심의 정의와 위신을 가지고 이 업무를 완수하게 도와주시옵기를 기도하나이다,

역사의 첫걸음을 걷는 오늘의 우리 환희와 우리의 감격에 넘치는 이 민족적 기쁨을 다 하나님께 영광과 감사를 올리나이다. 이 모든 말씀을 주 예수 그리스도 이름을 받들어 기도하나이다. 아멘"

아아! 이 얼마나 감격스럽고 벅찬 기도입니까?

당신은 나의 이 감정을 느끼십니까? 나는 이때 이승만의 결정이 나의 나라 민주주의 정착에 커다란 역할을 했다고 생각합니다.

그가 당신 나라처럼 성경의 바탕 위에 민주주의를 세웠기에 오늘날 나의 나라 민주주의도 활짝 꽃피울 수 있었다는 이야기입니다.

이승만은 얼마 지나지 않아 6.25 전쟁이 터졌을 때 대통령 직권으로 나의 나라 대학생과 졸업자 7만여 명의 군 징집을 면제해줍니다.

한 명이 아쉬운 그때 이승만은 왜 그런 결정을 내렸을까요?

그것은 장차 전쟁이 끝난 후 다시 국가가 발전하려면 이들과 같은 지식층 인재들이 있어야 하기 때문에 어렵게 내린 결정이라고

---

66) 사회에서 실패하고, 억울함을 당하고, 하소연할 곳 없고, 누구도 인정하지 않고, 매일 알코올 중독, 게임 중독으로 자살을 꿈꾸는 자에게도 하나님께서는 나의 사랑하는 자식이라고 합니다. 오직 주님의 보혈로 다시 죽어가는 생명을 구원해 주시기를 위해 기도합니다.

합니다.

아! 이 얼마나 미래를 내다보는 지혜로운 결정입니까?

실제 나의 나라는 전후 빠른 회복을 하게 되니 이 또한 이승만의 지혜 덕분이라 할 수 있으며 하나님의 위대한 은혜의 결과라 하지 않을 수 없습니다.

민주주의의 발전에 감사

훗날 나의 나라가 당신 나라의 도움으로 해방되었을 때, 그 이승만이 나의 나라 초대 대통령이 되어 대한민국을 민주주의 공화국으로 출범시켰습니다. 하지만 이름만 당신 나라의 민주주의를 흉내낸 민주주의 공화국이었지 실상 내용은 그렇지 못했습니다. 온갖 부정선거가 만행했고 권력자들은 그 권력의 맛에 취해 자신의 욕심을 채우기 급급했습니다.

내가 당신 나라의 민주주의를 그토록 칭송한 까닭은 무엇보다 이 제도야말로 한 나라의 정의와 인권을 세울 수 있는 가장 명확한 시스템이라 생각하였기 때문입니다.

하지만 아무리 그런 민주주의가 도입되더라도 그 나라가 민주주의를 실천할 의지가 없다면 민주주의는 절대 꽃피울 수 없는 법입니다.

민주주의가 도입된 수많은 나라에서 그랬던 것처럼 나의 나라 민주주의도 초기에는 이처럼 수많은 굴곡을 겪을 수밖에 없었습니다.

독재를 이어가기 위해 3.15 부정선거에 3선 개헌까지 강행하자 결국 국민들이 들고일어났습니다. 이승만 대통령은 겨우 목숨을 부지한 채 도망가야 하는 비참한 신세가 되었고요. 이후에도 나의 나라 민주주의는 위태롭기 그지없었습니다. 5.16 쿠데타로 군사정부가 들어섰기 때문입니다. 이후 25년간 계속되던 군사 독재주의는 1987년에 이르러서야 비로소 직선제 개헌을 이뤄내기에 이릅니다. 실로 40여 년 수많은 목숨의 희생과 몸부림 끝에 이뤄낸 게 직접 투표로 대통령을 뽑을 수 있는 제도 하나였던 것입니다.

다행히 이후부터 나의 나라 민주주의는 서서히 발전하기 시작했습니다. 물론 아직까지 당신 나라 민주주의에 비하면 턱없이 부족한 상황이기는 합니다.

그래도 내가 그토록 꿈꾸던 인권은 많이 개선되었다, 할 수 있습니다.

불과 100여 년 전 반상 제도에 시달리고 있었던 시절과 비교하면 이것만 해도 세계의 기적이라 하지 않을 수 없습니다.

당신은 이런 기적이 어떻게 이루어졌다고 생각합니까?

나는 이러한 기적의 여러 요인 중 하나로 당신 나라가 전해준 복음과 민주주의가 열매를 맺은 결과라고 생각합니다.

그래서 당신 나라와 민주주의에 엎드려 감사함을 전하지 않을 수 없습니다.

당신은 바로 이런 자랑스러운 선조를 둔 나라의 후손임을 잊지

---

67) 하나님께서 당신들의 기도를 들어주십니다. 당신의 말과 묵상을 열납하십니다. 당신께서 진정으로 기도하면 모두 열납하십니다. 미합중국 국민의 모든 말과 묵상을 받아주시기를 하나님께 기도합니다.

말기 바랍니다.

그리고 이제 당신도 다시 일어나 자랑스러운 선조들이 했던 것처럼 지금 어두움에 빠져 있는 나라에 다시 복음과 민주주의를 전해 주기 바랍니다. 물론 나와 나의 나라도 당신 나라가 해야 할 그 일을 도울 것임은 자명한 사실임이 틀림없습니다.

대통령 제도를 준 것에 감사

나는 대통령이라면 자신이 갖게 된 의무에 대해서는 도리를 다하고 자신에게 주어진 책임에 대해서는 꼭 완수해내겠다는 사명감을 가져야 한다고 생각합니다.

그래서 자신에게 맡겨진 직무에 대해서는 어쨌든 행동으로 옮겨야 하고 집행에 대해서는 바르게 법에 따라 집행해야 한다고 생각합니다.

최고지도자가 이런 자세로 일하게 될 때 그 나라는 잘되고 부강해질 수 있다고 생각합니다.

당신 나라가 부강해진 이유가 바로 당신 나라 대통령이 이런 자세로 대통령의 직무를 수행했기 때문이라고 생각합니다.

그리고 그런 대통령의 자세를 부통령이 이어받았고 상원의원, 하원의원, 주지사가 이어받았으며 대학교수, 교사, 판사, 검사, 경찰, 당신 나라의 어머니, 영화배우, 언론사 직원이 이어받아 오늘날 당신 나라가 세계 최고 국가, 중심국가, 패권 국가, 1등 국가, 모범국

가가 될 수 있었다고 생각합니다.

아! 이제 나의 나라 대통령도 그런 당신 나라 대통령의 양심과 복음의 한 줄기 빛, 민주주의 정신을 이어받기 바랍니다.

나의 나라 국무총리도, 국회의원도, 대학교수, 교사, 판사, 검사, 경찰도, 나의 나라의 어머니, 영화배우, 언론사 직원도 이 정신을 이어받아 정의로운 나라, 인권이 세워지는 나라, 부강한 나라 건설에 앞장서기를 바라는 기도를 하고 있습니다.

무엇보다 당신 나라가 당신 나라 선조들이 그랬던 것처럼 양심과 복음의 한 줄기 빛, 민주주의 정신을 세계에 전파하는 일을 중단하지 말고 계속하기를 바라고 희망합니다. 그래야 전 세계 나라들도 당신 나라를 본받아 그 나라들에도 정의와 인권이 세워질 것이기 때문입니다.

민주주의 제도 아래 탄생한 대통령은 법과 질서를 준수해야 하는 책임이 있습니다. 그러니 부정으로 대통령 개인의 욕심이나 잘못된 판단을 휘두를 수가 없습니다. 이는 자연스럽게 민주주의 국가의 인권과 정의가 세워지는 것으로 이어집니다.

그 때문에 지금 나의 나라 국민들도 인권을 주장하고 불의한 일이 있으면 당당히 자신의 목소리를 외칠 수 있는 시대를 향해 나아가고 있습니다.

그뿐이 아닙니다. 나의 나라 대통령이 되었던 인물 중 다수가 가난한 농민의 아들들이었습니다.

그 농민 출신의 아들도 능력만 있으면 대통령을 꿈꿀 수 있는 나

---

68) 당신의 선조께서는 나의 민족에게 신앙을 심어주셨고 배움과 학문도 열어 주시고 새 꿈도 심어주셨습니다. 이에 대하여 늘 감사의 마음으로 기도하고 있습니다.

라가 된 것입니다. 이것은 나의 나라에 있어 아시아의 기적이라 해야 할 만큼 혁명적인 사건입니다. 나는 이 모든 것이 민주주의 덕분이요, 그 민주주의가 만들어낸 대통령제 덕분이라고 생각합니다. 그런 의미로 나는 당신 나라의 민주주의가 만들어준 대통령 제도에 대하여 머리 숙여 깊숙이 감사하지 않을 수 없습니다.

대통령과 국민 간의 소통은 민주주의에서 매우 귀중한 것입니다. 당신 나라 대통령의 경우 국민과 소통하기 위해 매주 토요일 라디오를 통해 국정 현안을 설명하는 시간을 갖고 있는 것을 알고 있습니다.

게다가 틈나는 대로 대학교, 기업 등을 찾아다니며 현장의 사람들 이야기를 들으며 수시로 기자회견을 통하여 국민들과 소통하는 것을 알고 있습니다. 부디 나의 나라 대통령도 이런 당신 나라 대통령의 소통법을 배워 국민들과 좀 더 가까워지는 대통령이 되길 간절히 바랍니다. 그럴 때 나의 나라에서도 억울한 일을 당한 국민이 대통령과 소통할 수 있는 길이 열리리라 생각합니다.

이처럼 민주주의 국가에서 대통령은 그 국가의 명운이 왔다 갔다 할 만큼 중요한 최고 권력의 자리이기에 나는 대통령에 대하여 간절히 기도합니다.

나는 당신 나라 대통령이 성경책 위에 손을 얹고 취임 선서할 때마다 매우 감격했었습니다. 먼저 당신 나라 대통령을 위해 기도합니다.

오! 하나님이여. 간곡히 기도하오니 당신 나라 대통령이 지혜와 덕을 갖춘 사람이 되게 하셔서 전 세계의 중심국가인 당신 나라를 잘 이끌어갈 수 있도록 하여 주옵소서.

무엇보다 전 세계의 대통령으로서 당신 나라만을 생각하는 인격이 아니라 전 세계의 번영과 평화를 동시에 생각할 수 있는 인격을 갖춘 사람으로 세워주시옵소서.

특히 국제문제를 해결할 수 있는 그런 덕을 갖춘 대통령이 세워지게 하소서!

다음으로 각 나라의 대통령을 위해 기도합니다.

오 하나님이여! 그동안 전 세계에 민주주의가 조금씩 발전하게 해 주심에 감사합니다. 하지만 지나친 욕심과 극심한 이기주의로 나라의 발전이 멈추고 있습니다. 무엇보다 하나 되어야 할 국민들이 서로 갈라져 싸움질에 여념이 없습니다.

이 위기의 나라를 구할 수 있는 능력을 갖춘 대통령이 세워지게 하소서. 무엇보다 음지에서 고통받는 밑바닥 민심의 소리에 귀를 기울일 수 있는 덕이 있는 대통령이 세워지게 하소서.

이 모든 세계의 대통령들이 잘되기를 위해, 정의로운 대통령이 될 수 있기를 위해 어제도 오늘도 내일도 기도하고 있습니다.

공정한 재판제도를 준 것에 감사

당신은 현대판 사기꾼에게 억울한 일을 당해본 적이 있습니까?

---

69) 당신의 선조님들이 우리민족에게 지난 140년 동안 심은 복음과 민주주의의 씨앗이 이제는 열매를 맺어 참으로 위대한 조국을 만들어놨습니다. 이에 마음 깊이 감사의 기도를 올립니다. 당신이 부르시면 내가 먼저 달려가겠습니다. 나는 당신과 하나님께 빚진 자입니다.

하지만 아무리 억울한 일을 당했더라도 사법부에서 공정한 재판을 통해 억울한 일을 당한 사람의 그 한을 풀어줄 수만 있다면 이는 정의와 인권이 세워지는 나라라 할 수 있을 것입니다.

과거 왕이 다스리던 시대에는 그저 왕의 한마디가 법이었지만 이제 이 나라에도 당당히 헌법이 세워지고 그 법에 따라 심판받을 수 있는 법치주의 국가가 된 것이 너무도 감사하고 또 감사합니다.

나의 나라에도 독립적인 사법부가 세워진 것이 너무도 감사하고 또 감사합니다.

나는 사법부야말로 한 나라의 정의와 인권을 세우는 곳이라 생각합니다.

그러므로 사법부가 잘 돼야 그 나라의 정의와 인권이 바로 세워질 수 있습니다.

그래서 나는 이 나라의 판사와 검사, 변호사, 법을 가르치는 교수 등 법조인을 위해 어제도 오늘도 내일도 기도하고 있습니다.

검사가 죄를 저지른 사람의 악을 정확히 조사해내어야 할 것입니다.

이 과정에서 혹시 권력이 있다고 자기와 연줄이 있다고 봐주는 일이 없어야 할 것이며 제일 중요한 것은 강자의 편보다는 약자의 편에 서서 억울한 일을 당하는 사람이 없도록 살피고 또 살펴야 할 것입니다.

나는 나의 나라에 그런 검사만 나오기를 기도하고 또 기도합니다.

무엇보다 당신 나라의 검사가 정의로워야 한다고 생각합니다. 그러면 자연히 당신 나라 검사의 정의로운 소문이 전 세계에 전파되

어 나의 나라 검사들도 정의로워질 것이라 기대하기 때문입니다.

그리고 판사도 마찬가지입니다. 판사는 언제나 법에 따라 공정한 재판을 하고 정확한 판결을 내리도록 하여 이 땅에 정의가 무너지는 일이 없도록 해야 할 것입니다.

혹시 법망을 피해 가는 사람이 없는지 살펴야 할 것이며 억울한 재판받는 사람이 없도록 또 돌아보고 돌아봐야 할 것입니다. 나는 나의 나라에 이런 판사들이 차고 넘쳐나기를 언제나 기도하고 또 기도하고 있습니다. 마찬가지로 당신 나라에서 거룩한 판사가 많이 나온다면 그것이 전 세계에 전파되어 나의 나라에도 거룩한 판사가 많이 나와 올바른 재판이 이루어지리라 기도합니다.

진실한 재판의 추억

나에게는 어린 시절 재판에 관한 아름다운 추억이 하나 있습니다.

나는 이 이야기를 당신에게 꼭 들려주고 싶습니다. 나의 집은 매우 가난했습니다. 그래서 나의 형제들은 일찍이 직업전선에 나서야 했습니다.

나의 누이는 남의 집 식모살이를 했고 나는 신문 배달을 했습니다.

그때 나는 서울로 상경하여 아무것도 모르던 그야말로 촌뜨기였습니다. 다행히 신문보급소에 취직이 되어 신문 배달을 하기 시작했는데 그때 신문보급소 총무라는 사람이 마치 소장이라도 되는 것처럼 얼마나 엄하게 나를 대했던지!

---

70) 당신들의 영혼이 하나님 앞에 강건하기를 기도합니다. 혹시 유혹과 정욕과 탐욕에 빠질까. 범죄자가 될까. 세상의 부귀영화에 눈을 돌릴까? 걱정하며 당신들의 영혼이 하나님의 의의 손에 붙들리기를 기도합니다.

　그때 나는 수도 없이 매를 맞으며 일을 배워야 했고 또 열심히 일했습니다.

　오로지 순종해야 하고 복종해야 하는 줄 알았기 때문이었습니다.

　시골에 살 때는 배고픔의 고통만 있는 줄 알았는데 이 일을 하면서 또 다른 더 큰 고통이 있다는 사실도 배우게 되었습니다.

　그렇게 열심히 일한 하루하루가 쌓이면서 나는 어느덧 신문보급소 총무의 자리에 앉게 되었습니다.

　당시가 1970년대 초 때쯤이었습니다. 지금이야 인터넷이 등장하면서 종이 신문의 가치가 떨어지고 신문보급소도 하찮은 곳으로 전락했지만 그때는 신문보다 주요하게 뉴스를 전하던 수단이 없을 때였으므로 신문보급소도 동네에서 나름 중요한 위치를 차지하고 있기도 할 때였습니다.

　아마도 그 때문에 정말로 하찮은 내가 재판의 역할을 맡게 되었는지도 모릅니다.

　그날 나는 초가을 햇살이 무척 뜨거워 땀이 흠뻑 젖은 상태였습니다.

　당시 신문보급소 근처 청와대 옆쪽에 장애인 학교가 있었는데 여기에 다니던 아이들 넷이 동네 시장 골목 한복판에서 막 싸우는 소리가 들렸습니다.

　알고 보니, 이 아이들은 말하지도 듣지도 못하는 맹아였으며 안 좋은 냄새를 풍기는 아이들 네 명이었습니다. ― 사실 그때는 나도 몸에서 냄새를 풍길 정도로 못 살던 시절이었습니다. ― 각각 누나와

동생 2명씩 짝지은 남매와 남매 사이에 벌어지는 다툼이었습니다.

그런데 아침 9시부터 시작된 싸움은 오후 4시가 넘어갈 때까지 계속되었고 주변 지인들이 나서 말려주려 했으나 좀처럼 싸움이 그치지 않고 있었습니다.

기라성 같은 어른들이 몇 번이나 이 애들 싸움을 해결해주려고 달려들었으나 해결을 못 하고 있었습니다.

이유는 애들이 말하지도 듣지도 못하니 도대체 뭐 때문에 싸우는지 알 도리가 없어 포기하고 말았던 것입니다. 이 모습을 보다 못한 동네 어르신들이 마침 그 앞을 지나고 있던 나에게 대뜸 장난삼아 자네가 이 아이들 재판을 한번 해보라고 했습니다.

아아! 그때 나는 무척이나 어리둥절했습니다. 신문사 신문보급소에서 신문 배달하는 주제에 무슨 자격으로 내가 재판을 할 수 있을까, 하는 생각 때문이었습니다.

즉 나는 재판을 할 수 있는 어떠한 자격도 없고 또 내가 하겠다고 한 적도 없는데 어떻게 재판을 할 수 있단 말입니까?

더욱이 나는 이 사건이 어떻게 일어났는지도 전혀 모르며 사건 내용에 대해서도 전혀 모르는 상태였습니다. 하지만 그때 나는 이상하게도 한 번 재판해보고 싶다는 마음이 들었습니다.

그래서 나는 아이들에게 왜 그러냐고 차근차근 물어보았습니다. 하지만 그것은 나의 우매한 행동이었습니다. 듣지도 말하지도 못하는 아이들에게 이런 질문을 하다니!

아무 소용도 없는 행동이었습니다. 시간이 점점 흐르고 내 마음

---

71) 미국 최고국가에서도 사회에 소외된 자들이 많습니다. 또 사기, 배신, 다툼, 갈등, 탐욕 때문에 고통 받는 사람들도 있습니다. 이를 이기는 방법은 사전에 예방하는 것이 최고입니다. 사회질서와 환경을 바로 잡는 것은 최고국가에서 먼저 시작하여야 합니다. 늘 소외된 자의 앞날을 위해 기도합니다. 밝고 맑은 미합중국이 되기를 위해 기도합니다.

은 급해지고 답답해져 갔습니다. 나도 도저히 방법을 찾을 수 없었기 때문입니다. 도대체 무식한 내가 어떻게 이 아이들의 문제를 공평하게 판결해 줄 수 있단 말입니까? 내 머릿속은 얽힌 실타래처럼 복잡하게 꼬여갔습니다. 하지만 그때 나는 어쨌든, 나에게 재판의 권한이 맡겨졌으니 어떡하든 공정한 재판을 해보여야 했습니다.

답답한 시간이 흐르고… 그사이 나는 하나님께 솔로몬의 지혜를 달라고 기도했습니다. 바로 그 순간이었습니다.

나는 네 명의 아이 중 격렬히 저항하는 한 아이가 뭔가를 손에 꽉 쥐고 있는 것을 발견하였습니다.

나는 그 아이가 손에 쥐고 있는 것이 무엇인지 강제로 그 아이의 손을 펴보았습니다. 그랬던 꼬깃꼬깃 접혀 있는 종잇조각 같은 것이 발견되었습니다. 종잇조각을 펴보았더니 그것은 다름 아닌 백 원짜리 지폐였습니다.

그 지폐가 도합 석 장으로 삼백 원이었습니다. 그 당시 삼백 원이라면 지금으로 칠 때 매우 큰돈이었습니다. 더욱이 이 아이들에게 삼백 원이라는 돈은 매우 큰돈이었습니다.

아아! 이제야 비밀이 풀린 것입니다. 이 남매 아이들은 삼백 원을 두고 두 명씩이 서로 자기 돈이라 우기며 격렬히 싸우고 있었던 것입니다.

그 순간 나는 누가 시킨 것도 아닌데 내 주머니를 더듬었습니다. 돈을 찾기 위해서였습니다. 다행히 내 주머니에 삼백 원이 들어 있었습니다. 아끼고 아껴서 모아둔 돈이었습니다.

나는 그 삼백 원을 꺼내어 돈을 갖지 못한 좌측의 두 아이에게 보여주었습니다. 이것은 내가 말하지도 듣지도 못하는 아이들에게 이제 됐지? 라는 뜻으로 보내는 신호였습니다.

두 아이는 전혀 생각지도 못한 재판 결과에 어리둥절한 표정을 짓더니 이내 고개를 끄덕끄덕하며 답을 보내주었습니다. 자기들도 좋다는 신호였습니다. 삼백 원을 쥐고 있었던 우측의 상대방 아이들에게도 똑같은 신호를 보내줬더니 그 아이들도 이제 더 이상 싸우지 않겠다는 신호를 나에게 보내주었습니다. 이것으로 양쪽 다 만족하는 재판 결과가 이루어졌습니다.

당신은 이 이야기를 들으며 무슨 생각을 하십니까?

내가 그 아이들에게 내 돈을 준 게 바보 같은 행동이라고 비꼬는가요, 아니면 지혜로운 행동이라고 박수치는가요? 그때 동네 어르신들도 나에게 멋진 판결을 했다며 모두 칭찬해 주었는지 아무도 모릅니다. 물론 지금 생각해보면 분명히 공정한 판결은 아니었다고 생각됩니다.

만약 공정한 판결을 하려 했다면 그 돈 삼백 원이 정말 누구 것인지 진위를 밝혀야 했을 것입니다.

혹시 그 삼백 원이 그 돈을 쥐고 있었던 아이들의 것이 아니라 상대편 아이들의 것이었다면, 상대편 아이들은 내가 준 돈 삼백 원으로 자기들의 것을 보상받아 괜찮겠지만 돈을 쥐고 있었던 아이들의 경우 사정이 다릅니다. 그들은 애초에 남의 것을 빼앗는 악을 저지른 것인데 여전히 삼백 원을 갖게 되었으니 나는 돈을 쥐고 있었던

---

72) 당신이 세계로 가는 길이 굽어있어도, 강과 바다가 있어도, 험준한 산맥이 있어도, 광야와 사막이 있어도 세계의 평화와 사랑을 위한 뜻이라면 하나님께서 어떤 고난과 역경 앞에서도 지켜주실 것입니다. 이를 위해 기도합니다.

아이들에게 면죄부를 준 것이나 다름없습니다.

이것은 죄를 지은 아이들의 죄를 덮어준 것이나 마찬가지로 재판관 입장에서는 큰 실수를 저지른 것이나 다름없습니다.

그럼에도 불구하고 이것이 내 추억에 깊이 남아 있는 까닭을 당신은 무엇이라 생각하십니까?

아마도 그것은 그때 그 판결이 사랑의 판결이라는 생각이 든 때문일지도 모릅니다.

당신은 그때 나의 나라 아이들이 얼마나 배고프고 못살았는지 아십니까?

더욱이 내가 재판해야 했던 아이들은 그 못사는 아이들보다 더 가난하고 더 어려운 처지에 있는 맹아들이었습니다.

그런 아이들을 재판하는데 나는 공정한 잣대보다는 사랑의 잣대를 맞추고 싶었습니다.

그래서 내 돈 삼백 원을 꺼내어 양쪽 다 공평하게 균형을 맞춰준 것입니다.

나는 지금도 기도합니다. 그때 혹 돈을 손에 쥐고 있었던 아이들이 그 순간 나쁜 짓을 한 아이더라도 내 사랑에 감동되어 지금 착한 아이들로 살아가고 있기를! 이것이 내가 세상에 바라는, 재판에 바라는, 판사와 검사, 나아가 변호사와 법을 가르치는 교수들에게 바라는 기도이기도 합니다.

사실 우리는 매일 결정을 내려야 하는 순간에 직면할 때가 많습니다.

그런 면에서 당신이 매일 결정을 내려야 하는 그 순간이 바로 재판의 순간이라고도 할 수 있을 것입니다. 그 순간순간의 재판 과정에서 더 지혜로운 재판을 할 수 있다면 아마도 세상에 더욱더 정의와 축복이 가득하지 않을까요? 마치 솔로몬의 재판처럼 말입니다.

솔로몬 앞에 두 여인이 어린 아기 한 명을 서로 자기 애라며 데려왔을 때 솔로몬은 아기를 반으로 나눠 가지라는 판결을 내립니다. 이것은 누가 진짜 아기를 사랑하는지 알아보기 위한 모성애의 판결이었습니다. 하지만 이 모성애 판결 덕분에 아기는 진짜 엄마를 찾게 된 것입니다.

솔로몬의 지혜로운 판결 때문에 세상에 정의가 세워지고 축복이 이루어진 것입니다. 이처럼 나와 당신도 매일 이루어지는 재판에서 지혜로운 판결을 하여 세상을 정의와 축복으로 빛나게 하기를 간절히 기도합니다.

안타까운 현재의 재판을 지켜보며

당신은 현대의 재판이라는 것이 마치 콩을 반으로 나누듯이 법의 잣대에 따라 정확하고 공정하게 심판하기 쉽지 않다는 것을 잘 알고 있을 것입니다.

결국 자본주의 사회에서 재판은 힘의 논리(권력), 돈의 논리에 따라 움직이게 마련이기 때문입니다. 힘만 있다면 돈만 있다면 연줄을 이용하여 돈을 이용하여 얼마든지 좋은 결과를 이끌어낼 수 있

---

73) 미국인 부부가 성격차이라는 명분으로 이혼하면 이것이 세계로 전파되어 덩달아서 1,000쌍 이상이 이혼하게 됩니다. 미국인 부부의 사랑이 깨어지지 않고 영원하길 위해 하나님께 성령으로 기도합니다.

는 게 현대판 재판의 모습입니다.

내 지인 역시 이런 억울한 재판을 받아본 적이 있다고 합니다.

그는 한때 경제적 어려움에 빠진 나머지 보험회사에 들어가 일한 적이 있었는데 그때 3개월간 일하고도 급여를 하나도 받지 못했습니다.

이 문제 때문에 재판을 받게 되었는데 세상에 어찌 이런 일이 일어날 수 있단 말입니까?

돈이 많았던 회사 때문이었는지 검사와 판사는 오로지 보험회사 편이었습니다. 아마도 회사의 힘과 전속 변호사의 힘이 작용한 듯 보였습니다. 그의 억울함은 들어줄 생각조차 하지 않았습니다.

그는 그래도 재판을 통해 억울함을 풀 수 있겠다 싶어 그 재판에 나간 것이었는데 더 억울한 경우를 당하고 만 것입니다.

당신은 이 문제를 어떻게 생각하십니까? 당신 나라에서도 이런 일이 일어날 수 있단 말입니까?

내가 아는 당신 나라라면 절대로 이런 일은 일어날 수도 없을 것입니다.

나는 절대로 재판이 이렇게 흘러가서는 안 된다고 생각합니다. 검사와 판사는 어느 누구의 편도 아닌 공정한 위치에 서 있어야 합니다. 그래서 공정한 재판을 해주어야 합니다. 왜냐하면 재판이야말로 이 사회의 정의와 인권을 세우는 최후의 수단이기 때문입니다.

그래서 나는 이런 검사와 판사가 바로 세워지기를 위해 어제도

오늘도 기도하고 있습니다. 물론 내일도 기도가 계속될 것은 틀림
없습니다.

한 가지 더 추가할 것은, 재판이 물론 공정한 중립적 입장에서 이
루어져야 하겠지만,

혹 그 재판받는 사람이 정말 이 사회의 돌봄이 필요한 약자 중의
약자라면, 그래서 어쩔 수 없이 재판 대에 선 사람이라면 이제 단
순히 정의의 잣대로만 대하는 것이 아니라 정의에서 나아가 사랑으
로도 대해줄 수 있는 검사와 판사, 변호사 나아가 교수와 선생님이
나와 주었으면 하는 바람이 있다는 사실입니다.

이 문제에 대하여 당신은 어떻게 생각하십니까?

나는 재판의 더 깊은 본질이 우리 사회를 전 세계를 더욱더 좋은
방향으로 이끌기 위함이라고 생각합니다. 결국 재판을 통해 악인이
제거되어야 하는 것이 아니라 재판을 통해 우리 사회에 더 바른 사
람이 많아져야 한다는 것입니다.

그래서 사건이 감소해야 합니다. 그런 의미에서 나는 재판에도
사랑이 필요하며 그래서 판사와 검사, 변호사, 교수, 선생님에게도
사랑이 필요하다는 주장하는 것입니다. 당신은 이 문제를 어떻게
생각하십니까?

나는 확신합니다. 당신 나라에서 정의와 양심에 따라 판결하는
판사, 검사, 변호사, 교수 등의 법조인이 많이 나온다면 나의 나라
판사, 검사, 변호사, 교수 등의 법조인도 그 영향을 받아 좋아질 것

---

74) 새벽에 당신의 은총과 능력을 위해 기도합니다. 최고 1등 국가에서 죄, 고난, 사기, 배신,
역경, 억울함, 병마로 통곡 하는 자들이 하나님의 성령으로 절망의 낙심에서 벗어나 새
생명의 활력소를 얻기를 위해 기도합니다.

이라고요.

현재 나의 나라와 세계의 각 나라 역사에서 가장 크게 성공하고 돈과 명예를 거머쥔 그룹이 바로 법조인입니다.

법조인은 정계, 관계에 진출하여 높은 지위란 지위는 다 차지한 듯 보일 정도입니다. 게다가 그들은 지연, 학연으로 묶여 있어 은퇴 후에도 전관예우(서로 공생관계)다 뭐다 해서 여전히 부와 명예를 누립니다.

문제는 이렇게 법조인들이 성공하였는데 나의 나라와 세계는 범죄자는 더욱더 늘어났다는 데 있습니다. 당신은 이게 어찌 된 일이라 생각하십니까?

그것은 결국 시간이 지나면서 권력을 독식한 법조인 중 그들의 권력을 이용한 탐심으로 인하여 죄를 짓는 법조인이 더욱더 많아지고 있기 때문일 것입니다.

그래서 나는 이렇게도 안타까울 수 없습니다. 지금 내가 바라는 것은, 당신 나라에서 먼저 정의로운 모범을 보여주는 법조인이 더 많아져야 한다는 사실입니다.

그러면 자연히 전 세계와 나의 나라 법조인들도 영향을 받을 수밖에 없을 것입니다.

왜냐하면 당신 나라는 전 세계의 모범국가이기 때문입니다. 모범국가란 나머지 국가들에게 모범이 되는 국가입니다. 그래서 나머지 나라들이 따라 하고 싶은 국가가 바로 모범국가입니다. 그러니 당신 나라 법조인이 모범을 보인다면 자연히 전 세계와 나의 나라 법

조인도 정의로운 법조인으로 변할 수밖에 없다는 것입니다.

특별히 당신 나라에서 판사, 검사를 한 분들이 퇴직 후 변호사가 되어 현직 판검사들과의 공생관계를 끊는 의미로 변호사 개업 자체를 금지하는 제도를 도입할 것을 제안합니다.

대신 후진 양성을 위한 교육 분야에서만 매진하면 법 집행의 투명성이 보장되고 판사와 검사의 명예가 더럽혀지지 않을 뿐만 아니라 더욱 높아질 것이라 생각하기 때문입니다.

75) 미국인 3억 3천만 명 중에 행여 한 사람이 악을 저지르면 미국과 온 세상에 불행의 씨앗이 번지게 됩니다. 한 사람의 악인이 되고 싶은 사람은 없습니다. 온갖 사회 환경에서 지쳐 있기 때문에 그럴 뿐입니다. 한사람의 악인의 마음을 위해 기도합니다.

그러나 현대판 식인종에 말살되는 정의와 인권들!

수금 교회 정신병자 여인의 인권!

나는 당신 나라에 너무도 고마운 것이 또 하나 있습니다. 그것은 당신 나라가 나의 나라에 전해준 소외자들, 특히 장애인들에 대한 인권을 되새겨준 점에 대한 부분입니다.

당신 나라의 복음과 민주주의가 나의 나라에 들어오기 전, 나의 나라 사람들은 소외자나 장애인들의 인권에 대해 거의 인식하지 못하는 수준의 의식 단계에 있었습니다.

이 세상에 장애인으로 태어난 것은 바로 그 사람의 불행이며 그 가족의 불행일 뿐이었습니다.

그저 쉬쉬하며 숨기기에 급급했고 장애인들은 모진 손가락질을 받아야 했으며 심지어 개만도 못한 취급을 받았습니다.

그만큼 나의 나라 사람들은 장애인보다 높은 위치에 군림하며 그들을 학대하기를 즐겼던 것입니다.

그러나 나의 나라 사람들은 당신 나라 복음과 민주주의가 들어오기 전까지 이런 행동이 얼마나 나쁜 행동이며 큰 죄를 짓는 것인지

---

76) 장애인, 소외자를 위해 하나님의 이름으로 기도합니다. 세상에서 불편하여도 당신의 생각과 마음에 축복과 은총이 임하기를 기도합니다.

생각조차 하지 못했습니다.

아! 이 얼마나 비인간적이며 몰염치한 행동입니까? 당신은 이 문제를 어떻게 생각하십니까? 정상적인 사람이라고 장애인보다 잘났으면 얼마나 잘 났겠습니까. 자기들도 얼마나 많은 잘못을 저지르며 살고 있는 죄인인지 모르면서 장애인에게 그런 씻을 수 없는 죄를 또 저지르다니! 차라리 정상인이어서 이런 죄를 지을 수밖에 없다면 차라리 장애인이 되는 게 더 낫지 않겠습니까!

나는 이와 관련하여 매우 아픈 추억을 가지고 있습니다. 내가 어린 시절을 보냈던 전라북도 정읍의 인근에 수금 교회라는 곳이 있었습니다.

내가 열여섯 살이던 시절, 그곳에서 커다란 부흥 집회가 열린다는 것이 아닙니까?

나는 어릴 적부터 교회를 다녔고 또 교회에 열심이었으므로 당연히 그 부흥 집회에 참석했습니다. 내 어린 시절 그것은 하나의 축제였을 만큼 큰 행사였으므로!

부흥 집회에는 거의 사백 명이 넘어 보이는 사람들로 꽉 들어찼습니다. 부흥 강사님이 매우 유명하신 분이기 때문이었습니다. 부흥 강사님은 부흥 집회가 어느 정도 진행되자 사람들에게 하고 싶은 이야기나 사연이 있는 사람들에게 기도 제목을 내놓고 기도 받을 수 있는 기회를 주었습니다.

그러자 사백 명의 사람 중 육십여 명쯤 되는 사람들이 일어났습

니다. 부흥 강사님은 친절하게도 일어난 한 사람, 한 사람의 기도 제목을 들어주며 기도하기를 계속하였습니다.

그리고! 마지막 남은 여인! 그 여인이 그만 나의 가슴을 찢어놓고 말았습니다. 그 여인은 20대 초반쯤 되어 보이는 여자로 눈동자의 초점이 흐려 있었습니다. 뭔가 정신이 나간 사람처럼 보였습니다. 그렇습니다. 그 여인은 여기 참석한 사백 명의 사람들이 한 사람도 빠짐없이 모두 알고 있는 동네의 정신병자 여자였습니다.

온 동네를 돌아다니며 히죽거리고 웃고 소리 지르며 밥을 빌어먹고 사는 그런 여인이었습니다. 그래서 동네 사람이라면 이 여인을 모르는 사람이 없을 수밖에 없는 그런 여인이었습니다. 부흥 강사님만 모르는 사실이었습니다.

그런데! 그 여인의 배가 이상했습니다. 배가 불룩한 게….

그것은 이미 만삭의 몸이었습니다.

아무리 미친 여자라도 자기 몸에 이상한 일이 생겼다는 것은 분명히 눈치챌 수 있는 것일까요. 아마도 무언가 위험을 감지했기에 그 정신병자 여자는 번쩍하고 일어났을 것입니다.

아! 도대체 누가 이 여인의 배가 부르도록 만들었단 말입니까? 세상에 섹스할 대상이 없어 이런 정신 나간 여인과 섹스를 한단 말입니까?

그때 내 나이 열여섯 살에 불과했지만, 중학교 3학년에 불과했지만! 내가 받은 충격은 이루 말할 수 없었습니다. 그 여자 배 속의 아기가 태어나면 어떻게 키울지 심히 걱정되었기 때문입니다.

77) 죄와 악을 막기 위해 미리 예방하는 시스템을 갖춘 예방청이 온 세상에 제도화되기를 기도합니다. 각 나라의 정도에 맞춰서 죄의 예방청이 역할을 하여서 죄와 악이 사전에 방지되기를 위해서 기도합니다.

당신은 그것을 이해하십니까? 나의 눈에서 눈물이 뚝뚝 흘러내릴 정도였습니다.

아아! 도대체 인간의 죄는 어디까지란 말입니까? 인간은 어디까지 악을 저지를 수 있단 말입니까? 당신은 도대체 왜 이런 악이 인간사회에서 벌어진다고 생각하나요?

인간의 섹스에 대한 욕망은 도대체 컨트롤할 수 없는 거대한 벽과 같은 것이란 말입니까?

그때 받은 충격이 너무도 컸기에 그때 그 충격적인 장면은 16살 소년의 기억에서 쉽게 떠나지 않았습니다.

그리고 60년이 흐른 지금까지 아픈 기억으로 굳건히 자리 잡고 있습니다. 당신은 이 비극을 아십니까, 모르십니까?

정신병자 여인이 부흥 강사님에게 절규하는 소리가 들리는 듯했습니다.

이제 나는 어떻게 하지요?

배 속에 아기가 나오려고 하면 나는 어떡하지요? 혼자 몸도 해결할 수 없는데….

하나님, 나는 아기 아빠가 누군지도 몰라요.

아니 아기 아빠는 아주 여러 명이에요. 남편이 다섯 명이나 되었다던 사마리아 여인처럼…. 누가 아기의 아빠인지 나는 몰라요….

나와 당신은 분명히 기억해야 합니다. 섹스에도 하나님께서는 당신과 나에게 진실과 정의를 심어주셨다는 사실을, 말입니다.

섹스는 거룩한 하나님의 선물 중에 최고의 선물입니다. 태의 열

매는 인류에게 영원한 축복입니다.

장애인, 소외자들도 잘 될 권리가 있다

아마도 그때부터 나는 장애자들, 그리고 가난한 사람들, 사회적 약자들에 대한 생각을 달리하게 되었던 것 같습니다. 이후로 나는 어떻게든 그런 사람들을 도우며 살아야겠다고 다짐했습니다. 비록 정상인이 아니지만, 또 가진 게 없고 힘이 약하지만, 그들도 이 세상에 태어난 한 인간이요, 생명입니다.

그러므로 그들도 얼마든지 인간으로서 누려야 할 권리를 누리며 살아야 하는 것입니다. 그리고 그들도 다른 사람들처럼 행복하게 살 권리도 있는 것입니다.

그런데 사회적 편견 때문에, 힘 있는 자들의 놀림과 횡포 때문에 비참하게 살아가야 한다면 이것은 사회가 단합하여 그들에게 엄청난 죄를 저지르는 것과 다를 바 없습니다.

당신은 우리 사회에 장애인뿐만 아니라 얼마나 많은 소외자와 사회적 약자들이 있다는 사실을 알고 있습니까?

독거노인, 소년소녀가장, 노숙자, 희귀병 환자… 사실 사회적 소외자들은 비단 이들뿐이 아닙니다. 사기당해 절망에 빠져 있는 사람, 깊은 우울증에 빠진 사람, 말기 암 환자, 매일 자살을 꿈꾸는 사람, 심지어 사창가에서 일하는 여인들, 동성애자들까지!

---

78) 절망에 빠진 기업인과 경제인, 사회인, 발명가 들이 고난과 역경 속에서도 장애물을 넘고 다시 세계로 도전할 수 있기를 위해 기도합니다. 실패는 성공의 어머니라고 합니다.

우리 사회에는 이처럼 많은 소외자, 사회적 약자들이 득실거립니다. 왜 이런 사람들이 왜 생겼을까요?

이 역시 나는 인간 공동체의 죄 때문이라고 생각합니다. 누군가 이들에게 씻지 못할 죄를 지었기에 이들이 병들고 절망에 빠질 수밖에 없었던 것입니다. 그런 면에서 이들의 아픔은 곧 탐욕이 빚어낸 씻지 못할 죄로 가득한 사람이 만들어낸 것이요, 나아가 부패와 타락으로 정의와 인권이 무너진 사회가 만들어 낸 것입니다.

그러므로 사각지대에 빠진 이들의 해결책 역시 사회가 만들어주어야 합니다. 이들이 절망과 어둠에서 빠져나오고 새롭게 일어설 수 있도록! 말입니다.

나는 당신 나라에서 놀라운 장면을 본 적이 있습니다. 내 마당 잔디를 안 깎아도 위법이라는 것이 아닙니까?

내 집 화분 관리를 잘못해도 위법이라는 것이 아닙니까. 처음에 나는 설마 하며 잘못 들은 줄 알고 귀를 의심했습니다. 하지만 곧 당신 나라이기에 가능할 수도 있다는 생각으로 바뀌었습니다.

당신 나라에서는 20가정이 있다 했을 때 한 가정의 이혼 가정이 생기면 나머지 19가정이 연합하여 그 가정의 사연을 들어주고 서로 협력하여 돕는다는 이야기를 들었습니다. 이 모습은 나에게 가히 충격으로 다가왔습니다. 이 얼마나 아름다운 모습입니까!

나의 나라는 한 가정이 이혼하면 그 가정은 너무 창피한 나머지 그 동네에서 더 이상 살기 어려워 떠나야 할 정도가 되는데… 오히려 나머지 동네 사람들이 어려움에 빠진 그 가정을 돕는다니!

이것이야말로 우리 사회의 문제를 해결할 수 있는 최고의 방법이 아니고 또 무엇이겠습니까.

나는 당신 나라의 이 모습에서 나의 나라에 대한 희망을 볼 수 있었습니다. 그래서 당신 나라에 다시 한번 감사하고 또 감사합니다. 생각해 보세요. 한 명의 악인이 생기면 공동체 전체가 고통받고 공포에 빠질 수밖에 없습니다. 한 명의 악인은 왜 생깁니까?

그가 처음부터 악인은 아니었을 것이 아닙니까.

그도 결국 사회적 열등감에 시달리고 시달리다가 악인이 되고 만 것이 아닙니까. 이 역시 인간의 죄 때문에 탄생한 결과라 해야 하지 않습니까.

이제 우리는 악인을 처벌할 생각만 할 게 아니라 더 이상의 악인이 만들어지지 않는 시스템을 만들어나가야 합니다. 그것이 바로 당신 나라가 가르쳐준 바로 그 방법입니다. 한 명의 약자가 생겼을 때 나머지 사람들이 그 약자를 중심으로 돕는 시스템!

그것이야말로 내가 그토록 갈망하는 우리 사회의 장애자, 소외자, 약자 문제를 해결할 수 있는 최선의 방법이라 생각합니다.

성경에서, 예수님도 사역을 시작하면서 가장 먼저 과부와 고아를 돌보는 일부터 하지 않았습니까.

구약에서 하나님도 과부와 고아를 돌보는 사람이 되라고 하지 않았습니까. 하나님이 인간에게 준 최고의 계명이 하나님을 사랑하고 이웃을 사랑하는 것이라 했는데 이때 이웃을 사랑하는 최고의 방법

---

79) 전 세계 인류 80억 명과 미국인. 나의 마음이 하나가 되어 하나님께서 허락하신 양심과 진실한 마음과 정의의 마음으로 세상에 비치는 태양보다 더 밝은 하나님의 빛으로 나아가기를 기도합니다.

이 바로 우리 사회의 약자들을 함께 돌보는 것이 아니고 또 무엇이 겠습니까.

나는 아직도 당신의 선조들이 나의 나라가 절대적으로 빈곤할 때 나의 나라에 와서 옥수수와 밀가루를 주고 옷을 주었던 일을 기억하고 있습니다.

그때 당신의 선조들은 강자였지만 약자를 소홀히 여기지 않고 돕는 일을 하였던 것입니다.

국제적으로 소외되고 약자였던 나의 나라 국민들에게 절대적 도움을 줬던 것입니다.

그 덕분에 나의 나라 사람들은 좌절에 빠지지 않고 절망에 넘어지지 않고 굳건히 일어나 지금의 당당한 대한민국을 건설할 수 있었던 것입니다.

당신은 그런 훌륭한 선조를 둔 멋진 후손입니다.

그러니 이제 당신도 나와 함께 하루속히 전 세계의 장애자와 소외자들을 돕는 일을 해야 한다고 생각하지 않습니까!

'~사'자 붙는 직업과 '~가'자 붙는 직업

각 나라에서 자격증이라는 이름으로 주어지는 것이 5,200여 가지입니다. 이러한 자격증을 바탕으로 한 직업 중에서 세계에서는 아마도 '~사' 자 붙는 직업을 최고로 치는 것 같습니다. '~사' 자 붙는 직업이라 함은 변호사, 판사, 검사, 의사, 변리사, 교사… 등

이 있습니다. 한편 '~사' 자 붙는 직업 외에 '~가'자 붙는 직업이 있으니 '~가' 자 붙는 직업은 예술가, 소설가, 화가, 조각가, 작가, 창업가… 등이 있습니다.

당신은 '~사' 자 붙는 직업과 '~가' 자 붙는 직업의 차이가 무엇이라고 생각하십니까?

나는 이 둘의 차이가 직위를 부여하는 단체가 누구냐에 따라 크게 나눠진다고 생각합니다.

먼저, '~사' 자 붙는 직업은 국가와 조직, 국가단체, 국가협회에서 그 직위를 부여합니다.

그래서 '~사' 자 붙는 직업은 국가의 세금이나 단체의 예산으로 월급을 주기에 매우 안정적입니다. 하지만 그들이 갖는 권위가 너무 강하므로 돈에 욕심을 낼 수밖에 없는 구조를 하고 있습니다.

반면, '~가' 자 붙는 직업은 어떤 사적인 단체나 협회에서 직위를 부여합니다. 이들은 예술성과 창작성, 창조성 등 무형의 재산을 바탕으로 이익을 창출합니다.

그러므로 권력에 대한 욕심은 상대적으로 약할 수밖에 없으며 대신 책임은 막중합니다.

당신은 내가 갑자기 '~사' 자 붙는 직업과 '~가' 자 붙는 직업 이야기를 하는 이유를 아십니까?

세계의 각 나라에서 '~사' 자 붙는 직업을 가진 권력자들의 횡포가 너무도 심하기에 갑자기 이런 이야기를 끄집어낸 것입니다.

만약 '~사' 자 붙는 직업을 가진 권력자들이 조금이라도 '~가' 자

---

80) 하나님께서는 인류에게 서로 사랑으로 나누는 섹스의 즐거움과 감정의 축복을 주셨습니다. 그런데 하나님이 허락하지 않은 부정한 섹스로 인류가 죄를 너무나 많이 범하고 있습니다. 이에 하나님께서 허락하신 거룩하고 성스러운 섹스를 위해 기도합니다.

붙는 직업을 가진 사람들처럼 욕심을 내려놓고 또 '~가' 자 붙는 직업을 가진 사람들의 창조력을 배울 수 있다면 얼마나 좋을까? 하는 생각이 들어 이런 이야기를 끄집어낸 것입니다.

어떡하면 세상의 죄를 의로 바꿀 수 있을까?
어떡하면 세상의 목마름을 성령의 생수로 바꿀 수 있을까?
어떡하면 세상의 화난 감정을 화평으로 바꿀 수 있을까?
어떡하면 세상의 탐욕을 사랑으로 바꿀 수 있을까?
어떡하면 세상의 나쁜 양심을 선한 양심으로 바꿀 수 있을까?

세상의 권력을 쥐고 있는 '~사' 자 붙은 직업을 가진 사람들이 이런 문제들에 대하여 창조적 아이디어를 생각해주기를 바라는 마음에서 갑자기 당신 앞에서 '~사' 자 붙는 직업과 '~가' 자 붙는 직업 이야기를 끄집어낸 것입니다.

판사, 검사, 변호사, 교수, 선생님이 사회를 위해 해야 할 일

판사, 검사, 변호사를 합하여 법조계라 합니다. 통상적으로 법조인이 되려면 공부를 많이 해야 합니다.

이처럼 지식을 많이 가진 사람이 결국 권력을 쥘 수밖에 없으며 권력을 가지면 자연히 욕심을 가지게 되므로 권력을 휘두르게 됩니다.

이것이 그동안 법조인들이 걸어왔던 역사였습니다. 하지만 이제

부터 법조인들의 생각이 바뀌어야 한다고 생각합니다.

당신은 판사와 검사, 변호사라는 직업이 왜 필요하다고 생각합니까? 판사와 검사, 변호사는 이 사회를 위해 어떤 일을 해야 한다고 생각합니까? 나는 판사와 검사, 변호사가 해야 할 일로 가장 중요한 것 중 하나가 사람들로 하여금 더 이상 죄짓지 않는 창조적 방법을 생각해내는 것으로 생각합니다.

왜냐하면 죄가 세상을 멍들게 하기 때문입니다. 당신은 이게 도대체 무슨 말이냐며 고개를 갸웃거릴지도 모르겠습니다. 하지만 이 문제는 너무도 중요한 문제이며 사실 사법부가 존재해야 할 본질인지도 모릅니다.

생각해보세요. 사법부라는 것은 결국 죄인들을 심판하는 곳이지 않습니까. 그런데 검사와 판사가 죄인들을 왜 심판하려 합니까?

죄인들이 지은 죄에 대하여 대가를 지급하기 위함입니다.

왜 대가를 주려 할까요? 당연히 죄의 무서움을 깨닫도록 하여 다시는 죄를 짓지 않도록 하기 위함입니다.

이제 조금 이해가 됩니까? 결국 판사와 검사가 존재하는 근본 이유는 사람들로 하여금 더 이상 죄짓지 않도록 하기 위함입니다.

그러니 나는 오늘도 이 본질에 따라 사람들이 범죄 하지 않도록 연구하여 사건이 줄어들도록 노력하는 판사와 검사가 많아지기를 위해 기도합니다.

이에 대한 아이디어 하나로 나는 당신에게 사형제도 이야기를 들

---

81) 미국의 지식층에게 전 세계 크고 작은 죄의 문제, 인류의 고통, 자연의 환경, 미국 내 죄 문제도 해결할 수 있는 하나님의 지혜와 명철의 힘이 임하길 기도합니다. 지식층이 죄 문제의 해결책을 만들어내야 합니다.

려주고 싶습니다. 나의 나라와 세계의 사형 선고를 받은 사람을 죽이는 데 합법적인 절차에 의하면 1인당 20만 불 이상의 돈이 든다고 합니다. 사형 선고를 받은 사람이라면 가장 악랄한 죄를 저지른 사람인데 그 사람을 죽이는 데 또 20만 불의 혈세가 든다니 통탄하지 않을 수 없는 이야기일 것입니다.

그런데 과거 중국에서는 사형 선고를 받은 사람을 1년에 한 번 공개 처형하는 제도가 있었다, 합니다.

이때 사형수를 죽일 때 총알 2발을 쏜다고 합니다. 문제는 이 총알 값을 사형수 본인이나 가족이 부담해야 한다는 사실입니다.

만약 첫 번째 총알로 사형수가 죽지 않는다면 두 번째 총알값은 첫 번째 총알값의 몇 배로 뛴다고 합니다. 물론 이 돈은 사형 선고받은 사람의 부모가 내야 합니다.

아들이 사형 선고받은 것도 억울한데 거기에 자기 아들을 죽이는 값까지 내라니!

이거 억울해서라도 누가 감히 사형 선고받을 만한 죄를 저지르려 하겠습니까.

이 때문에 중국에는 "총알 2개 물어줄 놈의 새끼야"라는 속담이 가장 무서운 욕이라고도 합니다.

그만큼 죄의 무서움을 이야기하는 것입니다.

당신은 이 이야기를 들으며 무슨 생각이 드십니까? 이 정도라면 누가 감히 죄를 저지르려고 할까요. 어떤 사람이 사형 선고받을 만한 죄를 저지르려고 하다가도 멈칫거리지 않겠습니까.

　나는 나의 나라와 미국과 전세계의 법조계에 종사하는 판사와 검사, 변호사, 교수, 선생님이 이런 창조적인 아이디어를 내어 더 이상 죄짓지 않으려는 사람이 많아졌으면 하는 바람이 가득합니다. 그래서 나는 전 세계와 미국에 '~사' 자 붙은 직업을 가진 사람이 '~가' 자 붙는 직업을 가진 사람들을 본받는 일이 많아지기를 오늘도 기도하고 있는 것입니다.

죄의 발원지를 알아야 한다!

　나는 오늘도 기도합니다. 사기당한 자들의 아픔을 씻어주고 더 이상의 사기꾼들이 생겨나지 않게 해 달라고!

　나는 이렇게 기도하고 또 기도하지만, 나의 나라 현실은 바뀌지 않는 것처럼 보이니 답답할 지경이 아닐 수 없습니다.

　당신은 이 땅에서 사기꾼을 없애려면 어떻게 해야 한다고 생각하십니까? 먼저 그가 사기꾼이 된 원인부터 파악해야 할 것입니다. 아마도 그 원인을 하나씩 파고들다 보면 최초의 원인까지 도달하게 될 것입니다.

　나는 이것을 죄의 발원지라 부릅니다. 사실 어떤 죄를 없애고자 할 때 그 뿌리를 자르지 않고서는 절대 죄를 완전히 없앨 수 없는 법입니다.

　제초 작업을 할 때 뿌리까지 제거하지 않으면 풀은 내일 또 자라나 더 큰 풀이되어버리지 않습니까.

---

82) 미국에서 공부하는 학생들에게 배움의 진실과 정의가 임하고, 배운 대로 온 땅의 인류에게 거룩하게 쓰임받기 위해 늘 하나님께 기도합니다. 장차 학생들이 미국과 세계의 주인공이 될 것을 기도합니다.

　과거 나의 나라 KBS한국방송에서 방영한 '양자강의 발원지'라는 프로를 본 적이 있었습니다.

　양자강은 거대한 중국 본토를 가르는 대표적인 강입니다. 그런데 양자강의 발원지는 놀랍게도 티벳고원에 위치한 겔라덴동산입니다.

　이 산은 해발 5천 미터에 달하는 거대한 산으로 바로 여기에서 보글보글 작은 한 방울의 물이 시작되어 흘러내린 물이 모이고 모여 거대한 양자강이 되었다는 것입니다.

　양자강은 그 길이가 5,000킬로미터가 넘는 세계에서 세 번째로 긴 강입니다. 그런데 이 거대하고 긴 강의 발원지는 바로 초라한 가닥의 물줄기에서 시작된 것입니다.

　문득 이런 생각이 들었습니다. 만약 양자강의 발원지를 막아버린다면 양자강의 물도 말라버릴 것입니다. 즉, 양자강의 물을 말라버리게 하려면 발원지를 막아버리면 됩니다.

　마찬가지로 사기꾼을 막아버리려면 사기라는 죄의 발원지를 막아버리면 될 것입니다. 당신은 나의 이 생각이 그럴듯해 보이지 않습니까?

　그렇다면 과연 사기라는 죄의 발원지는 어디일까요? 왜 사기꾼은 선량한 사람의 마음을 속여 그의 돈을 가로채려 하는 것일까요?

　여기에서 우리는 새로운 문제에 부닥치고 맙니다. 사기라는 죄를 넘어 도대체 인간이 짓는 죄의 발원지, 즉 죄가 시작된 것이 어디인가, 하는 문제입니다. 당신은 인간이 짓는 모든 죄의 최초 발원지가 어디라고 생각하십니까?

아마도 많은 기독교인들은 죄의 발원지로 에덴동산에서 아담의 범죄를 떠올릴 것입니다. 만약 이것이 맞으면 이제 죄의 발원지가 어디인지는 밝혀진 셈이 됩니다. 죄의 발원지는 결국 아담의 마음입니다.

즉, 지금 사기 친 자의 아버지, 또 그의 아버지, 또 그의 아버지로 거슬러 올라가다 보면 결국 최초의 인간까지로 올라갑니다. 기독교에서는 이것을 인류 최초의 조상 아담이 지은 원죄라 합니다.

결국, 인간이 짓는 죄의 최초 발원지는 원죄가 되는 셈입니다. 그리고 이 원죄 문제를 해결해야만 인류의 죄 문제도 해결될 수 있는 것입니다.

당신은 이 사실을 어떻게 생각하십니까? 아담의 마음에서 비롯된 죄가 흐르고 흘러 지금 내 마음까지 와 있는 것입니다. 아담의 마음에서 비롯된 죄가 무엇입니까?

바로 욕심입니다. 선악과를 따먹어보고 싶은 욕심!

결국 욕심을 제거해야 나의 죄도 없어지는 것입니다. 그래야 인류의 죄도 없어질 수 있으며 나아가 더 이상 죄가 없는 인류의 미래도 기대할 수 있는 것입니다.

아아! 당신은 나의 이 주장을 어느 정도 이해하고 있습니까?

죄의 발원지는 결국 세상을 보는 눈!

당신은 이 원죄 문제를 어떻게 해결해야 한다고 생각하십니까?

---

83) 지구는 인류로 인하여 병들어가고 있으며 고통에 신음하고 있습니다. 고통과 아픔의 신음소리에도 인간들은 들을 생각도 하지 않고 있으니 누가 보존할까요? 미합중국이 지구 환경을 살리는 일에 앞장서기 위해 하나님께 기도합니다.

교회에서는 단지 예수만 믿으면 된다고 하지만 지금 전 세계 25억 명 이상이 예수를 믿고 있는데 왜 여전히 죄짓는 사람들이 이리도 많은가, 말입니다.

나의 나라에만도 과거 크리스천이 천만 명이 넘는 시절이 있었는데 왜 이리도 사기꾼들이 많은가, 말입니다.

결국 단지 예수를 믿는 것만으로 죄의 문제가 해결되지 않다는 결론에 도달하게 됩니다.

기독교에서는 예수를 믿으면 죄를 용서받는다고 하는데 이때 용서만으로 죄의 문제가 해결되지 않는다는 이야기입니다. 실제 나는 나에게 사기 친 죄인을 정말로 용서해 준 적이 있습니다.

하지만 그는 나의 용서를 받았음에도 불구하고 여전히 자기의 잘못을 깨닫지 못하고 죄를 짓고 있었습니다. 바로 이것이 용서의 한계입니다. 용서는 한쪽에서 일방적으로 하는 것이기에 완전한 행동을 이끌어내지 못합니다.

단지 한쪽의 일방적인 용서만으로 죄의 문제가 해결되지 않는다는 이야기입니다.

나는 죄의 발원지를 계속 탐색해나가다가 놀라운 발견을 하게 되었습니다. 사람이 눈으로 세상을 볼 때 거룩함과 기쁨의 느낌으로 세상을 보기도 하지만 거기에는 욕심의 느낌으로 세상을 보기도 합니다.

그런데 이 욕심의 느낌이 생각으로 이어졌을 때 그것이 마음에

심어지게 됩니다. 그리고 이것이 마음속에 탐욕으로 자리 잡아 악을 잉태하게 됩니다. 드디어 마음속에 악이 생기는 순간입니다.

그런데 인간은 눈 → 욕심의 느낌 → 욕심의 생각 → 욕심의 마음 잉태가 반복되면서 마음속에 잉태된 악의 덩어리는 점점 커집니다.

그리고! 드디어 적당한 크기로 성장했을 때 비로소 그것을 집행하게 되는데 이것이 바로 죄로 탄생하는 것입니다.

이렇게 볼 때 이제 죄의 발원지는 명확해집니다. 바로 세상을 보는 눈인 것입니다. 여기가 바로 죄가 시작되는 발원지입니다.

그런데 세상을 보는 눈은 그냥 세상을 보는 것이 아니라 마음의 창으로 세상을 보게 됩니다. 만약 마음의 창이 흐려져 있다면 그는 어둡고 부정적인 눈으로 세상을 보게 될 것이요,

마음의 창이 맑아져 있다면 그는 밝고 긍정적인 눈으로 세상을 보게 될 것입니다. 그런 면에서 진정한 죄의 발원지는 '마음'이라고 할 수 있습니다.

만약 마음에 더러운 때가 끼어 있다면 그는 더러운 창의 눈으로 세상을 보고 더러운 느낌을 받을 것이며 더러운 생각으로 마음에 악을 잉태하여 결국 그것을 성장 시켜 죄를 집행하게 될 것입니다. 그런 면에서 죄의 발원지라 할 수 있는 마음을 깨끗하게만 할 수 있다면 우리는 죄를 짓지 않을 수 있는 방법에 도달하게 될지도 모릅니다.

당신은 나의 이 생각에 동의합니까, 하지 않습니까?

---

84) 미국의 국민 모두에게 하나님의 지혜와 명철의 힘이 임하여 온 세상이 거룩해지고 축복받기를 기도합니다. 당신이 깊은 단잠을 이루고 있을 새벽 4시에 저는 간절히 기도합니다.

마음을 바꿀 수 있는 것은 결국 사랑!

그렇다면 이제 이 죄의 발원지인 마음을 어떻게 깨끗하고 정의롭게 청소하여 바꿀 수 있을 것인가를 생각해 봐야 합니다.

당신은 이 죄의 발원지를 도대체 어떻게 바꿀 수 있다고 생각하십니까?

당신은 이 문제를 어떻게 해결할 수 있다고 생각하십니까?

나는 이 부분에서 당신에게 식인종 이야기를 하려 합니다.

당신도 과거에 식인종이 있었다는 사실을 알고 있을 것입니다. 그런데 지금 식인종이 있다는 말을 잘 들을 수가 없습니다. — 혹시 지금도 아프리카나 아마존의 밀림 깊은 곳에 아직도 식인종이 있을지도 모르긴 합니다. — 왜 그럴까요? 나는 이 사실에 대해 곰곰이 생각해보지 않을 수 없었습니다. 그리고 놀라운 이야기를 들을 수 있었습니다.

과거 아프리카 식인종 마을에 한 선교사가 들어와 복음을 전했다고 합니다. 물론 처음에 식인종들은 선교사마저 잡아먹으려 했지만, 선교사의 헌신 된 모습을 보고 감동한 나머지 선교사를 잡아먹지 않고 오히려 그를 따르기 시작했습니다.

선교사는 정말 헌신적으로 그 식인종 마을을 위해 봉사했고 섬겼습니다. 아픈 사람을 위해 기도 치료를 해 주었고 부서진 집을 고쳐주었습니다. 아이들을 위해 학교를 세워 글자를 가르쳐주기도 했습니다. 그렇게 몇 년이 흘렀을 때 이제 선교사는 마을의 구세주와

같은 존재가 되었습니다.

이제 마지막으로 선교사가 식인종들에게 중점적으로 가르친 것은 사람을 잡아먹지 말아야 한다는 사실이었습니다.

하지만 식인종들에게 있어 식인은 곧 자기들의 생존수단이었으므로 이를 버리기가 쉽지 않았습니다. 이에 선교사는 최후의 방법을 간구합니다. 그것은 바로 자기의 목숨을 던지는 일이었습니다.

그날도 선교사는 식인종 추장과 식인 문제를 놓고 격론을 벌였습니다. 식인종들은 인육의 그 쫄깃하고 담백하며 감칠맛을 알고 있었기에 쉬이 물러서지 않았습니다.

결국 선교사는 식인종 추장으로부터 마지막으로 딱 1명만 잡아먹고 더 이상 식인을 하지 않겠다는 약속을 받아내기에 이릅니다.

이때 선교사는 3일 후 빨간 옷 입은 사람을 잡아먹으라는 말을 남기고 길을 떠납니다.

선교사가 떠난 3일 후 사건이 터지고 말았습니다. 식인종들은 선교사가 떠나자마자 마지막 한 명을 찾기 위해 사냥에 나섰습니다. 숲속의 길을 가다가 드디어 빨간 옷 입은 목표물을 발견하였습니다.

신이 난 식인종들은 화살을 쏘아 목표물을 획득하는 데까지 성공합니다. 드디어 식인종들에게 기쁨의 축제가 다가오는 순간이었습니다. 그러나 목표물에 가까이 다가간 식인종들은, 그만 소스라치게 놀라고 맙니다.

그 목표물이 다름 아닌 자기들의 은인과 같은 존재였던 선교사였기 때문입니다. 그때서야 선교사의 깊은 뜻을 깨달은 식인종들은

---

85) 미국의 위대한 조직의 권위를 인정하고 관계자 모두의 수고에 박수를 보내드립니다. 조직의 책임자들이 부정을 눈치 보거나 요령피우지 않고 자신에게 주어진 책임과 의무를 성실히 이행하여 세계의 모범이 될 수 있기를 기도합니다.

울기 시작했습니다.

그날 식인종 마을은 울음바다가 되었습니다. 식인종 마을의 추장은 선교사의 장례식을 정성껏 치러주고 이제 더 이상 정말로 사람을 잡아먹지 않겠다고 굳은 결심을 했다고 합니다. 이것이 전해지고 전해져서, 그래서 지금 더 이상 온 지구 땅에 식인종이 없어졌다는 것입니다.

당신은 이 이야기를 들으면서 무슨 생각을 하십니까, 어떤 교훈을 얻었습니까? 정말 코끝을 찡하게 하는 이야기가 아닐 수 없습니다.

나는 그때 식인종 마을에 들어갔던 그 선교사가 바로 정답이라고 생각합니다. 식인종과 비할 바가 아니지만, 나의 나라도 정말 못 살 때가 있었습니다. 그래서 죄라는 죄는 다 짓고 살 때였습니다. 그때 나의 나라에 들어와 헌신적으로 우리 민족을 도와줬던 사람들이 있었습니다.

바로 당신 나라 선교사들이요, 당신의 선조들이 이었습니다.

나는 단연코 당신 나라 선조들이 목숨을 바쳐서 나의 나라를 구해줬다고 생각합니다.

바로 식인종을 구해줬던 그 선교사처럼, 말입니다. 비록 지금 나의 나라가 그 정신을 잃고 다시 죄를 짓고 있지만, 당신 나라 선조들이 했던 것처럼 그 시절로 돌아갈 수 있다면 다시 이 죄에서 돌이킬 수 있다고 생각합니다.

죄의 발원지라 할 수 있는, 사람들의 마음은 깨끗한 사랑 대신 불

평, 불만, 분노, 미움, 아집, 교만 등으로 가득 차 있습니다.

그러니 세상에 죄가 만연할 수밖에 없습니다. 이제 이런 마음의 더러운 때들을 말끔히 씻어내야 합니다.

그 길이 바로 죄로부터 벗어날 수 있는 유일한 길입니다. 그런데 어떻게 마음의 더러운 때들을 씻어낼 수 있을까요? 그것은 사랑의 수세미로 마음의 때를 닦아주면 되는 것입니다.

마치 선교사가 식인종의 마음을 닦아준 것처럼 말입니다.

당신 나라 선조들이 우리 조상들의 마음을 닦아준 것처럼 말입니다. 사랑은 마음의 빛이요, 불평, 불만, 분노, 미움, 아집, 교만 등은 마음의 어둠이라 할 수 있습니다. 어둠을 물리치는 방법은 간단합니다.

그냥 빛만 비춰주면 어둠은 어렵게 닦지 않더라도 없어져 버리고 마는 것입니다.

사랑의 빛으로 마음을 비춰주면 불평, 불만, 분노, 미움, 아집, 교만 등의 어두운 마음은 깨끗이 없어지고 마는 것입니다.

그런 면에서 당신 나라에서 나의 나라에 전해준 복음의 한 줄기 빛이 정말로 위대하고 감사하다고 생각합니다.

나는 하나님의 말씀만이 복음이 아니라 그 복음대로 행동한 선교사들의 사랑이야말로 진짜 복음이라고 생각합니다. 그 진짜 복음이 있었기에 당시 어려웠던 죄로부터의 돌이킴이 있을 수 있었다고 생각합니다.

그 복음의 본질은 다름 아닌 '사랑'입니다. 식인종들이 감동되었

---

86) 온 세상은 강자가 불쌍한 약자를 때리거나 이익을 갈취하고 또 주위사람도 덩달아 강자 편에서 약자를 괴롭히는 것이 현실입니다. 그러나 미국 국민들은 어떤 경우에도 약자 편에서 그들을 보호하여 세계의 모범이 되기를 위해 기도합니다.

던 것은 바로 선교사의 헌신적인 사랑 때문이었습니다.

나의 나라가 당신 나라 선교사에게 감동되었던 것 역시 사랑 때문입니다. 결국 사랑만이 인간의 사악한 죄를 돌이킬 수 있다고 생각합니다.

이제 당신에게 고하고 싶습니다. 당신은 나와 함께 이 세상에 다시 이 사랑을 세우는 일을 해야 한다고 생각하지 않는지?

당신 선조들이 했던 것처럼 다시 한번 죄로 물들어가는 전 세계에 사랑을 전해야 한다고 생각하지 않는지? 말입니다. 이 일은 너무나도 소중하고 중요한 일이니,

당신은 반드시 나와 함께 이 일을 해야 할 것입니다. 나는 얼마든지 준비되어 있으니 이제 당신의 답을 기다리고 있겠습니다.

전 세계인의
정의와 인권을 위해!

전 세계의 정의와 인권을 위해

전 세계 오대양 육대주 세계 인류를 위해!

나는 어제도 오늘도 내일도 전 세계 오대양 육대주에 사는 모든 사람이 잘 되기를 위해 기도하고 있습니다.

세계 인류는 아시아, 아프리카, 유럽, 남북 아메리카, 오세아니아, 남극, 남북 태평양, 남북 대서양, 인도양 등 오대양 육대주에 각각 흩어져 살고 있습니다.

이중 아시아에 가장 많은 [2]41억여 명의 인구가 살고 있으며 아프리카에 약 10억, 유럽에 7억 4천, 아메리카에 약 9억 1천, 오세아니아에 약 3천 6백만,

그리고 남극 지방에도 4천여 명의 사람들이 모여 살고 있다고 합니다.

나는 이 지구 땅에 흩어져 살고 있는 인류를 단 한 명도 빼놓지 않고 기도하고 싶습니다. 나아가 앞으로 태어날 미래 인류를 위해서도 기도하고 싶습니다.

---

2) 위키피디아 2011년 자료 기준!

그래서 매일 새벽이면 잠에서 깨어 전 세계 인류를 놓고 기도하기 시작합니다.

물론 가장 중점적으로 기도하는 것은 먼저 미합중국 당신 나라를 위해서 다음으로 나의 나라를 위해서입니다. 하지만 지구에는 당신 나라와 나의 나라 외에도 수많은 나라가 있습니다. 그래서 유럽을 위해서도 아프리카를 위해서도 오세아니아를 위해서도 마땅히 기도하는 것입니다. 그리고 이때 내가 하는 기도는 억지로 하는 기도나 어떤 목적이 있는 기도가 아니라 그저 자연스럽게 흘러나오는 순수하고 진실하며 아름다운 기도입니다.

오! 하나님 전 세계 오대양 육대주에 흩어져 사는 인류를 위해 기도합니다. 세상에서 누구는 귀하고 누구는 귀하지 않은 사람이 어디 있겠습니까.

한 사람, 한 사람이 모두 하나님의 핏줄이요, 사랑의 대상입니다.

그러니 한 사람도 빠짐없이 잘 되게 해 주시고 그들의 행복과 번영을 이루어주시옵소서.

무엇보다 곳곳에서 벌어지고 있는 인류의 죄악을 거두어주시고 사랑과 정의가 세워지는 각 나라와 인류가 되게 하여 주시옵소서. 한 사람도 인간으로서 기본적으로 누려야 할 정의와 인권이 무너지지 않게 하여 주시옵소서.

내가 2013년도 어느 교회에서 예배를 드리는데 목사님이 '연결'을 중요히 여겨야 한다는 설교를 하였습니다.

---

87) 인간은 누구에게나 인권과 생존권에 있습니다. 이에 남녀노소 누구에게나 혹 부정한 자, 악당, 가난한 자, 지식층, 권력자 등 모든 인간에게 인권이 세워지기를 위해 기도합니다.

이 얼마나 중요한 이야기입니까.

부모와 자식 간의 연결,

가정과 가정과의 연결,

가정과 사회와의 연결,

사회와 국가 간의 연결,

나아가 전 세계 국가와 국가 간의 연결!

나는 부디 전 세계의 나라들이 당신 나라와 연결되기를 기도합니다.

왜냐하면 당신 나라야말로 형통한 나라이기 때문입니다.

나는 당신 나라와 국민이 형통한 이유가 당신 나라가 하나님과 함께하기 때문이라고 생각합니다.

요셉이 쫓겨 다니면서도 하나님과 함께하니까 형통했던 것처럼, 말입니다.

요셉은 결코 형통할 수 없는 상태에 놓여 있었습니다. 형들에게 죽임을 당하려다 버림받고, 팔려 가고, 종이 되고, 누명 쓰고, 감옥까지 갔으니 그는 결코 형통할 수 없는 사람이었습니다.

그런데 성경에서는 그런 요셉더러 형통한 자라고 부릅니다.

아! 우리는 나중에야 결국 그 이유를 알게 되었습니다.

요셉은 그런 어려운 가운데서도 하나님을 따랐기에 언제나 형통한 마음을 가질 수 있었습니다.

그리고 하나님은 그런 요셉을 높이셔서 이집트의 총리 자리에까지 오르게 했던 것입니다. 결국 요셉은 하나님과 연결되어 있었기에 형통할 수 있었던 것입니다.

---

88) 미국의 땅 위에서 피는 작은 꽃이나 하찮은 들꽃까지도 기도합니다. 저는 미국에 피는 꽃이라면 아름다운 향기가 없을지라도 사랑합니다. 미국을 사랑하기에 당신 나라에 피는 들꽃을 보고도 감동이 넘쳐서 그 꽃들을 위해 기도하게 됩니다.

마찬가지로 나는 오늘날 당신 나라가 전 세계 나라에 하나님의 사랑과 같은 역할을 할 수 있다고 생각합니다. 비록 어려움에 빠져 있는 나라라 할지라도 당신 나라와 연결될 수 있다면 전 세계 모든 나라가 형통해질 수 있지 않을까, 생각하는 것입니다.

나는 오늘도 이런 꿈을 꾸며 전 세계 인류가 형통하기를 간절히 기도하고 또 기도하고 있습니다.

미합중국이 전 세계 나라의 큰아버지 역할을 해주길 기도한다

나는 외동아들이 중학교 때부터 당신 나라에서 유학했기에 당신 나라를 자주 들락거렸습니다. 게다가 나의 아내가 당신 나라에서 외동아들을 돌봐야 했기에 기러기 생활을 오래 했었습니다.

나의 나라에서는 당신 나라에 자식들을 유학 보내는 경우가 많은데 이때 아내들은 대부분 자식을 돌보기 위해 남편과 떨어져 당신 나라에서 아이들 뒷바라지를 하며 생활합니다. 이런 가족을 나의 나라에서는 기러기 가족이라 부르는데 내가 바로 그런 생활을 했다는 뜻입니다.

나는 나의 아내와 외동아들을 무척이나 사랑했으므로 아마 다른 기러기 아버지들보다 자주 당신 나라를 들락거렸습니다. 물론 거기에는 내가 어렸을 적부터 당신 나라를 흠모한 까닭이 더 컸기 때문이기도 합니다.

나는 어렸을 적부터 당신 나라의 정의와 정직, 교육, 신앙을 너

무도 흠모하였기에 당신 나라에 꼭 한 번 가서 배우고 싶었습니다. 하지만 나는 가난하였기에 그럴 기회를 얻지 못했고, 대신 내 아들이라도 당신 나라에서 공부시키고자 하는 꿈을 키웠던 것입니다. 그래서 먹을 것 안 먹고 입을 것 안 입으며 어려운 생활에도 저축하고 또 저축하는 몸부림으로 아들을 당신 나라에 유학 보낼 수 있었던 것입니다.

어쨌든 내가 당신 나라에서 공부하던 아들의 집에 머물고 있을 때, 나는 당신 나라 곳곳을 여행 다니곤 했었습니다. 동부에서 서부까지, 남부에서 북부까지! 여러 곳을 다녔었습니다.

그러면서 세계 어느 나라와 비교할 수 없는 당신 나라의 수려함과 웅장함에 놀라지 않을 수 없었습니다.

그랜드캐년의 웅장함은 그 어느 곳도 비길 바가 없으며 폴로리다와 캘리포니아 해변은 그 어느 곳보다 아름다웠습니다.

하지만 내가 가장 감동을 느낄 때는 마치 자연과 하나 된 듯한 느낌을 주는 도심 곳곳의 공원들을 산책할 때였습니다.

그때 나는 당신 나라의 땅이야말로 하나님의 은혜와 축복의 땅이라는 느낌을 받았습니다. 당신 나라의 도시들은 마치 자연 속에 빠져 있는 도시라는 표현이 더 적합할지 모르겠습니다. 내가 가족들과 시카고 공원을 산책하고 있는데 마침 꿩 무리가 지나가는 것이 보였습니다.

나의 나라에서는 동물원에나 가야 볼 수 있는 장면이었으므로 나는 유심히 그 꿩 무리를 살폈습니다. 아마도 꿩 무리는 일련의 가

---

89) 국가마다 위대한 권력자가 있습니다. 권력은 합당하게, 정의롭게, 슬기롭게, 만민을 위한 사랑의 권력이 되어야 합니다. 혹 개인이 권력이 손에 있다고 하여 자기 마음대로 사용합니까? 오 주여! 세상의 권력이 하나님 앞에 평등하게 집행되기 위해 기도합니다.

족들인 것 같았습니다. 어미 꿩이 새끼 꿩들을 몰고 다니는 모습이었기 때문입니다.

그런데! 아! 나는 감동적인 장면을 목격하고야 말았습니다. 새끼 꿩 무리가 지나가는 맨 마지막에 아빠 꿩인 듯한 어미 꿩이 자기 가족들을 돌보며 지나가는 것이 아닙니까.

내 감동이 아직 여운이 남아 있을 무렵, 이번에는 거위 가족이 지나가는 장면이 보였습니다. 거위 가족도 어미가 새끼들을 데리고 질서 있게 지나가고 있었습니다. 새끼들이 어미의 보호를 받으며 아무 걱정 없이 뒤뚱뒤뚱 걷는 모습이 어찌 그리 귀여워 보이던지! 나는 그 장면을 보며 감동하고 또 감동했습니다. 그래서 그 자리에서 거위들의 행렬을 '거위의 가족 소풍'이라 이름 지어 주었습니다.

동물들도 자식들을 보호하려는 본능이 있습니다. 하물며 만물의 영장인 인간은 더 말해 무엇하겠습니까! 그런데 이 생각을 더 크게 확장하면 나라와 나라 간에도 보호해줘야 할 나라가 있고 보호를 받아야 할 나라가 있다고 생각합니다.

물론 그 모든 나라 중에 당신 나라야말로 큰아버지의 나라입니다. 그전에도 큰아버지 나라 역할을 했고 지금도 큰아버지 나라 노릇을 하고 있으니 말입니다. 그런 면에서 나는 다시 한번 당신 나라에 감사하지 않을 수 없습니다.

당신 나라가 있었기에 그래도 지금 세계의 나라들에서 정의가 세워지고 좀 더 나은 인권을 누리며 살아가고 있기 때문입니다.

비록 국지적으로 분쟁이 있고 전쟁이 나고 있긴 하지만 이제 세계 어디를 가더라도 인권을 무시하는 나라는 지탄받는 세상이 되었으니 이 모든 것이 큰아버지 나라 역할을 했던 당신 나라 덕분입니다. 그러니 당신 나라에 감사와 기도를 하지 않을 수 없습니다.

당신은 이런 당신 나라의 위대함과 소중함을 느끼고 있습니까? 혹 당신은 그저 자신의 생활에 급급한 삶을 살고 있지 않습니까? 그렇다면 이제 당신도 나와 함께 당신 나라가 했던 그 역할을 하는 일에 동참해야 할 것입니다. 아직도 전 세계에는 도와야 할 나라들과 굶주림에 빠진 사람들이 너무도 많기 때문입니다.

나는 오늘도 전 세계 나라들의 큰아버지 나라 역할을 하는 일에 동참해줄 당신들이 더 많아지기를 위해 간절히, 간절히 기도하고 있습니다.

물론 당신 나라 한 사람, 한 사람의 소중함과 위대함과 거룩함을 위해 기도함은 두말할 나위 없습니다. 그렇게 될 때 인류의 미래는 비로소 죄의 어둠에서 벗어나 밝은 천국의 세상을 맛볼 수 있게 될 것입니다.

세계 곳곳에서 무너지고 있는 인권과 정의

당신은 선진국, 그것도 세계 최고의 민주국가에서 살고 있으니 정의와 인권이 말살되는 일을 많이 보지 못했을 것입니다. 하지만

---

90) 미합중국의 땅 위에서 새가(조류) 서로 사랑하고 번식하고 서로 협력하고 노래하고 반기는 모습을 본적 있나요? 미국의 새들조차 행복하게 살아가듯이 미국의 가정에 행복이 깃들기를 위해 기도합니다. 미국 국민들이 나라와 가족, 형제, 이웃에게 불만과 불평하지 않고 새 꿈속에 희망을 갖기를 위해 기도합니다.

이제 선진국의 문턱에 있는 나의 나라만 보더라도 정의와 인권이 무너지는 경우가 얼마나 많은지 모릅니다. 하물며 후진국에 사는 사람들의 정의와 인권이야 더 이상 말해 무엇하겠습니까!

당신 나라가 민주주의와 인권을 전 세계에 전파한 덕분으로 나는 더 이상 지구상에서 전쟁이 없을 줄 알았습니다. 아니 전쟁이 없어지길 위하여 기도했습니다.

그런데! 지금도 전쟁의 소식이 들려오는 곳이 있으니 바로 중동지역입니다.

이곳에서는 종교라는 이름을 빙자하여 온갖 자살폭탄테러가 일어나고 있습니다. 종교라는 이름을 빙자하여 종교전쟁이 벌어지고 있습니다. 종교가 무엇입니까? 인간이 해결할 수 없는 삶의 문제를 신의 힘을 통하여 해결하기 위해 나온 것 아닙니까?

결국 신이 인간을 사랑하기에 인간을 잘살게 해 주기 위해 나온 것이 종교일진대 그 종교의 이름으로 자살폭탄테러를 하다니요. 그들은 이것을 순교의 사명으로 한다지만 이것은 절대 순교가 될 수 없습니다. 순교가 아니라 도리어 살인행위인 것입니다.

지금도 자살폭탄테러를 통하여 수많은 생명이 죄 없이 죽어가고 있습니다. 그 당신은 그렇게 처참히 죽어가는 생명의 고통을 생각해본 적이 있습니까?

거기에서 죽어가는 생명의 인권을 생각해 본 적이 있습니까?

아아! 나는 그들을 생각하면 가슴 한편이 찢겨나갈 것만 같습니다. 가슴이 무너져 내리는 것만 같습니다. 그 한 생명을 키우기 위

해 고생했던 그 가족들의 아픔을 생각해 본 적이 있습니까? 그 가족들의 슬픔을 생각해 본 적이 있습니까? 어느 날 갑자기 내 곁에서 내 아들이나 딸이, 내 아버지나 어머니가 죽어 버렸다고 생각해 보세요. 바로 그 아픔을 지금 그 가족들은 맛보고 있는 것입니다.

여기에 무슨 정의가 있고 여기에 무슨 인권이 있단 말입니까?

종교의 목적은 오직 사랑뿐입니다. 여기에는 종교라는 이름을 가장하여 한 인간의 생명을 담보로 한 거대한 악만 있을 뿐입니다.

사악한 죄만 있을 뿐입니다. 종교집단의 이익만 있을 뿐이고 거기에 한 인간의 인권은 완전히 사라지고 말살되어 있을 뿐입니다. 당신은 이 비극을 어떻게 생각하십니까? 이것을 고쳐야 한다고 생각하지 않습니까?

아아! 하나님 이 땅에 종교 선구자가 일어나기를 기도합니다.

자신의 이익만 따지는 종교가 아닌 진정한 하나님의 뜻을 가르치는 종교 선구자가 일어나기를 기도합니다. 그때 비로소 이 땅에 종교로 인한 전쟁이 그칠 것입니다. 종교로 인한 해악이 그칠 것입니다. 밝은 천국의 미래가 펼쳐질 것입니다!

팔레스타인에서 벌어지고 있는 종교전쟁의 공포

세계의 수많은 역술학자와 철학자들은 앞으로 인류가 종교전쟁 때문에 망할 것이라 예언했습니다. 이것은 정말 놀랍고 무서운 예

---

91) 당신이 하나님의 길을 가는 동안 너무 길고 어둡고 두렵고 고통스럽고 외로워도 능히 이를 이겨내고 정직과 사랑의 길로 나아갈 것을 위해 기도합니다.

언이 아닐 수 없습니다.

중동에서 벌어지고 있는 자살폭탄테러는 이제 종교전쟁으로까지 확대될 두려움을 주고 있기 때문입니다. 가장 불안한 지역은 역시 팔레스타인입니다.

아아! 팔레스타인을 두고 아랍과 이스라엘이 대립하고 있습니다. 여기에서 강대국과 강대국의 대결 양상도 벌어지고 있습니다. 당신은 이것이 누구의 잘못이라고 생각하십니까? 이들이 벌이는 대립과 갈등이 무슨 의미가 있다고 생각하십니까?

여기에는 무서운 무기들이 잔뜩 동원되고 있습니다. 하나같이 사람을 죽이는 무서운 무기들입니다. 결국 이들의 갈등과 대립이 낳을 결과는 너무도 뻔합니다.

이 무서운 무기를 사용하여 수많은 사람의 소중한 생명을 앗아가는 일입니다.

도대체 이곳에 사는 사람들의 생명은 당신 나라에 사는 사람들의 생명보다, 나의 나라에 사는 사람들의 생명보다 더 못하기에 이런 공포에 떨며 살아야 하는 것입니까. 이들도 하나님 앞에서는 똑같이 소중한 한 생명이지 않습니까!

나는 중동지역에서 벌어지고 있는 일련의 사태를 지켜보면서 종교 또한 인간을 파괴하는 엄청난 무기가 될 수 있다는 사실을 깨달았습니다. 종교가 처음 생겨났을 때는 당연히 인간을 살리기 위함이었을 텐데… 이제 그 종교가 악이 되어 도리어 사람을 죽이는 짓을

하고 있으니 이 얼마나 통탄할 일입니까. 이 문제를 하루속히 종식시킬 수 있는 해답은 오직 당신 나라에 있다고밖에 생각되지 않습니다. 자식들이 서로 싸울 때, 동생들이 서로 싸울 때, 아버지가 나서서, 큰형이 나서서 이 문제를 해결해 주어야 한다는 뜻입니다.

나는 지금 중동지역에서 벌어지고 있는 종교전쟁의 위협을 해결할 수 있는 나라는 오직 당신 나라밖에 없다고 생각합니다.

세계의 큰아버지 국가인 당신 나라가 나선다면 그들도 분명 당신 나라가 전하는 하나님의 힘, 성령의 힘을 입어 회개하고 서로 화해하게 될 것입니다. 나는 오늘도 이를 위해 기도하고 있습니다. 과거 선교 차 평화사절단으로 중동을 방문한 적이 있었는데 그때 중동의 평화를 위해 기도하고 온 적 있습니다.

남북한 전쟁의 공포

나는 전쟁 이야기를 하면서 나의 나라 상황을 이야기하지 않을 수 없습니다.

지금 지구상에 전쟁 공포를 일으키고 있는 곳 중 한반도도 포함되기 때문입니다. 나의 나라 남북한은 사실 6.25 전쟁의 연속 선상에 있습니다.

6.25 사변 전쟁 시 수많은 미군과 연합군의 전사자, 부상자들에게 뼛속 깊이 감사를 드리고 있습니다.

그때 전쟁이 완전히 끝난 것이 아니라 휴전상태에 들어갔으며 지

---

92) 하나님이시여! 세상에서 왜 악인이 형통하는지 알 수 없지만 그럼에도 불구하고 미합중국 국민이 하나님이 정하신 정의의 길로 계속 걸어갈 것을 위해 기도합니다.

금도 그 휴전상태가 계속되고 있기 때문입니다. 한반도의 전쟁 상황이 공포를 자아내는 이유는 만약 다시 전쟁이 터지면 이는 곧 제3차 세계대전으로 확대될 가능성이 매우 크기 때문입니다.

북한은 중국과 러시아가 지원하는 형국을 띠고 있고 남한은 미국과 서구세계가 지원하는 형국을 띠고 있습니다.

그러니 다시 전쟁이 터진다면 이는 곧 세계대전으로 확대될 가능성이 매우 큰 것입니다.

무엇보다 남북한 전쟁이 위협을 주는 까닭은 북한이 보유하고 있다는 핵무기 때문입니다. 이는 곧 앞으로 벌어질 전쟁이 핵전쟁이 될 가능성이 있음을 알려주는 대목이기도 합니다.

아아! 당신은 핵무기가 얼마나 인류에게 공포를 던져주고 있는지 잘 알지 않습니까?

만약 핵무기가 터진다면 그동안 인류가 쌓아놓았던 현대문명은 순식간에 사라지고 말 것입니다.

무엇보다 온 우주에서 가장 소중한 인간의 생명을 송두리째 앗아가 버리고 말 것입니다. 이런 일은 상상도 하기 싫습니다. 그런데 이런 무시무시한 공포가 나의 나라 한반도에 도사리고 있으니 이게 웬일입니까?

당신과 나는 앞장서서 이런 일이 일어나지 않도록 할 수 있는 모든 방법을 강구해야 할 것입니다. 두 손 들고 하나님께 기도해야 할 것입니다.

오! 하나님이여, 하나님께서 그토록 사랑하셔서 미국을 통하여 이 나라를 발전하게 해 주셨던 역사에 대하여 감사드립니다.

하지만 여전히 남북이 대치된 상태로 전쟁의 공포 가운데 지내고 있습니다. 무엇보다 핵무기의 위협은 전 세계를 공포에 떨게 하고 있습니다. 부디 남북의 관계가 극으로 치닫지 않게 해 주시고 서로 평화적으로 소통하고 교류하게 하여 주옵소서. 그래서 궁극적으로 평화통일이 일어날 수 있도록 인도하여 주옵소서. 거기에 미국과 온 세계가 모든 노력과 기도를 간구할 수 있도록 인도하여 주옵소서!

사람 죽이는 무기

당신은 그때를 다시는 기억하고 싶지 않을 것입니다.

9.11! 그날의 공포를 다시는 떠올리고 싶지도 않을 것입니다.

그 일이 터졌을 때 내가 얼마나 당신 나라와 그 피해당했던 당신 나라 사람들을 위해 기도했는지 아십니까?

그때 내가 얼마나 애통한 마음으로 바닥에 엎드리어 간절히 기도했는지 아십니까?

그때 나는 거의 잠도 자지 못할 만큼 커다란 충격에 휩싸였었습니다. 설마 당신 나라에서 세계 최고의 국가에서 그런 일이 일어나리라고는 상상 속에서도 해본 일이 없기 때문입니다. 그런데 그 엄청난 사건의 원인이 이슬람 세력들의 자살 테러였다는 사실이 밝혀졌을 때 나는 경악하지 않을 수 없었습니다. 결국 이 사건도 종교

---

93) 어릴 적 교회 여전도사님과 학교 선생님으로부터 미국인들은 심지어 어린이들까지 거짓말도 않고 정직하며 성실하고 정결한 마음씨를 가졌다고 배웠습니다. 그래서 나도 당신의 진실을 닮고 싶고 정직한 마음을 닮고 싶은 마음에 간절히 기도하였습니다.

때문에 터진 일이었다는 생각이 스쳤기 때문입니다.

당신은 종교가 선에서 악으로 변했을 때 얼마나 무서운 일이 일어나는지 아십니까?

바로 9.11과 같은 무자비한 일도 스스럼없이 일어날 수도 있는 것입니다. 이제 나와 당신은 함께 운동을 펼쳐나가야 할 때가 되었습니다. 그것은 악을 선으로 바꾸는 운동입니다. 악을 선으로 바꾸는 기도와 실천입니다. 악으로 변한 종교를 선으로 바꾸는 기도와 실천이요, 사람 죽이는 무기들을 사람 살리는 무기로 바꾸는 기도와 실천입니다.

여기에서 사람 죽이는 무기에 대하여 무서운 이야기 하나를 들려드리겠습니다.

전 세계 무기 과학자들의 주장에 의하면 현재 지구상에 가지고 있는 전쟁 무기가 전 세계 인류를 7번 반 죽이고도 남을 만큼이라고 합니다. 이 얼마나 무서운 이야기입니까.

그중에서도 인류를 단연 공포로 몰아넣는 무기가 바로 핵무기일 것입니다. 우리는 이미 1945년 일본의 히로시마와 나가사끼에 떨어진 원자폭탄의 공포를 알고 있습니다.

그때 단 두 방의 원자폭탄으로 일본은 초토화되었고 무조건 항복을 선언하고 말았습니다.

그리고 지금도 그때 원자폭탄을 맞은 사람들은 방사선 피해로 기형아가 되는 등 고통을 고스란히 안고 살아가고 있습니다.

그런데 이후 인류가 개발한 핵폭탄은 그때 원자폭탄의 몇백 배,

아니 몇천 배 위력이 있다고 하니, 어찌 두려움과 공포를 느끼지 않을 수가 있겠습니까.

캐슬 브라보라는 이름의 핵폭탄은 히로시마 원자폭탄의 1,000배의 위력이 있다 합니다.

이 정도라면 한반도 전체를 날려버릴 수 있는 위력의 가공할 만한 살인 무기인 것입니다.

그런데 인류 최강의 핵폭탄이라 불리는 짜르 봄바는 히로시마 원자폭탄의 3,600배의 위력이 있다 하니 이대로 가다가는 지구가 멸망할지도 모를 일인 것입니다. 이처럼 무서운 핵무기들이 온 인류를 위협하고 있는 것입니다.

이제 왜 내가 당신에게 사람 죽이는 무기를 사람 살리는 무기로 바꾸는 기도와 실천을 하자고 외치는지 조금 이해가 되십니까!

이것이 이루어져야만 비로소 당신 나라와 나의 나라, 나아가 전 세계 나라들이 살 수 있는 길이기 때문입니다.

당신은 나에게 어떻게 사람 죽이는 무기를 사람 살리는 무기로 바꿀 수 있는지? 악으로 변한 종교를 선으로 바꿀 수 있는지 되물을지도 모르겠습니다. 물론 나 역시 정답을 가지고 있지 않습니다. 하지만 나는 당신 선조들이 보여주었던 하나님의 사랑과 지혜라면 당신도 나도 충분히 이 일을 해낼 수 있다고 확신합니다.

악을 선으로 바꾸는 데에 필요한 것은 무슨 특별한 지식이나 요령이 필요한 것이 아닙니다.

---

94) 세계 1등 국민들이 행여나 사기, 질투, 오만, 부정, 거짓, 배신, 나쁜 감정, 정욕, 살인, 탐욕 등에 빠져 있다면 어떻게 할까요? 오직 하나님 예수님 성령님의 이름으로 서로 이웃을 사랑하는 마음으로 변화되기 위해 기도합니다.

오직 하나님의 사랑과 지혜가 필요할 뿐입니다. 물론 여기서 지혜란 하나님의 사랑과 정의를 바탕으로 한 지혜입니다.

무기는 인간을 죽이기도 하므로 경호나 경비 등의 관리 차원에서 사용해야 합니다. 비록 전쟁용으로 만들어졌지만, 전쟁이나 사고, 총기 난사로 사람을 죽이는 것이 아니라 제일 중요한 점은 치안을 유지하는 데 사용되어야 합니다.

가령 누가 속이는데 그러한 불법을 막고 자신과 재산을 지키는 데 사용되어야 합니다. 총은 사람 죽이는 무기가 아닌 자신의 보호와 치안 유지를 위해 사용되어야 합니다.

당신 나라는 총기 소지에 대한 자격이 있습니다. 총기를 구입하거나 소지할 수 없는 사람들은 다음과 같습니다. 전과가 있거나 혹은 경범에 해당하는 가벼운 죄라 하더라도 특별한 상황에 해당하는 사람들은 합법적인 총기 구입이나 소지를 할 수 없습니다. 가정폭력은 경범죄로 판결받고 실형을 살지 않았다 해도 총기 구입을 할 수 없고 일반 범죄로 1년 이상의 실형이 예상되는 사람도 불가능합니다.

특정한 신경안정제, 마약, 흥분제 등 불법 약물을 습관적으로 사용하는 사람들과 정신적 결함이 있거나 정신병의 치료를 받는 사람들 역시 총기 구입이나 소지를 할 수 없습니다.

그리고 21세 이상이 되면 주에서 허가한 총기상에서 권총을 구입할 수 있고 18세 이상은 라이플이나 샷건을 구입할 수 있으나 연방

정부의 허가를 취득한 총기상에서만 가능합니다.

당신의 정부에서 당신에게 총을 소지하게 자격을 준 것은 당신이 최고 인격자라고 인정하였기 때문입니다.

그리고 당신의 배움, 인격, 종교, 신사적이라는 자격과 품성을 인정한 것입니다.

총은 생명을 죽일 수 있는 최초의 살인 무기입니다. 총은 사람을 죽일 수 있지만, 사람을 살릴 수는 없습니다.

또 총을 감정이나 이해관계, 강도의 무기로 사용해서는 안 됩니다. 성경에서는 죄를 지은 자를 일곱 번씩 일흔일곱 번이라도 용서를 하라고 가르치고 있습니다. 그러나 생명을 죽이는 것은 이보다 더한 자성의 생각에서 하여야 합니다. 분노의 성질로 총의 방아쇠를 당기면 순간적으로 누구의 생명을 죽일 수 있음을 명심하십시오. 당신과 나는 생명을 가지고 있는 소중한 존재입니다.

우리가 이것을 깨달을 때 어떻게 사람 죽이는 무기를 사람 살리는 무기로 바꿀 수 있는지에 대한 답도 쉽게 찾아낼 수 있을 것입니다.

당신은 나와 함께 이런 꿈을 꾸고 함께 기도하지 않겠습니까? 그래서 전 세계를 공포의 도가니로 몰아넣고 있는 종교전쟁을 막고 사람 죽이는 무기를 사람 살리는 무기로 바꾸는 데 앞장서지 않겠습니다. 나는 진정으로 당신이 나와 함께 이 일을 하기를 간절히

---

95) 나는 이 새벽에 미국 국가의 상상에 취해 당신들의 모든 것; 즉 정치, 경제, 사회, 문화, 예술, 종교, 교육, 가정생활 등에 만사형통이 임하기를 기도합니다.

기대하고 또 기도합니다.

죄 짓지 않기 위해 어머니가 중요하다

내가 앞에서 당신 나라의 풀 한 포기, 벌레 한 마리, 심지어 땅속에 무엇이 있는지 몰라도 땅속 자원과 물과 공기까지 기도한다고 고백했었습니다.

왜 그런 하찮은 것까지 기도하냐고 질문하시렵니까? 내가 이런 미물에까지 기도하는 데는 나름 이유가 있습니다. 그만큼 간절하기 때문입니다.

나의 나라 옛말에 지성이면 감천이라는 말이 있습니다. 지극 정성을 쏟다 보면 하늘도 감동한다는 이야기입니다.

내가 당신 나라를 위한 기도에 지극 정성을 쏟다 보니 이제 당신 나라의 풀 한 포기, 벌레 한 마리, 땅속 자원과 물과 공기까지도 중요하다는 사실을 깨닫게 되었습니다.

그래서 오늘도 나는 당신 나라의 풀 한 포기, 벌레 한 마리, 땅속 자원과 물과 공기까지도 기도하게 되었던 것입니다.

내가 당신 나라와 당신을 위해 이토록 지극정성으로 간절히 기도할 수밖에 없는 이유는 너무도 명징합니다.

지금 전 세계의 문제들이 모두 당신 나라에 달려 있다고 생각하기 때문입니다.

하나님 열망의 상징이자 세계의 중심국가인 당신 나라가 다시 역

할을 해주어야 지금 전 세계에서 일어나는 문제들을 해결할 수 있다고 믿기 때문입니다.

문제는, 당신 나라마저 흔들리고 있다는 소식이 자꾸 들려와 나를 안타깝게 만든다는 사실입니다.

쾌락을 추구하는 사람들이 잘못된 생각에 빠져 한때 동성애의 합법화를 주장하고 나왔었습니다. 놀랍게도 당신 나라 정부가 이를 인정해주었습니다.

아아! 세계 최고의 당신 나라가, 가장 거룩해야 할 당신 나라가 남자끼리, 여자끼리의 결혼까지 법적으로 허락해준 것입니다. 감사하게도 이후 다시 동성애의 합법을 취소한 것은 매우 다행입니다.

인간이 윤리와 도덕을 지킬 때 하나님의 축복을 받을 수 있습니다.

나는 굳건히 믿고 있습니다. 그 옛날 당신의 선조들이 전 세계를 멋지게 다스려주었던 것처럼 당신도 그 역할을 충분히 해낼 수 있기 때문입니다.

미합중국의 사람이여! 좁은 자신의 세계에서 빠져나와 드넓은 세계와 우주를 바라보세요.

얼마나 아름다운 세계이고 얼마나 할 일이 많은 세상입니까?

혹 지금 마음에 상처가 있고 혹 지금 근심과 낙심에 빠져 있더라도 힘을 내세요. 당신에게는 하나님이 있지 않습니까! 하나님이 함께한다면 상처는 얼마든지 치유할 수 있고 근심과 낙심은 얼마든지 극복할 수 있지 않습니까!

---

96) 미국 국민이 선출한 권력자, 지도자, 책임자들이 지혜롭고 명철하며 정직, 정의, 양심으로 최선 다하기 위해 기도합니다. 또 성령의 카리스마를 갖춘 지도자로서 넓은 세상을 바라보며 진실하게 직무를 수행할 수 있기를 위해 하나님께 기도합니다.

다음 찬송가 300장의 가사를 음미해 보세요.

내 맘이 낙심되며 근심에 눌릴 때
주께서 내게 오사 위로해 주시네
가는 길 캄캄하고 괴로움 많으나
주께서 함께하며 내 짐을 지시네

희망이 사라지고 친구 날 버릴 때
주 내게 속삭이며 새 희망 주시네
싸움이 맹렬하여 두려워 떨 때에
승리의 왕이 되신 주 음성 들리네

번민이 가득 차고 눈물이 흐를 때
주 나의 곁에 오사 용기를 주시네
환란이 닥쳐와서 슬픔에 잠길 때
주님의 능력 입어 원수를 이기네

지금 당신의 마음이 낙심되고 근심에 눌려 있습니까? 하나님이
새 희망을 주실 것입니다.
지금 당신의 희망이 사라지고 친구가 당신을 버려버렸습니까?
하나님이 새 희망을 주실 것입니다.
지금 당신의 마음에 번민이 가득 차고 눈물이 흐릅니까?

하나님이 용기를 주실 것입니다.

나의 기도는 끝이 없습니다. 기도를 하다 보면 더욱더 깊은 발원지를 찾아 더 깊이 더 깊이 들어가게 마련입니다. 그렇게 발원지를 찾고 찾아 내가 도착한 곳은 DNA입니다. DNA야말로 모태의 근성, 성격, 인격에 영성까지 담고 있을 테니 말입니다.

하지만 지금 나는 정자와 난자까지 기도하는 수준입니다.

정상인의 염색체 수는 46개라고 합니다. 그렇다면 정상적인 정자와 난자가 만들어지기 위해 정상적인 염색체를 가진 정자와 난자가 만들어져야 합니다.

나는 당신 나라 모든 산모가 이 정상적인 염색체를 가진 정자와 난자를 생산하기를 기도합니다.

아마 그 정자와 난자에 태어날 아기의 성격, 성질, 정서, IQ와 EQ 등 기본적인 요소들이 다 담겨 있을 것입니다. 이때 나는 정자와 난자 속에 담긴 성격, 성질, 정서, IQ와 EQ 중에서 좋은 것은 남기고 나쁜 것은 다 제거되기를 위해 기도합니다.

그러기 위해서는 깨끗하고 건강한 정자, 깨끗하고 건강한 난자가 생산되어야 할 것입니다.

이 정자와 난자가 깨끗해야, 이 정자와 난자가 건강해야, 이 정자와 난자가 정직해야 비로소 하나님의 뜻에 합하는 깨끗하고 정직한 사람이 태어나지 않겠습니까.

그래야 이 세상에 악의 분자가 없어져서 고집, 오기, 살기, 살인,

---

97) 미국의 선교사가 1882년부터 사론의 꽃 장미의 사랑의 꽃 씨앗을 대한민국에 심었습니다. 이 씨앗이 성장하여 온 세상에 심어지고 있습니다. 그 은혜와 축복에 감격하여 당신의 온 마음과 육신과 영혼이 범사에 잘 되기를 위해 기도합니다.

전쟁, 증오, 오만, 탐욕 등 죄의 근원이 제거되지 않겠습니까.

오! 하나님이여, 먼저 당신 나라 남자들과 산모들의 정자와 난자를 깨끗하게 하여 주시옵소서!

그리하여 깨끗한 결합으로 태어나는 아이들이 펼칠 인류의 미래 역시 죄 없이 맑고 깨끗하며 행복한 세상이 펼쳐질 수 있도록 인도하여 주옵소서!

전 세계 나라들의 산모를 위하여

이제 나의 시선은 당신 나라를 떠나 전 세계로 향합니다. 당신은 전 세계에 얼마나 많은 산모들이 있는지 아십니까?

최근 자료는 없으나 〈60억 인구, 르네 에스퀴디에 저〉라는 책에 의하면 1년에 태어나는 신생아가 대략 1억 3천만 명이라 했습니다. 지금은 인구가 이보다 더 늘어났으니 1년에 태어나는 신생아의 수도 이보다 더 많아졌을 것입니다. 이를 기준으로 대략 전 세계 산모들의 수를 어림해도 연간 1억 3천만 명은 훨씬 넘는다고 봐야 할 것입니다.

이제 나는 이 산모들을 위해 기도해야 합니다. 전 세계 1억 3천만 명이 넘는 산모들을 위해 기도하는 것입니다. 왜 내가 이 산모들을 위하여 기도하는지는 이제 당신도 알 것입니다. 산모가 건강하고 맑은 정신과 밝은 생각, 평화의 마음을 가지고 있어야 정신과

육체가 건강한 아이가 태어날 수 있지 않겠습니까?

　하지만 내가 전 세계 산모들을 위해 기도하는 이유가 따로 하나 더 있습니다. 그것은 지금 전 세계의 경제 상황이 녹록하지 않기 때문입니다. 당신은 지금 전 세계의 경제 상황이 얼마나 열악한지 알고 있습니까? 당신 나라같이 선진국에 살거나 적어도 나의 나라 정도의 경제 수준에 사는 사람들은 도저히 이해할 수 없을 정도로 열악합니다.

　2015년 세계은행 발표에 의하면 전 세계 70억 정도의 인구 중 하루 $1.9달러로 살아가는 극빈곤층이 7억 명 이상이라 합니다. 당신은 이 수치를 보면서 무엇을 느낍니까?

　극빈곤층이란 하루 살아가기도 벅차 기아에 허덕이는 사람들을 말합니다. 이런 사람들이 현 지구상에 7억 명이 넘는 인구가 있다는 이야기입니다. 나는 이 수치를 보며 그야말로 절규하지 않을 수 없습니다.

　왜 이처럼 현대 과학 문명이 발달한 시대임에도 언제 굶어 죽을지 몰라 공포에 떨며 살아가는 사람들이 이처럼 많아야 한단 말인가요. 당신은 이 문제를 어떻게 보십니까? 이 문제에 대한 하나님의 역사가 있어야 한다고 생각하지 않습니까?

　이처럼 기형적인 모습의 세계를 보면서 어찌 전 세계 산모들을 위해 기도하지 않을 수 있겠습니까. 당연히 기도해야 할 것입니다. 나는 먼저 빈곤한 나라의 산모들을 위해 기도하기 전에 빈곤하지

---

98) 미국의 사계절을 보며 봄에 씨앗을 심고 여름에 가꾸며 가을에 알곡을 거두는 장면을 떠올립니다. 그리고 겨울에 온 땅이 영하날씨에 눈으로 얼어붙은 가운데서도 하나님의 보호하심을 위해 기도합니다.

않은 나머지 나라의 산모들을 위해 기도합니다. 내가 빈곤층이 아닌 나라의 산모들을 위해 기도하는 이유는 그 태속에 있는 아이들이 사랑과 정의에 충만한 아이들로 태어나기를 원하기 때문입니다. 그래서 이 아이들이 자라서 나머지 빈곤한 나라들을 위해 사랑과 헌신을 베푸는 어른으로 성장해 달라는 간절한 바람에서 나는 빈곤하지 않은 나라의 산모들을 위해 기도하는 것입니다.

그리고 나는 절대빈곤에 허덕이고 있는 나머지 나라의 산모들을 위해서도 기도합니다.

내가 빈곤한 나라의 산모들을 위해 기도하는 이유는 그 태속에 있는 아이들이 불우하고 극단적인 환경에서 태어나더라도 낙심하거나 절망하지 않고, 절대 포기하거나 좌절하지 않고 오히려 더 훌륭한 사람이 되어 달라는 간절한 바람 때문입니다.

당신은 나의 이 뜻에 대하여 어떻게 생각하십니까?

어떻게 살 것인가?

세상에 이렇게 어려운 사람이 많은 이때 우리는 어떻게 사는 것이 바르게 사는 것일까요?

그냥 어려운 사람들이 있든 말든 잘 사는 사람들끼리만 사는 게 바른 삶일까요? 아마 이 질문에 "예"라고 답할 수 있는 사람은 아무도 없을 것입니다.

그렇습니다. 어려운 사람을 외면하지 말고 살라고 하는 것은 우리 양심의 소리가 이미 그렇게 말하고 있습니다.

인간에게는 양심이라는 게 있고 그 양심에 따라 살지 않을 때 인간은 절대 행복할 수 없는 법입니다. 이미 우리 양심의 소리는 이렇게 말하고 있습니다. 어려운 사람들을 외면하지 말고 그들도 함께 살 수 있게 해 주라고! 말입니다.

이제 나는 당신에게 고합니다. 나는 저 불우한 세계인들을 위해 살기로 결심했다는 것입니다. 그것이 올바른 발걸음이라 믿었기에 나는 이런 결심을 할 수 있었습니다.

그런데! 나는 내가 결심한 이 길을 당신도 함께 걷기를 간절히 소망합니다. 왜냐하면 당신은 당연히 그들을 위해 살아야 하는 1등 국가의 국민이기 때문입니다. 한 집안에서도 잘 사는 형이 못 사는 동생을 이끌어주는 법입니다. 당신 나라는 이미 세계 모든 나라들의 맏형 뻘 나라입니다.

그러니 못 사는 동생 나라들을 위해 뭔가 도움을 주어야 하는 것은 당연하지 않겠습니까!

나의 나라 훌륭한 인물 중에 백범 김구 선생이 있습니다. 그는 후손에게 다음과 같은 말을 남겼습니다.

"눈길을 걸을 때는 항상 조심해야 합니다. 내가 남긴 발자국이 뒤따르는 사람의 길이 되기 때문입니다."

그렇습니다. 당신과 내가 남긴 발자국이 뒤따르는 사람들의 길이

---

99) 당신께서 하나님을 처음 만났을 때 얼마나 감격했나요? 외롭고 쓸쓸한 가운데 있는 사람도 온갖 죄악으로 몹쓸 병에 든 절망적 상황 가운데 있는 사람이라도 하나님께서 구원의 손길을 베풀어 형제를 구원하고 영혼을 구원해 주시기를 위해 기도합니다.

되는 것입니다.

그렇다면 지금 당신도 나와 함께 올바른 발자국을 내디뎌야 하지 않겠습니까?

혹 그릇된 발자국을 딛고 있다면 지금 이 순간 마음을 돌이켜 올바른 발자국을 내딛도록 합시다.

그러면 당신의 올바른 발자국은 어느 날 훌륭한 발자국이 되어 있을 것입니다. 당신의 선조들이 훌륭한 발자국을 내디뎠던 것처럼! 당신도 충분히 그런 발자국을 내디딜 수 있을 것입니다.

오! 하나님이여,

지금 지구상에 굶주리고 있는 나라의 사람들을 위해 먼저 미국인과 제가 바른 삶을 살아갈 수 있도록 힘을 주시옵소서!

그리고 바른 삶에서 나오는 힘을 바탕으로 어려운 나라의 사람들을 위해 살 수 있는 힘도 주시옵소서.

지금은 아무것도 보이지 않으나 하나님이 도와주신다면 나와 당신은 반드시 이 삶을 성공적으로 살아갈 수 있다고 믿습니다.

오 하나님이여, 나와 당신에게 독수리 날개 쳐 올라가는 힘을 주시옵소서!

소외받는 나라들의 정의와 인권을 위해

선교의 추억!

이제 나는 당신에게 나의 해외 선교 이야기를 또 들려주고자 합니다. 다른 권에도 선교 이야기가 있음에도 불구하고 또 들려주려 하는 것은 그만큼 내가 항상 당신 나라가 나의 나라에 선교사를 보내주었던 일에 감사하고 있기 때문입니다.

당신 나라 선교사들의 희생과 헌신이 있었기에 오늘날 나의 나라가 있을 수 있다고 생각하기 때문입니다.

마찬가지로 나는 이제 나도 당신 나라 선교사들처럼 다른 나라에 도움을 주는 존재가 되고 싶었습니다.

그러나 항상 그러한 생각만 가지고 있었을 뿐 실제 행동으로 옮기지는 못하고 있었습니다.

그만큼 젊은 시절 나의 삶은 가난하고 치열했기 때문이었습니다.

목구멍 풀칠하기도 어려웠던 나의 삶은 결혼 이후 조금씩 풀리기 시작했습니다.

그리고! 내 나이 삼십 대 후반이 되었을 때 나는 신문광고 사업으

---

100) 나의 마음속에 있는 미국인은 하나님께서 사랑하는 백성입니다. 하나님은 미국에게 강성대국의 축복과 은총을 허락하였습니다. 그러니 정결한 마음으로 하나님의 계명에 순종합시다. 미합중국 국민이 받은 축복과 은총에 보답하여 온 세상 인류에게 사랑을 베풀기를 위해 기도합니다.

로 이제 생활이 조금 나아지게 되었습니다.

그야말로 하나님의 축복이 아닐 수 없었습니다.

이때부터 나는 다른 사람을 돕는 삶에 서서히 눈을 뜨기 시작했습니다. 내 가슴에는 언제나 당신 나라의 선교사들이 있었기에 나도 그런 일을 하고 싶었던 것입니다. 뜻이 있는 곳에 길이 있다고 했던가요.

나는 서른아홉의 나이에 CBMC란 곳을 처음으로 알게 되었습니다.

이곳은 '기독실업인회'라는 곳으로 비즈니스가 하나님 뜻대로 이루어지기를 추구하는 사람들로 모인 단체입니다.

즉, 기독실업인(사업가, 경영인)과 기독 전문인(의사, 변호사, 회계사, 세무사, 법무사, 교수…)들이 20명~수십 명 단위로 모여 사역하는 초교파적, 국제적 기독교 기관이라 할 수 있습니다.

CBMC는 1930년 당신 나라의 시카고에서 생긴 모임으로 Christian Business Men's Committee의 첫 글자를 따 CBMC라는 이름으로 불리게 되었다고 합니다.

나는 당신 나라에서 생긴 기독교 모임에 나간다는 생각에 부푼 가슴을 억누를 길 없었습니다. 그리고! 그동안 교회 안의 신앙생활에만 갇혀 있었던 나는 CBMC를 통해 놀라운 눈을 뜨게 되었습니다. 바로 해외 선교를 향한 눈이었습니다!

과거 당신 나라 선교사들이 나의 나라에 구원의 손길을 뻗었던 것처럼! 이제 나도 당신 나라 선교사와 같은 역할을 하게 될 것이

란 꿈을 꾸게 된 것입니다. 비로소 그동안 항상 가슴에 품어왔던 꿈을 펼칠 시기가 도래한 것입니다.

나는 이 시기에 3천 명 이상이 모이는 큰 교회에 다녔는데 그곳은 해외 선교를 활발히 하는 곳이었습니다.

그 교회는 전 세계 20~30개국에서 선교 사역을 펼치고 있었습니다. 아시아의 싱가포르, 필리핀, 인도, 이란, 중국, 일본… 볼리비아 등 남미 서너 개국, 호주, 뉴질랜드… 케냐, 탄자니아 등 아프리카 네댓 개국… 그야말로 어느 한쪽에 치우치지 않게 전 세계 오대주에 걸쳐 골고루 선교를 하는 그런 교회였던 것입니다.

이때부터 나는 이 교회 목사님을 따라 해외 선교를 다녔었습니다. 순수 선교 목적으로 갔던 곳이 10여 개국!, 개인적인 선교 목적으로 갔던 곳까지 합하면 20개국이 넘는 나라를 선교하고 다녔었습니다. 내 나이 사십대를 거의 선교를 다니는 데 썼다고 할 만큼 나는 해외 선교에 열심을 내었었습니다.

해외 선교를 나갈 때면 목사님은 돈 가방을 준비하십니다. 물론 돈 가방은 어려운 생활을 하고 있을 선교지 주민들에게 나눔을 하기 위해서입니다.

그 목사님과 함께 선교를 나갈 때면 나도 내가 나눔을 할 별도의 돈을 준비해 나가곤 했었습니다.

모든 곳의 기억이 다 소중하지만 아프리카 탄자니아와 인도에 갔을 때의 기억은 지금도 내 가슴에 흥분됨으로 남아 있습니다.

당신은 다섯 시간 동안 예배를 드리는 모습을 본 적이 있습니까?

---

101) 내가 본 당신의 마음은 언제나 기쁨과 평안과 감사가 넘쳐서 행복한 모습입니다. 나는 이에 감동받아 당신의 얼굴에 항상 환한 천사의 미소와 평안과 감사가 있기에 위해 기도합니다.

나는 아프리카 탄자니아에서 이 장면을 목격할 수 있었습니다.

우리가 갔던 교회는 시설이 아주 미약하여 보수가 꼭 필요해 보이는 그런 곳이었습니다. 오죽하면 창문도 없을 정도였습니다.

이에 함께 갔던 목사님께서 시설 보수에 1000달러를 기부하겠다 하자 "와!" 하는 함성소리와 함께 우레와 같은 박수소리가 터져 나왔습니다.

그런 교회에서 아침부터 시작된 예배가 점심시간을 넘어서고 오후 늦게까지 계속되었습니다. 허기가 져서 힘들 텐데도 아무도 내색하지 않습니다.

오히려 그들이 찬송이라도 부를라치면 나의 나라 예배처럼 조용히 거룩하게 부르는 것이 아니라 박수를 치고 춤을 추며 온몸으로 찬송을 부르며 예배를 드립니다. 도대체 이들은 왜 다섯 시간 동안이나 열정적인 예배를 드리는 걸까요?

나중에야 나는 그 이유를 알 수 있었습니다. 이곳의 교회는 여기에 참석한 성도들이 사는 곳에서 매우 멀리 떨어진 곳입니다. 그래서 이 성도들은 교회에 한 번 오기가 쉽지 않습니다.

교회는 일주일에 딱 한 번밖에 올 수가 없습니다.

오직 한 번 드리는 예배이기에 이토록 열정적으로 긴 시간 동안 예배를 드렸던 것입니다.

오! 하나님, 이들을 통하여 예배의 소중함을 다시금 되새기게 하시니 감사, 또 감사합니다! 나는 그저 예배가 조금이라도 길어질라

치면 몸을 비틀고 짜증까지 낸 적도 있었건만, 이들의 가난한 예배
는 어찌 이토록 뜨겁고 열정적이란 말입니까!

하나님의 사랑이 그토록 감동적이기 때문일까요,

하나님의 은혜가 그토록 놀랍기 때문일까요?

그때 나는 보았습니다. 열정적으로 예배를 드리고 있는 그들의
모습은 잃었던 생명을 다시 찾은 모습이었습니다. 기뻐 춤추며 하
나님을 찬양하는 모습은 어둠에서 광명을 찾은 모습이었습니다.

오! 하나님 감사합니다. 이들에게 광명을 주신 것처럼 아직도 고
통받고 있는 아프리카 전체 사람들에게도 광명을 주시옵소서!

성가대의 예쁜 흑인 여자아이의 눈빛

그날 예배를 드리는데 나는 유난히 초롱초롱한 눈빛을 발견하였
습니다. 그것은 성가대에서도 가장 밝게 빛나는 눈빛이었습니다.
그것은 한 여자아이의 눈빛이었습니다.

내가 흑인의 나이를 가늠할 줄 몰라 나이를 알 수 없었지만 매우
예쁜 얼굴의 여자아이였습니다.

그런데 그 여자아이의 초롱초롱한 눈빛이 바로 나를 향하고 있었
습니다. 그 아이의 눈에는 동양인인 나의 모습이 무척이나 신기하
게 보였던 모양이었습니다.

그래서인지 흑인 여자아이는 나의 모습을 놓칠 새라 뚫어져라 쳐

102) 우주를 바라보며 광활한 하나님의 무한한 능력을 바라보게 됩니다. 우주공간 속에서
당신과 나, 인류에게 하나님의 무한한 사랑이 임하기를 위해 기도합니다.

다보았습니다. 그 모습은 마치 나의 나라 신도들이 당신 나라 선교사들을 신기한 눈으로 바라보던 그것과 너무도 닮아 있었습니다.

나 역시 어린 시절 교회에 나타난 당신 나라 선교사의 푸른 눈빛을 신기하고 신비스러운 마음으로 뚫어져라 쳐다봤던 기억이 있습니다.

아아! 그 순간 나의 뇌리를 스쳐간 얼굴이 있었으니 바로 당신 나라의 빌리 그래함 목사였습니다. 내가 신문배달하던 시절 당신 나라의 빌리 그래함 목사가 나의 나라를 방문하였고 나의 나라 여의도에서 대규모 집회를 한다는 소식을 듣고 나는 흥분하지 않을 수 없었습니다. 그 당시 내가 그토록 사모하던 당신 나라 사람이, 그것도 가장 훌륭하다는 목사님이 온다는 소식에 나는 보급소 소장 몰래 그 집회장으로 향하였었습니다.

그것도 나 혼자가 아니라 보급소에서 신문배달하던 아이 예닐곱 명을 데리고서 말입니다.

그때 나는 겁이 많았고 또 보급소 소장을 무척이나 두려워하고 있었으므로 도저히 그런 행동을 할 수 없었는데도 당신 나라의 목사님이 온다는 말에 그만 이성을 잃고 말았던 것입니다.

그날 집회에는 100만 명 이상이 모였는데 나는 지금도 그날 집회에서 본 빌리 그레함 목사님의 모습을 잊을 수 없습니다.

떡 벌어진 어깨에 하얀 피부, 오뚝한 콧날, 뚜렷한 이목구비… 어느 하나 나를 압도하지 않는 게 없을 지경이었습니다.

그때 어느 장님이 나와 '내 주를 가까이'라는 찬송가를 불렀을 때 나는 그만 숨이 멎는 것만 같은 감동에 휩싸였었습니다.

내 주를 가까이하게 함은
십자가 짐 같은 고생이나
내 일생 소원은 늘 찬송하면서
주께 더 나가기 원합니다

그때 나는 너무도 고생하는 가운데 있었기에 '십자가 짐 같은 고생'이라는 가사가 그렇게 내 가슴에 와닿을 수가 없었습니다.

그때 김장환 목사님이 통역을 유창하게 하셨습니다. 그런데 그 장님 가수가 6.25 사변 때 어린아이였는데 눈을 실명한 후 미국으로 입양 가서 하나님의 은혜를 받아 이곳에 온 것이라는 말에 놀라움을 금할 수 없었습니다.

그런데 탄자니아에 있던 지금 그 찬송가가 지금 탄자니아 소녀가 부르는 찬양과 오버랩되는 느낌에 사로잡힌 것입니다.

나는 그 흑인 소녀의 눈망울에 감동한 나머지 예배가 끝나고 그 소녀를 따로 만났습니다. 알고 보니 나의 예상대로 그 흑인 소녀는 외국인을 처음 봐서 신기한 나머지 나를 뚫어지게 쳐다보았다고 고백했습니다.

아아! 그 모습은 그 옛날 나의 모습과 너무도 닮아 있었던 것입니다. 나는 그 순간 그 소녀에게 뭔가를 베풀고 싶은 강한 충동을 느

---

103) 하나님의 큰 꿈을 바라보며 미국의 어머님들을 위해 기도합니다. 미국 어머니의 자녀 교육이 과거, 현재, 미래의 1등 국가를 만드는 원동력의 시초를 제공했습니다. 이에 미국 어머니들과 미국 가정의 행복과 능력을 위해 기도합니다.

껐습니다. 그래서 통역을 통해 그 소녀에게 돈을 좀 주고 싶다고 했습니다. 그랬더니 통역이 깜짝 놀라며 흑인 아이들에게 절대 돈을 줘서는 안 된다고 했습니다.

그래서 어쩔 수 없이 발길을 돌려야 했지만, 나는 아직도 탄자니아의 그 흑인 소녀의 눈빛을 잊을 수가 없습니다.

그 긴 예배 후, 나를 더욱더 감동시킨 사건이 있었습니다.

사람들이 현물로 계란, 바나나, 사탕수수, 닭, 과일, 옷가지, 신발, 가재도구 등을 가져왔습니다. 그런데 이걸 경매에 부친다는 것입니다. 그래서 나온 수익금은 모두 교회에 헌금하는 방식이었습니다.

우리는 이미 이들을 도우려는 생각에 돈을 준비하여 가져왔기에 경매에 나온 물건들을 고가에 사들였습니다.

어차피 그 돈은 교회에 헌금하는 것이니까요. 그리고 그렇게 사들인 물품들을 교회 사람들에게 다 나눠줬습니다. 어찌나 유쾌한 시간이었는지 모릅니다.

더욱 내 감정을 폭발시킨 일은 그다음에 일어났습니다. 오전 10시부터 시작된 예배가 오후 3시나 되어서 끝났으니 얼마나 배가 고팠겠습니까. 그런데 교회 식당에서 우리 선교팀 5명에게 식사 대접을 한다며 정성을 쏟기 시작했습니다. 닭고기와 밥이 나오고 수프와 김치 종류에 나물까지도 나옵니다. 얼마나 차림상이 푸짐하던지 눈물이 나올 지경이었습니다.

그런데 이 음식을 대접하는 여성들의 차림새가 예사롭지 않습니다.

예쁘게 옷을 차려입고 우리에게 밝은 미소로 음식을 서빙하는 모

습이 마치 나의 나라 교회 여전도회장의 모습을 연상하게 합니다.

그 모습이 얼마나 밝고 거룩하고 아름답고 성스러운지 나는 지금도 그때의 좋은 인상이 내 기억에 터질 듯 남아 있음을 고백하지 않을 수 없습니다.

그때 나는 비로소 비록 이들이 아프리카에 사는 흑인들이지만 하나님 안에서 나와 하나구나, 하는 생각을 하게 되었습니다.

거기에는 사랑이 들어 있었고, 희망이 들어 있었으며, 인류가 그토록 염원하는 최고의 기쁨이 들어 있었습니다.

지금도 그때를 생각하면 가슴이 뭉클뭉클함을 당신에게 고백하지 않을 수 없습니다. 그리고 나는 다시 기억을 나의 나라 과거로 돌려 당신 나라 선교사들을 떠올려봅니다.

그때 당신 나라 선교사들이 나의 나라에 왔을 때 나의 나라 사람들도 선교사님을 대접하기 위해 씨암탉을 잡고 잔치를 베풀었던 그시절의 아름다운 추억을, 말입니다.

그런 면에서 이 아프리카 사람들도 나의 나라 사람들도 그리고 당신 나라 사람들도 하나님 안에서 하나인 것입니다.

오! 하나님 이 아프리카 사람들에게 하나님의 축복을 가득 부어 내려 주시옵소서! 당신과 나의 나라 사람들에게도 마찬가지 축복을 내려 부어 주시옵소서!

---

104) 미합중국 국민 한 사람 한 사람이 하나님의 용맹스러운 용사가 되어 하나님의 나팔소리로 원수를 물리치고 세계 인류와 미합중국을 위하여 승전가를 부르기를 기도합니다.

너무도 어려운 아프리카의 상황

당신은 아프리카에 대하여 어느 정도 알고 있습니까? 지금 아프리카의 문제는 무엇일까요?

우리가 TV 같은 것을 통하여 본 아프리카의 모습은 그저 초원에서 한가롭게 노니는 기린이나 얼룩말 정도 생각할지 모르나 내가 본 아프리카는 생각보다 훨씬 심각한 상황이었습니다. 당신은 케냐의 나이로비를 잘 알고 있을 것입니다. 아프리카 최대의 도시! 그러나 그 나이로비에 세계 최대의 빈민가가 있다는 사실도 알고 있습니까? 그곳에는 나의 나라 수도인 서울 여의도의 절반이 넘는 넓이에 무려 70만 명이 넘는 사람들이 빼곡히 모여 살고 있는 빈민촌 키베라가 있습니다! 이 키베라가 바로 아프리카 최대의 슬럼가입니다.

키베라는 마치 거대한 쓰레기 더미 속에 사는 마을을 연상시킵니다. 화장실이 500~1,000명당 하나 꼴이니 이곳이 왜 쓰레기 더미 마을이 되었는지 이해가 될 것입니다.

마을에 오물이 넘쳐나니 당연히 말라리아, 장티푸스, 콜레라를 달고 삽니다.

물론 키베라의 최고 문제는 역시 절대빈곤입니다. 이곳의 아이들은 한 끼 밥을 해결하기 위해 오늘도 사투를 벌이고 있습니다.

공부는 꿈도 꿀 수 없으며 배를 채우기 위해 일을 해야 합니다.

물론 이런 상황에서 좋은 일, 나쁜 일 따질 수도 없습니다. 닥치는 대로 배를 채우기 위한 일을 할 뿐입니다. 상황이 이렇다 보니 키베라에는 험악한 기운이 감돕니다. 실제 이곳에 선교하러 들어

갔던 선교사가 가지고 갔던 모든 것을 빼앗긴 채, 심지어 옷까지도 다 빼앗긴 채 도망쳐 나와야 했을 정도로 이곳의 빈곤과 기아 문제는 심각한 상황입니다.

아프리카의 문제는 비단 빈곤의 문제만이 아닙니다. 지금 아프리카를 휩쓸고 있는 에이즈 문제 역시 심각하다 하지 않을 수 없습니다.

내가 아프리카에 왔을 때 선교사 10여 명이 아프리카의 문제에 대해 이야기하는 것을 들은 적이 있습니다.

에이즈를 이대로 방치하면 앞으로 10년 후에 절반의 사람들이 목숨을 잃을지도 모른다는 끔찍한 이야기였습니다. 실제 이곳 키베라에만 5만 명 이상의 에이즈고아들이 있다고 할 정도였습니다.

지금까지 전 세계적으로 에이즈로 세상을 떠난 사람은 총 2천5백여 만 명에 이른다고 했습니다.

'UN 에이즈 글로벌 리포트 2013'에 따르면 2012년 한 해 동안 에이즈에 감염된 신규 환자 수도 230여만 명에 이른다고 합니다. 누적 에이즈 환자 수는 수천만 명에 이르는 것입니다.

그런데 이런 전 세계 에이즈 환자 중 아프리카 사하라 사막 이남에 67%가 몰려 있다고 합니다. 이는 아프리카에만도 수천만 명의 에이즈 환자가 있음을 뜻합니다.

당신은 나의 이야기를 들으며 무엇을 생각하십니까?

지금 아프리카 사람들은 절대빈곤과 온갖 질병, 특히 에이즈로 고통받으며 살아가고 있습니다. 물론 아프리카 외에도 기아와 질병으로 고통받는 곳이 있지만 전 세계의 기아와 질병이 유독 아프리

---

105) 우선 미국의 기업 20만 개를 기도하고 나아가 30만 개, 100만 개를 위해 기도합니다. 이 회사들이 세계적인 회사로 거듭나 인류와 미합중국의 발전에 이바지할 수 있기를 위해 기도합니다.

카에 집중되어 있다는 사실을 알아야 합니다.

당신은 왜 유독 이곳의 사람들이 이런 고통 가운데 지내야 한다고 생각합니까? 도대체 이 고통의 원인이 무엇이라고 생각합니까?

한 집안에서도 동생이 기아와 질병에 허덕이는데 형이 나 몰라라 할 수는 없는 노릇입니다.

나는 이것이 국가와 국가 간에도 마찬가지라 생각합니다. 궁극적으로 온 인류는 한 뿌리, 바로 아담에서 나왔으니까요.

그러니 아프리카의 고통을 지켜보면서 이제 당신과 내가 가만히 있으면 안 된다고 생각합니다. 최고 큰 형님 나라의 국민인 당신이 먼저 앞장서야 할 것이요, 나도 할 수 있는 한 힘을 돕겠습니다. 아마도 그럴 때 전 세계 열방의 나라들이 아프리카를 위해 기도하며 구원의 손길을 뻗칠 것입니다.

나는 그날을 학수고대하며 오늘도 아프리카를 위해, 당신과 당신 나라를 위해 간절히 기도하고 있습니다.

무엇보다 아프리카를 위해 당신과 내가 해야 할 일은 아프리카가 스스로 일어나 생활할 수 있도록 꿈과 용기와 희망을 심어주는 일입니다.

당신은 충분히 이런 일을 할 수 있는 자질과 능력을 가지고 있습니다. 그러니 용기를 가지고 나와 함께 이 일을 해나가시지 않으시렵니까? 하나님께서 이 일을 함께 하실 것입니다.

두려워 말라 내가 너와 함께 함이니라 놀라지 말라 나는 네 하나

님이 됨이니라 내가 너를 굳세게 하리라 참으로 너를 도와주리라
참으로 나의 의로운 오른손으로 너를 붙들리라

-이사야 41:10-

아프리카의 죄를 용서하소서

당신은 왜 아프리카가 이런 고통 가운데 있어야 한다고 생각하십
니까? 아프리카는 왜 지구상에서 버려진 땅처럼 되어버렸다고 생
각하십니까?

나는 이 모든 것 역시 인간의 죄 때문이라고 생각합니다. 당신은
아프리카가 서구 열강의 등장 이래 몇 세기 동안 식민지였다는 사
실을 잘 알고 있을 것입니다. 이후에 비록 독립을 했지만 지금 아
프리카에는 여전히 식민지의 잔재가 그대로 남아 있습니다.

그들은 자신들이 식민지였을 때 노예처럼 생활했던 그대로 지금
도 생활하고 있는 것입니다. 지금 아프리카 땅에는 그때 서구 열강
들이 들어와 자신들의 욕심을 채우기 위해 마구 저질러 놓은 죄를
그대로 유전 받아 여전히 죄 가운데 살아가고 있습니다. 당신은 이
사실을 알고 있습니까?

그때 서구 열강들은 아프리카 땅에 와서 흑인들을 노예 삼아 마
음껏 착취하며 자신들의 배를 채웠었습니다.

그런데 아프리카가 독립된 지금도 이번에는 아프리카의 정치를 휘
두르는 사람들이 그 일을 똑같이 이어받아 서민들을 상대로 악행을

---

106) 미합중국의 대학교를 4000개로 알고 있지만 이름을 다 알 수는 없습니다. 이 많은 대
학교가 미합중국과 세계의 인류에게 희망의 참 교육을 제공하기 위해 기도합니다.

저지르고 있으니 이것이 도대체 어찌 된 일입니까? 당신은 이것을 이해할 수 있습니까? 지금도 케냐, 탄자니아 등 아프리카 여러 나라에서는 권력을 휘두르는 자 몇몇이 나라의 모든 부를 차지하고 그들은 마치 임금님처럼 떵떵거리며 살고 있습니다. 반대로 서민들은 하루 끼니를 걱정해야 할 만큼 어려운 생활을 이어가고 있습니다.

도대체 인간이 사는 사회는 왜 이렇게 흘러가야만 한단 말입니까? 인간의 악은 왜 이토록 사악하기 그지없을까요?

당신은 이 현실이 통탄스럽지 않습니까?

나라가 워낙 못살다 보니 아프리카의 나라들 대부분이 외국 원조를 받는 경우가 많습니다. 이렇게 주어지는 원조는 분명 굶주리고 있는 아프리카 사람들을 살리기 위해 사랑의 뜻으로 보내주는 돈입니다.

그런데 아프리카의 권력자들은 이 돈마저 갈취해버립니다. 이 돈마저 자기와 자기 친인척들 배를 채우는 데 써버리는 것입니다.

이 때문에 아프리카 최대의 도시라 일컫는 나이로비의 도로 사정은 정말이지 형편없는 수준에 머물러 있습니다. 노선이 몇 개 되지 않아 불편할뿐더러 있는 도로마저도 곳곳이 움푹움푹 파여 있어 마치 스릴러를 연상케 할 정도입니다. 이것도 분명 외국에서 도로를 잘 닦으라고 원조를 보내주었는데도 그 돈마저 떼어먹어 버려 이런 일이 벌어진 것입니다.

왜 인간의 죄는 끝이 없는 걸까요? 인간의 악은 그치지 않는 걸까

요? 그것은 갖고자 하는 것을 갖지 못하면 도무지 견디지 못하는 탐욕 때문임에 분명합니다. 남이야 어찌 되든 말든 자기만 잘 먹고 잘 살면 그만이라는 지독한 이기심 때문임이 분명합니다. 남이 나보다 잘 되면 배 아파서 견디지 못하는 시기심 때문임이 분명합니다.

나는 이 시간 아프리카 권력자들에게 고하려 합니다. 아프리카의 권력자들이여, 분명히 내 말을 들으시오. 당신네가 아무렇지도 않게 탐욕을 부리고 있는 사이 얼마나 많은 당신 나라 양민들이 굶주리고, 피눈물 흘리며 죽어나가고 있는지 아십니까?

그들이 그렇게 상처받고 고통받는 모든 책임은 당신들에게 있음을 분명히 똑똑히 알아야 할 것이오! 나는 이것을 세계 지도자들과 하나님의 은총을 받은 자들에게 함께 고하려 하니 정신 차리고 당신의 국민을 자기 몸처럼 아끼고 사랑하는 훌륭한 지도자가 되길 바라오!

그래도 희망은 당신 나라이다!

지금 아프리카는 절망에 빠져 있지만 그래도 나는 희망이 있다고 생각합니다.

당신 나라 미합중국의 사랑과 헌신으로 죽음의 문턱에 있던 나의 나라가 일어섰던 것처럼, 비록 죄와 욕심의 굴레 속에서 비탄에 빠져 있는 아프리카이지만 누군가의 사랑과 헌신이 있다면 아프리카

---

107) 미합중국 국민이 하나님을 경외하는 자로서 오케스트라 지휘자처럼 세계에 바른 정신과 정의와 진리를 위한 각 분야의 지도자가 되기 위해 기도합니다.

도 충분히 일어설 수 있다고 생각하기 때문입니다. 나는 그 누군가의 사랑과 헌신에 앞장서야 할 사람이 바로 당신이라고 생각합니다.

그때 당신의 선조가 나의 나라에 한줄기 복음의 빛을 전파했던 것처럼, 이제 당신도 아프리카에 한줄기 복음의 빛을 전파하는 데 앞장서야 한다고 생각하지 않습니까? 당신은 나와 함께 이 일에 동참해야 한다고 생각하지 않습니까?

지금 아프리카를 가장 공포로 몰아넣고 있는 것은 에이즈입니다. 지나가는 세대들이야 이제 살날이 얼마 남지 않아 죽으면 그만이라 생각할 수 있지만, 문제는 에이즈 균을 그대로 안고 태어난 에이즈 고아들입니다.

에이즈고아들이란 에이즈에 걸린 부모들이 낳은 자식으로 이들이 에이즈 균을 안고 태어난 아이들을 버려버리기에 생겨난 기형아들이라 할 수 있습니다. 지금 아프리카에는 이런 에이즈 고아들이 득실거리고 있습니다.

아아! 절망의 땅에 태어난 것도 억울한데 거기에 에이즈 균까지 갖고 태어난 아이들! 게다가 부모에게까지 버림받은 아이들의 마음은 어떨까요? 당신은 이 아이들의 심정이 조금이라도 이해가 되십니까?

아아! 지금 내 가슴은 이대로 찢어질 것만 같습니다. 도대체 이 아이들이 무슨 죄가 있기에 이런 고통을 당해야 한단 말인가요?

그런데 놀라운 기적의 소식이 들려와 나의 마음을 위로해 주었습

니다. 그것은 바로 당신 나라에서 이 에이즈고아들에게 펼친 아름다운 사랑이야기였습니다.

당신은 당신 나라에서 전 세계 어려운 국가들을 위해 얼마나 좋은 일을 많이 하고 있는지 알고 있습니까? 당신 나라의 목사와 선교사가 모여 무엇을 할 것인가 고민하던 가운데 세계 열방의 중심 국가인 당신 나라를 위해 기도하자는 운동이 벌어졌습니다.

그 가운데서도 특히 아프리카의 에이즈 퇴치를 위해 당신 나라 신약회사들이 기여하기를 위해 기도했습니다.

그러자 놀라운 일이 일어났습니다. 당신 나라의 신약개발 연구자들이 아프리카의 에이즈 퇴치를 위해 부단한 노력을 한끝에 브라질의 아마존 밀림에서 에이즈에 특효가 있는 약을 개발하기에 이른 것입니다. 이제 남은 문제는 어떻게 개발한 신약을 아프리카에 무료로 공급하는가, 였습니다.

신약개발 비용이 100이 들었다면 아프리카까지 이 약을 운반하고 공급해 주는 비용은 200이 드는 상황이었으니까요. 하지만 훌륭한 뜻 앞에 비용은 문제가 되지 않았습니다. 당신 나라에서는 이렇게 개발한 에이즈 약을 아프리카에 비용도 받지 않고 무료로 공급해 줄 수 있게 된 것입니다. 그 덕분에 지금 아프리카의 수많은 에이즈 환자와 에이즈고아들의 생명이 살아나고 있습니다. 과거 나의 나라가 당신 나라에 빚을 졌던 것처럼 아프리카도 당신 나라에 빚을 진 셈이 된 것입니다.

나는 여기에서 다시 한번 찬송가의 가사를 떠올리지 않을 수 없

---

108) 당신의 선조 되시는 선교사님들이 우리나라에 세운 병원과 학교가 기초가 되어 우리나라에 오늘날 세계적 수준의 병원들이 세워졌습니다. 매일 수십만 명의 생명을 살리고 있으니 얼마나 감사한지 모릅니다. 미합중국의 의료 기술을 위해 기도합니다.

습다.

> 나 어느 날 꿈속을 헤매며 어느 바닷가 거닐 때
> 그 갈릴리 오신 이 따르는 많은 무리를 보았네
> 나 그때에 확실히 맹인이 눈을 뜨는 것 보았네
> 그 갈릴리 오신 이 능력이 나를 놀라게 하였네…
>
> -찬송가 84장 중에서-

당신 나라 사람들의 꿈이 어둠 속을 헤매던 맹인이었던 아프리카 에이즈 환자들의 눈을 떠주게 한 것입니다. 이 얼마나 아름답고 감동적인 이야기입니까!

인간의 죄가 너무도 악하여 그 높이가 하늘에 닿을 정도라지만 그래도 그 죄를 덮어줄 수 있는 것은 오직 사랑뿐이라고 생각합니다.

죄를 짓고 싶은 악한 마음을 바꿔줄 수 있는 것은 지속적인 사랑뿐이라고 생각합니다. 당신도 나의 이 생각에 동의하십니까?

우리가 죄와 가난으로 얼룩져가는 아프리카를 살릴 수 있는 유일한 방법은 세계의 열방 가운데 중심국가인 당신 나라와 함께 좀 더 잘 사는 나라들이 지속적으로 아프리카에 사랑을 베풀어야 할 것입니다. 물론 이때 사랑은 무조건적으로 베푸는 사랑이 아니라 채찍과 당근이 조화되는 그런 사랑이어야 할 것입니다.

예수 그리스도가 죄인들에게 십자가 사랑을 보여주었을 때 비로소 죄인들이 회개하고 변화되지 않았습니까?

나는 아프리카를 변화시키는 방법은 이것밖에 없다고 생각합니다. 당신 나라의 선조들이 그 어렵던 시절 나의 나라에 복음의 빛을 던져주었던 것처럼 이제 당신과 내가, 당신 나라와 나의 나라, 세계의 나라가 아프리카 사람들 앞에 예수 그리스도의 십자가 사랑이 담긴 참 복음을 전해줘야 할 것입니다.

나는 당신 나라 선교사가 그 영혼에 은총 입어 헤아릴 수 없는 사랑으로 헌신하였던 것처럼 나도 당신 나라 선교사의 빛을 본받아 아프리카를 위해 헌신하기를 간절히 원하고 기도합니다.

마지막으로 나는 당신에게 감동적인 이야기 하나를 더 들려주고자 합니다. 나의 나라 선교사가 아프리카 에이즈 환자 고아들을 위해 고아원을 지었다는 이야기입니다.

윤미나 선교사가 그 주인공입니다.

그녀는 원래 당신 나라 교포로 미국 시민권자이기도 합니다. 그런데 오직 아프리카 선교를 꿈꾸며 140여 년 전 당신 나라 선교사들이 나의 나라에 왔던 것처럼 아프리카로 떠났습니다.

그녀가 도착한 곳은 케냐의 나이로비! 그곳은 아프리카 최대의 국제도시임에도 불구하고 빈민들로 우글거렸습니다. 무엇보다 그녀의 가슴을 아프게 했던 것은 에이즈 환자였던 엄마로부터 고스란히 에이즈를 물려받은 아이 에이즈 환자들이었습니다. 그렇게 나이로비에는 에이즈라는 공포의 병을 안은 채 고아로 전락하여 이곳저곳을 떠도는 아이들로 즐비했습니다.

---

109) 미국 선교사님께서 설립한 학교 덕분에 오늘날 우리나라가 교육 대국이 되었습니다. 이에 당신의 선조님들께 감격한 마음으로 감사의 기도를 올립니다.

그녀는 그 아이들을 위해 자신의 사비를 털어 에이즈고아원을 세웠습니다. 얼마 되지 않는 후원금으로 그녀는 이 아이들을 먹이고 입히는 일까지는 할 수 있었으나 그 비싼 에이즈 약 값까지 대기에는 역부족이었습니다.

에이즈를 안고 태어난 것도 서러운데 이 아이들은 이대로 죽어야만 하는 것일까요? 그녀는 잠도 자지 못한 채 처절한 기도를 올렸습니다. 제발 이 아이들이 치료받게 해 달라고! 말입니다. 그리고! 기적이 일어났습니다. 어느 NGO 단체에서 아이들의 에이즈 약을 전부 무료로 대주겠다고 연락이 온 것입니다. 할렐루야 아멘! 정말 뜻이 있는 곳에 길이 있다는 진리가 실현되는 순간이 아닐 수 없습니다. 그녀는 지금도 그 고아들을 돌보며 감사한 하루하루를 보내고 있습니다.

오 하나님 하루속히 당신 나라가 중심이 되어 전 세계 나라들이 아프리카의 에이즈 퇴치에 힘을 기울이고 그 노력이 결실을 맺어 더 이상 아프리카가 에이즈로 고통받지 않는 그런 시절이 올 수 있도록 인도하여 주시옵소서!

지구본을 돌리면서 기도한다

나는 당신에게 전 세계 오대양 육대주를 놓고 기도한다는 말을 이미 했었습니다.

이때 나는 좀 더 생생히 기도하기 위해 지구본에 나와 있는 전 세

계의 지도를 보면서 기도합니다.

당신 나라부터 시작하여 아메리카와 유럽을 돌아 아프리카, 아시아, 오세아니아, 그리고 남극까지 기도하면 오대양 육대주를 향한 나의 기도가 드디어 마무리됩니다. 이때 나는 하나님의 은총을 느끼며 세계의 위대성과 거룩함에 몸을 바스스 떱니다.

그 정도로 하나님이 만드신 우주의 세계가 위대하기 때문입니다.

물론 나의 기도는 당신 나라부터 시작하여 캐나다, 유럽, 호주 등을 위해 기도합니다. 그 기도의 내용은 지금보다 더욱더 잘 되기를 위해 기도하는 것입니다. 여기서 잘 된다 하니 더 부자 나라가 되라는 물질적인 기도만 하는 것이 아니라 정신적으로도 더욱 성숙한 세계의 열방 국가 되어 달라는 기도입니다.

이 세계는 잘 사는 나라들이 잘해야 모두가 행복해질 수 있습니다. 잘 사는 나라들이 자신들의 배만 불리려 하고 못 사는 나라들에 피해만 주고 한다면 어떻게 못 사는 나라들이 버틸 수 있겠습니까.

무엇보다 이것은 하나님 앞에 죄짓는 행동이니 지구를 더욱더 더럽게 물들일 뿐입니다. 그래서 잘 사는 나라들이 정신적으로 더욱 성숙해지는 것은 매우 중요합니다.

여기서 나는 당신에게 나눔의 의미에 대해 새로운 나의 깨달음을 전하려 합니다. 당신은 나눔이란 어떤 의미가 있다고 생각하십니까? 단지 잘 사는 사람이 못 사는 사람에게 자선을 베푸는 것이 나눔이라고 생각하십니까?

아니면 그 이상의 의미가 있다고 생각하십니까?

---

110) 강성하게+창대하게+충만하게 하나님께서 허락하신 은총이 온 열방과 광야에 전파될 수 있도록 미합중국 국민들에게 정직한 능력이 임하기를 위해 기도합니다.

나는 최근 베르나르 베르베르의 〈개미〉를 읽으면서 놀라운 사실을 발견하게 되었습니다. 그것은 개미 사회의 나눔에 관한 이야기입니다.

개미 사회는 철저히 20 대 80의 법칙으로 움직인다고 합니다.

이때 20은 생산에 참여하는 개미들의 수이고 80은 생산과 상관없이 개미 사회를 유지하는 데 참여 사는 개미들의 수입니다. 따지고 보면 개미 사회는 불과 20%가 벌어들이는 수입으로 생활하는 구조라 할 수 있습니다.

그런데 여기서 주목할 것은 생산에 참여하는 20%의 태도입니다. 20% 개미들은 자기들이 벌어들인 것을 아낌없이 나머지 80%와 나눕니다. 아무런 불만을 표출하지 않은 채 거의 의무적으로 나눕니다.

아마 인간 사회였다면 20%가 자기들이 번 돈인데 공평하게 나눈다는 것이 잘 이해되지 않았을 것입니다.

하지만 개미들의 태도는 인간과 완전히 다릅니다.

당신은 이 이야기에서 어떤 교훈을 얻습니까? 나는 이 이야기를 통해 나눔의 의미가 새롭게 와닿았습니다. 20%의 개미들이 아무런 불만 없이 자기들이 벌어들인 것을 나눌 수 있었던 것은 철저한 공동체 의식이 있었기 때문일 것이라고!

즉, 20% 개미들의 나눔은 자선의 의미가 아니라 공동체의 유지를 위한 거의 의무적 나눔이었던 것입니다. 이것을 사람의 가정으

로 끌어와 보면 좀 더 쉽게 이해가 된다고 생각합니다.

아버지만 돈을 버는 부부와 할아버지, 할머니, 자녀 2명 등 6명으로 이루어진 가정이 있다고 칩시다.

이때 돈을 버는 사람은 오직 아버지뿐입니다. 그런데 아버지는 자기가 번 돈을 가족들을 위해 아낌없이 나눕니다. 가족들이 불쌍해서 자선으로 베푸는 나눔이 아니라 내가 사랑하는 가족 공동체이기 때문에 그 공동체를 유지하기 위한 나눔을 하는 것입니다.

그리고 그 나눔에는 동정이 담긴 자선의 의미가 아니라 사랑이 담긴 책임의 의미가 담겨 있습니다.

당신은 이제 내가 하고자 하는 이야기가 무엇인지 알겠습니까? 그렇습니다. 지구 전체를 하나의 공동체로 본다면 이제 잘 사는 나라들이 한 가정의 아버지처럼 못 사는 나라들에 대하여 나눔의 의미를 생각해 봤으면 얼마나 좋을까, 하는 생각을 해본 것입니다. 만약 이것이 이루어진다면 지금 빈곤에 빠진 후진국들의 문제는 어느 정도 해결될 것이라 확신합니다. 당신은 내가 주장하는 이런 나눔의 의미에 대해 어떻게 생각하십니까?

후진국 국민들의 무지와 무능력의 한계를 깨어 달라!

내가 지구본을 보며 기도할 때 가장 마음이 아픈 곳이 어디인지 당신은 아십니까?

바로 못 사는 나라들, 인권과 정의가 없는 나라들입니다. 아프리

---

111) 미합중국 경찰이 국민과 호흡하며 진실하고 정직한 경찰이 되기를, 또 이것이 전 세계로 전파되어 온 땅에 범죄자가 감소하기를 위해 기도합니다.

카, 아시아 등지에 잔뜩 몰려 있는 후진국들! 왜 그들에게 마음이 쓰이는지는 나도 모릅니다. 아무래도 가장 약한 부분이기에 더 마음이 쓰이는 것일 터입니다. 부모도 가장 못 사는 자식을 최고로 걱정하게 마련이며 마음 아파하게 마련입니다.

정의와 인권이 없다면 반드시 죄가 이글이글 들끓고 있게 마련입니다.

그런데 못 사는 자식들을 보면 대개 나름의 이유가 있음을 발견할 수 있습니다. 배운 게 모자라거나 능력이 떨어지거나… 등 나름대로의 이유가 있습니다. 마찬가지로 못 사는 나라의 국민들도 반드시 못 사는 이유가 있습니다.

그들을 살펴보면 대개 무지하거나 무능력합니다. 그래서 대부분의 국민들이 단순한 업종에 종사합니다. 이것은 아프리카의 케냐나 동남아시아 등지를 가보면 금방 답을 찾을 수 있습니다. 그들은 대개 가정집의 가정부나 운전사, 정원사, 경비 등의 일을 하거나 회사에서도 매우 단순한 일을 합니다. 그러다 보니 그들의 수입은 뻔합니다. 겨우 입에 풀칠하는 수준을 벗어나지 못합니다. 이렇듯 악순환이 되풀이되어 그들은 계속하여 빈곤에서 벗어나지 못하는 것입니다. 문제는 그들을 부리는 계층들인데 대개 본토인이 아니라 외국인인 경우가 많습니다. 이처럼 외국인이 많은 이유는 본토인이 외국인에 비해 능력이 부족하니 어쩔 수 없는 노릇입니다.

결국 이들은 자신들의 무지와 무능력 때문에 주인 자리를 외국인에게 내주고 노예 비슷한 생활을 하고 있는 셈이 됩니다.

당신은 이런 후진국의 현실을 어떻게 생각하십니까? 그들의 무지와 무능력이 단지 그들 자신만의 문제라 생각하십니까? 아니면 국가적 차원의 다른 문제 때문이라고 생각하십니까?

아프리카에 갔을 때 놀라운 이야기를 들은 적이 있었습니다.

아프리카를 둘러보면 곳곳이 돈벌이인데 감히 회사를 세우려는 기업체들이 선뜻 나서지 않는다는 것입니다. 나라가 발전하려면 외국의 투자가 일어나야 하는데 외국 기업들이 꺼리는 문제가 있다는 것은 심각하다 하지 않을 수 없습니다. 그리고 이것은 아프리카가 발전하지 못하는 이유이기도 합니다. 과연 세계 유수의 기업들은 왜 아프리카에 투자하지 않으려 할까요?

나는 그 이유를 듣고 가슴을 쓸어내리지 않을 수 없었습니다.

그 이유는 너무도 간단했습니다. 흑인들이 무능하기 때문이라는 것입니다. 공장을 세워도 불량률이 너무 높아 이익을 낼 수 없다는 것이 아닙니까.

당신은 이 이야기를 들으면서 도대체 흑인의 무지와 무능이 누구의 책임이라고 생각하십니까? 단지 그들만의 책임일까요?

나는 절대 그렇게 생각하지 않습니다.

결국 무능한 그 흑인은 아버지로부터 그것을 물려받은 것이며 이렇게 발원지를 찾아 거슬러 올라가다 보면 처음 아프리카를 식민지로 만들었던 서구 열강이라는 존재까지 만나게 됩니다. 지금의 흑인을 만든 데에 그들의 책임이 없다고 할 수 있을까요?

그들은 이곳을 지배하며 자기들 편하고자 흑인들의 몸속에 노예

---

112) 미합중국의 산과 바다를 보고 온 백성들이 놀라운 하나님의 창조의 힘과 사랑을 느낄 수 있기를, 이로 인해 미합중국에 부흥과 축복이 넘치기를 위해 기도합니다.

의식을 심어준 것은 아닐까요? 그래서 지금의 흑인들이 무지하고 무능하다는 소리를 듣는 것은 아닐까요? 나는 이런 생각의 혼란에서 벗어날 수가 없습니다. 당신은 이 문제를 어떻게 생각하십니까?

내가 이런 이야기를 하는 것은 결국 지금 흑인들의 무지와 무능 역시 인간의 죄 때문에 기인한 것이라는 점을 강조하고 싶기 때문입니다.

그래서 나는 선진국에서 단지 후진국의 무지와 무능을 탓할 것만이 아니라 사죄의 차원에서라도 다시 그들이 스스로 일어설 수 있도록 뭔가 해주어야 한다는 이야기를 하고 싶은 것입니다. 당신이 이런 내 마음을 알기를 간절히 기도합니다.

내가 아프리카를 다니며 느꼈던 것이 있습니다. 어느 지역을 지나다 조금 잘 산다 싶어 물어보면 그곳은 복음과 민주주의가 함께 들어간 곳입니다.

그리고 못 사는 지역은 아직 복음이 들어가지 못한 곳입니다.

이것은 무엇을 뜻할까요? 결국 인간의 무지와 무능을 깨는 것이 바로 복음과 민주주의임을 알 수 있습니다. 그러니 이런 아프리카가 깨어나는 데 가장 필요한 것은 역시 복음과 민주주의라 할 수 있을 것입니다. 나는 이것만이 아프리카를 흑암에서 깨어나게 할 수 있다고 믿습니다.

성경에서도 하나님은 어떤 특별한 인간만을 사랑하지 않고 모든 인간을 사랑한다고 하였습니다. 그런데 어떻게 인간이 인간을 차별하며 무시할 수 있단 말입니까. 좀 모자라는 사람이 있으면 앞선

사람이 끌어주고 도와줄 생각을 해야지…. 그런 의미에서 하루속히 후진국 국민들의 무지와 무능이 깨지기를 위해 나는 오늘도 기도합니다.

물론 이런 후진국 국민들의 무지와 무능을 깨는데 가장 앞장서야 할 사람은 지도층과 권력층일 것입니다. 그들이 하루속히 복음을 받아들이고 정의와 인권이 세워지는 민주주의를 실천해야 할 것입니다. 그들에게는 나라의 질서와 정의와 인권과 도리를 다라하고 그런 지위와 직책을 준 것입니다.

그들이 이런 임무를 망각하지 않고 탈선하지 않으며 정당하게 임무를 수행한다면 비로소 후진국에도 빛이 비칠 날이 오고야 말 것입니다. 물론 이를 위해 선진국의 도움이 강력히 필요합니다.

특히 세계 열방의 중심국가인 당신 나라의 도움이 절실합니다. 그러니 나는 후진국의 무지와 무능을 깨는 중심에 당신과 당신 나라가 있기를 위해 기도하는 것입니다. 당신과 당신 나라도 후진국들에 복음과 민주주의를 전하는 일에 게을리하지 않아야 하는 것입니다.

이 지점에서 나는 당신에게 나의 나라 선교사 이야기를 하지 않을 수 없습니다.

나의 나라 선교사는 현재 전 세계에서 당신 나라 다음으로 해외 오지에 선교사를 많이 보내고 있습니다. 마치 당신 나라 선조들이 했던 것처럼 그대로 하나님의 복음을 전하는 귀한 일을 하고 있는 것입니다.

---

113) 미합중국 국민 6억6천 개의 눈을 들어 위대한 미합중국의 하늘과 땅을 바라보고 아름답고 찬란한 하늘의 별빛처럼 거룩해지기를 위해 기도합니다.

물론 그 선교사들의 삶은 눈물겹기 그지없습니다.

10여 년 전 케냐에 선교를 갔던 나의 나라 여 선교사는 케냐 갱단의 총에 맞아 죽는 끔찍한 사건이 일어났었습니다.

도대체 왜 이런 일이 벌어졌을까요? 이유를 알고 보니 통탄할 지경입니다. 돈 때문에 그랬다는 것입니다. 이뿐이 아닙니다.

아프리카에 선교를 갔던 선교사 일가족이 모두 교통사고로 죽었다는 소식도 전해옵니다. 물론 부주의한 것도 있었겠지만 아프리카의 도로 사정이 너무 좋지 않아 일어난 일이기도 합니다. 안타까운 것은 이때 아들만 살아남았다는 것입니다.

아아! 하나님 도대체 이 아이는 앞으로 어떻게 살아가야 하는 것일까요? 이처럼 나의 나라 선교사들은 목숨을 걸고 선교 현장을 누비며 복음 전하는 일을 하고 있는 것입니다.

그들의 사역은 비록 고되고 힘들지만 얼마나 위대한지 모릅니다. 앞에서도 이야기했듯이 그곳에 귀중한 하나님의 복음을 전하고 있기 때문입니다.

복음이 전해진 곳에는 언젠가 정의와 인권이 세워지는 올바른 민주주의도 정착될 것입니다. 그럴 때 아프리카도 이제 더 이상 도움 받는 나라가 아닌 스스로 당당히 일어서는 나라가 될 것입니다.

나는 오늘도 외칩니다. 이처럼 귀중한 복음을 전하는 일과 민주주의의 정의와 인권을 전하는 일에 미합중국 당신 나라가 가장 앞장서야 한다고 말입니다. 물론 나와 나의 나라도 그 일에 동참할

것입니다. 이것이 내가 어제도 오늘도 내일도 그치지 않고 계속할 나의 기도입니다. 당신은 나의 이 기도에 동참할 생각이 있습니까?

절망 끝에서 자살을 꿈꾸는 전 세계 사람들을 위하여

당신은 전 세계 자살률 1위 국가가 어디인지 아십니까?

부끄럽게도 나의 나라입니다. 그것도 그냥 1위가 지난 10여 년간 단 한 번도 놓친 적이 없는 압도적 1위입니다.

인구 5천만 명 내외의 아주 작은 나라에서 하루에도 40여 명의 사람들이 스스로 목숨을 끊고 있다고 하니 당신도 정말 혀를 내두르지 않을 수 없을 정도입니다. 당신은 나의 나라에 왜 이토록 자살자가 많다고 생각하십니까?

여러 가지 논란이 있지만, 중요한 것은 그만큼 절망감을 느끼는 사람이 많다는 결론에 도달할 수 있습니다.

이 세상 마지막 순간에 도저히 어찌할 수 없다는 절망감에 도달한 나머지 스스로 목숨을 끊었을 테니까요!

당신은 절망을 느껴본 적이 있습니까?

나는 60년을 훨씬 넘은 세월을 살아오면서 수많은 어려움이 있었지만 그대도 절망보다는 희망을 품으며 살려고 노력했었습니다.

그런데 나 역시 인생의 후반기에 당한 커다란 배신과 사기에 절망의 늪에 빠지지 않을 수 없었습니다. 그리고 나 역시 그 절망감 속에 스스로 목숨을 끊을 생각까지 해본 적도 많이 있습니다. 그만

---

114) 모든 만물은 때가 있습니다. 하나님께서 당신에게 허락하신 때에 진정 성령의 힘으로 성결된 마음을 가지며, 거룩한 사명으로 인류를 위해 헌신하는 당신의 유전자가 되기를 위해 기도합니다.

큼 절망감이란 무서운 것입니다. 모든 것을 포기하고 싶은 아득한 느낌이요, 모든 것이 끝나버린 듯한 공포의 느낌입니다. 그 괴로운 심정을 알기에 나는 오늘 전 세계의 절망에 빠져 있는 사람들을 위해 기도하지 않을 수 없습니다.

당신은 인간이 왜 절망을 느낀다고 생각하십니까?

그 이유야 어찌 되었든 그것은 분명 자신 또는 타인으로부터 입은 상처로 인함일 것입니다. 타인에 자신에게 상처를 주었기 때문일 수도 있고 자신이 엄청난 과오를 저질러 스스로에게 상처를 주었기 때문일 수도 있습니다. 이런 가슴속 상처는 가슴속 응어리로 남게 마련입니다. 이 응어리가 무서운 것입니다.

인간의 육체에 암 덩어리가 생기고 성장하면 육체가 죽음을 맞이해야 하는 것처럼 가슴속 응어리 역시 생기고 성장하면 암 덩어리처럼 마음을 죽여 버리고 말 것입니다. 결국 자살은 이 가슴속 응어리가 암 덩어리처럼 성장하여 절망을 안겨주므로 행하게 되는 무서운 행위라 할 수 있을 것입니다.

그런 면에서 자살을 예방하기 위해 가장 먼저 해야 할 것은 가슴속 응어리를 푸는 것일 터입니다. 그렇다면 어떻게 해야 가슴속 응어리를 풀 수 있을까요?

가슴속 응어리가 생기는 이유는 결국 자신의 마음이 하나님의 마음이 아닌 불, 화, 미, 고, 잘로 가득 차 있기 때문입니다.

여기서 불화미고잘이란 불평과 불만(불), 분노(화), 미움(미), 고집(고), 잘난 체하는 마음(잘)을 뜻합니다. 과학자들에 의하면 인간

의 마음은 선천적으로 긍정적 마음보다 이런 부정적 마음이 강하게 설계되어 있다고 합니다.

그런데 세상을 살아가면서 자신의 마음(불화미고잘의 마음)대로 되는 게 없으니 불화미고잘의 응어리가 하나둘씩 생길 수밖에 없습니다. 이제 불화미고잘의 응어리가 마음을 뒤덮을 만큼 커지면 결국 응어리는 터져서 마음을 절망으로 빠트리고 말 것입니다. 그리고 자살로 이끌고 말 것입니다.

하지만 기뻐하십시오. 나는 지금 전 세계 절망에 빠져 자살을 생각하는 사람들에게 격려의 말을 던지려 합니다.

불화미고잘로 가득한 마음의 응어리를 풀 수 있는 방법이 있으니까요!

이 방법만 안다면 스스로 목숨을 끊는 행동은 하지 않아도 될 것입니다. 자살을 이기는 방법이 있다는 이야기입니다. 다음 찬송가 가사를 보세요.

저 죽어가는 자 다 구원하고
죄악과 무덤서 건져내며
죄인을 위하여 늘 애통하며
예수의 공로로 구원하네

-찬송가 498장 중에서-

---

115) 미국 국가의 상징인 독수리의 특성은 날개 치며 사냥하는 전술에 있습니다. 당신의 새 꿈과 대망의 꿈도 독수리처럼 날개 치며 피어오르기를 위해 기도합니다.

어차피 인간은 자살이 아니더라도 때가 되면 죽을 수밖에 없는 존재입니다. 그만큼 우리의 삶은 고통으로 얼룩져 있습니다.

그런데 예수님의 공로에 의지하면 죄악과 죽음의 무덤에서 건짐을 받고 다시 살아날 수 있다고 이야기합니다. 도대체 여기서 말하는 예수의 공로란 무엇일까요?

그것은 인간 누구에게나 하나님의 마음이 있다는 것을 무지한 인간들에게 알려준 공로입니다. 그리고 그 하나님의 마음을 의지하면 기쁨과 희망과 사랑으로 살 수 있음을 알려준 공로입니다. 그런데 사람들은 자신의 마음에 오로지 불화미고잘의 응어리만 있는 줄 알고 목숨을 끊으려 합니다.

지금 이 순간 당신 속의 응어리와 절망을 내려놓고 하나님을 바라보세요.

당신은 하나님이 지은 소중한 생명입니다. 그리고 당신의 마음속에는 하나님이 심어준 하나님의 마음도 함께 있습니다.

그것은 사랑과 정의와 지혜로 충만한 희망의 마음입니다. 당신은 그 마음을 찾기만 하면 다시는 스스로 목숨을 끊을 생각조차 하지 않게 될 것입니다. 하나님께 의지하십시오. 하나님께서 당신에게 성령의 새 힘을 줄 것입니다. 지금까지 그저 잠깐 실수를 했을 뿐입니다. 다시 시작하면 되는 것입니다.

당신이 당신의 마음을 다시 하나님께 내어준다면 하나님은 당신에게 있는 하나님의 마음을 일깨워 다시 새 희망의 기회를 줄 것입니다. 당신이여, 다시 힘을 내십시오!

오! 하나님이여, 지금도 전 세계에 스스로 목숨을 끊는 사람들이 점점 많아지고 있다 합니다. 이제 더 이상 사람들이 가슴속 응어리를 풀어 자살의 충동에 시달리지 않게 해 주시고 그들의 마음에 절망을 거두어 주시고 새 희망을 불어넣어 주시옵소서.

오 하나님이여! 간절히 기도합니다.

삶의 밑바닥에 있는 전 세계 사람들을 위하여

앞에서도 이야기했듯이 나는 당신 나라를 포함하여 전 세계 수십 개 국을 다닌 경험이 있습니다.

이란, 일본, 필리핀, 인도, 인도네시아, 중국, 대만, 캄보디아, 케냐, 탄자니아, 러시아, 캐나다, 호주, 뉴질랜드, 영국, 스위스, 프랑스, 이탈리아… 등. 아시아는 물론 아프리카, 아메리카와 유럽까지!

그러고 보니 전 세계 오대양 육대주를 누비고 다닌 셈입니다. 당신 앞에서 내 자랑하는 것 같아 쑥스럽기도 합니다.

그래도 내가 전 세계를 다녔던 것이 단지 관광만을 위한 것이 아니었다는 데 의미를 두고 싶습니다. 앞에서도 이야기했듯이 나는 이 많은 나라들을 교회의 선교나 개인의 선교 목적으로 다녔습니다.

그러다 보니 상류층 사람들을 만나기보다는 주로 하류층 사람들을 많이 접하게 되었습니다.

그런데 내가 당신에게 하고자 하는 이야기는 이런 여러 나라들에 대한 이야기가 아닙니다. 바로 그 나라들에서 봤던 노숙자들에 관

---

116) 당신이 세계의 위험한 곳 어디를 가든지 주님이 동행해 주시고, 민족과 국가의 사명감과 평화와 사랑을 구상하고 실천할 수 있기를 주님의 지혜와 은총으로 기도합니다.

한 이야기입니다. 나는 선진국, 후진국을 망라하여 가는 곳마다 노숙자가 있다는 사실에 크게 놀랐습니다.

심지어 당신 나라에까지 노숙자가 있다는 사실은 가히 충격적이기까지 했습니다.

당신은 이런 노숙자들이 왜 생긴다고 생각하십니까? 나는 이 문제를 깊이 고민하지 않을 수 없었습니다.

세계 곳곳에 노숙자 문제가 생기는 이유는 역시 정의롭지 못한 사회의 문제 때문이라는 생각이 듭니다. 이것이 무슨 뜻일까요?

생각해 보세요. 만약 노숙자가 경쟁에서 탈락해 그런 것이라면 노숙자는 진정 공정한 경쟁에서 탈락한 것일까요? 우리 사회의 경쟁 시스템을 돌아보면 절대 장담할 수 없는 문제입니다.

우리 사회의 경쟁 시스템은 얼마나 불공정한가요. 이것은 더 이상 말하지 않아도 충분히 이해할 것입니다.

먼저 사회의 경쟁 시스템이 불공정한데 그 경쟁에서 탈락한 노숙자의 책임이 분명 자신에게만 있을지 생각해 보자는 것입니다.

또 다른 문제가 있습니다. 어떤 사람들은 배신이나 사기를 당하여 노숙자 신세로 전락한 사람도 있기 때문입니다.

어쨌든 나는 노숙자들이야말로 가장 밑바닥에 있는 사회적 약자로 봐야 한다고 생각합니다.

물론 그들 역시 문제가 많아 그 자리에 있을 테지만 또한 그들은 인류의 죄로 인한 피해자들일 수도 있습니다.

그러니 그들을 우리 사회의 가장 밑바닥에 있는 약자로 보고 사회가 그들을 보살펴주어야 하며 그들이 다시 일어설 수 있도록 도와주어야 한다는 것입니다.

당신은 나의 이 생각에 대하여 어떤 판단을 하고 있습니까?

나는 오늘도 고통받고 있을 전 세계 노숙자들을 위해 기도합니다. 부디 그들이 노숙의 수렁에서 빠져나올 수 있기를 위해! 또 노숙자들의 문제를 사회가 협력하여 해결할 수 있기를 위해! 나아가 전 세계 노숙자 문제를 국가 간 협력으로 해결할 수 있기를 위해! 나는 오늘도 기도합니다.

오! 하나님이여 지금 한순간의 절망으로 실의에 빠져 있는 사람들이 있습니까? 노숙자의 신세로 지내는 사람들이 있습니까?

그들은 지금 생각을 잘못하여 하나님을 저버리고 세상을 저버렸지만 하나님께서 그들의 마음을 돌이키셔서 다시 자신들의 죄를 회개하고 하나님의 품으로, 세상의 품으로 돌아올 수 있도록 인도하여 주옵소서!

그들이 지은 죄가 아무리 크더라도 하나님이 다 받아줄 수 있고 품어줄 수 있으며 새사람으로 만들 수 있다는 사실을 깨닫게 하여 주셔서 그들이 다시 희망을 갖게 하여 주옵소서.

---

117) 깊은 새벽 3시39분. 미합중국의 번영의 새 힘이 하나님의 은총에 힘입어 시작됩니다. 오직 하나님만을 경외하는 정직한 사명감을 위해 기도합니다.

정의와 인권,
어떻게 세울 것인가?

왜 정의와 인권이 말살되는가?

무엇이 죄입니까?

이제부터 나는 체계적으로 인간의 정의가 무너지는 근본 원인을 살펴보려 합니다.

왜냐하면 이 원인을 알아야만 근본 처방을 할 수 있기 때문입니다. 당신은 왜 인간의 정의가 무너진다고 생각하십니까?

누구나 정의가 무너지는 것을 좋아할 사람이 없으므로 이 문제에 대하여 깊은 고찰을 하지 않을 수 없었습니다.

당신은 내가 얼마만큼이나 죄를 혐오했는지 아십니까?

나는 어느 날 한 목사님으로부터 정욕으로 짓는 죄가 얼마나 무서운지에 대한 설교를 듣고 섹스의 쾌락으로 인하여 짓는 죄가 너무도 처참한 결과를 낳는다는 사실을 깨닫게 되었습니다.

갑자기 섹스가 혐오스러운 것이라는 생각이 들었습니다.

그때 나는 어리석게도 섹스 자체가 너무도 성스럽지 못한 것이라 여겨 아내와의 섹스마저 거부할 정도였습니다.

---

118) 하늘에 가득 찬 하나님의 영광이 온 땅에 충만하고, 하나님의 사랑과 지혜와 권능이 미 합중국 땅에 가득하기를 기도합니다.

그때 나는 섹스의 진정한 본질을 깨닫지 못하고 그저 더러운 것으로 치부하여 마치 금욕주의자처럼 행동하고 말았던 것입니다.

당신은 그때 내가 왜 그런 어리석은 행동을 했다고 생각하십니까?

그 이유는 다름 아닌 죄가 무엇인지 제대로 몰랐고 또 죄의 본질이 무엇인지 몰랐기 때문이었습니다. 인간은 누구나 죄를 짓게 되는데 자신의 죄는 너무나도 관대한 반면 남의 죄는 당연한 것처럼 여기고 정죄해버리는 것이 죄의 시작이라고 생각합니다.

이제부터 나는 죄의 본질에 대해 알아보고자 합니다. 죄의 원인을 알려면 먼저 죄의 본질부터 알아야 하기 때문입니다.

그리고 죄의 본질을 알 수 있다면 이제 인간의 정의가 무너지는 근본 원인에도 접근할 수 있게 될 것입니다. 당신은 나의 이 탐구가 흥미롭게 느껴지지 않습니까?

나와 함께 죄의 진짜 원인에 대하여 탐구해 보고 싶지 않습니까?

아아! 나는 꿈을 꿉니다. 당신과 함께 이 땅에 인간의 죄가 점점 없어져가는 그날을 기도하는 것입니다! 그래서 인간의 정의가 바로 세워지는 그날의 새 빛을 꿈꾸고 기도해 봅니다.

성경에서는 하나님의 뜻에 어긋난 모든 것을 죄라고 정의합니다. 그렇다면 죄를 제대로 알기 위해서는 하나님의 뜻이 무엇인지 알아야 할 것입니다.

하나님의 뜻, 하면 당신은 무엇이 먼저 떠오르십니까? 아마도 거룩, 사랑, 공의, 진실, 성결… 이런 것이 떠오르지 않습니까?

나는 성경에서 하나님의 뜻을 가장 잘 정리해 놓은 이가 바로 예수님이라고 생각합니다. 예수님은 하나님의 뜻을 딱 두 마디로 정의해 놓았습니다. 바로 '사랑'과 '천국'입니다.

즉, 인간을 향한 하나님의 뜻은 깨끗한 마음의 바탕에 있는 사랑과 천국이라는 것입니다. 그렇다면 이제 죄의 본질은 명확해집니다.

즉, 깨끗한 마음의 바탕을 더럽히고 사랑과 천국에 어긋나는 것은 모두 죄가 되는 것입니다.

천국과 사랑이 아닌 것?

여기서 천국은 무엇이고 사랑은 무엇일까요? 천국(天國)은 한자 뜻대로 하면 하늘나라일 것이지만 성경에서는 하나님 나라를 뜻하는 말로 하나님의 통치를 받는 상태를 말합니다.

하나님의 통치를 받으므로 당연히 사랑이 충만할 것입니다. 왜냐하면 성경에서 하나님은 사랑이라고 했기 때문입니다.

사랑이 충만하므로 정의가 무너질 일이 없을 것이요,

질서도 바로 잡혀 있을 것입니다.

그러니 만사형통입니다. 그야말로 기쁨과 평안과 감사가 넘칩니다. 이것이 바로 천국인 것입니다.

그렇다면 천국에 어긋나는 것은 무엇일까요?

그 반대를 생각하면 됩니다. 하나님의 통치를 받지 않고 내 맘대로 살아가는 상태를 말합니다. 거기에 내 이기심이 가득하므로 시

---

119) 온 인류여, 온 땅이여, 온 우주 세계 삼라만상이여~ 하나님의 자비의 빛으로 축복의 열매가 풍성하게 맺어지기를 기도합니다.

기, 질투, 오만, 부정, 거짓, 배신 등의 나쁜 마음이 나타나 사랑이 깨질 것이요, 곧 정의가 무너질 것입니다. 질서도 엉망이 될 것입니다.

그러니 만사가 불만, 불평투성이입니다. 거기에 불안과 염려와 두려움이 가득합니다. 이쯤 되면 사람의 입에서 지옥이 따로 없다는 말이 나올 정도가 됩니다.

다음으로 사랑에 대하여 알아봅시다. 당신은 성경에서 말하는 사랑의 의미가 무엇이라고 생각하십니까?

아마도 성경적 사랑이라 하면 대부분 예수님의 십자가를 생각하며 희생적인 사랑을 떠올리겠지만, 이는 전혀 사랑의 해석을 잘못한 것입니다. 성경에서 말하는 사랑이란 예수님이 가장 잘 정의해 놓았습니다.

"네 이웃을 네 몸처럼 사랑하라."

바로 이것이 가장 성경적인 사랑입니다.

당신은 내 몸처럼 남을 사랑하는 것이 어떤 것이라 생각하십니까? 이것은 매우 간단합니다.

내 몸은 버려두고 다른 사람을 위해 무조건 희생하는 것이 진정한 사랑이 아니라 내 몸을 귀하게 여기는 것처럼,

그와 같이 다른 사람을 사랑하는 것이 진정한 사랑이라는 것입니다.

즉 다른 사람을 내 몸과 같게 생각하는 것, 바로 나와 다른 사람을 구분하지 않는 사랑, 즉 '하나처럼 생각하는 사랑'이 진정한 사랑이라는 것입니다.

2018년 러시아에서 열린 월드컵에서 유행한 단어가 있는데 바로 '원팀'이었습니다. 원팀이란 무엇을 말합니까? 축구는 11명이 뛰는 단체 경기인데 어떻게 하나가 될 수 있단 말입니까?

하지만 정말 다른 사람을 내 몸처럼 생각해버리면 11명이 하나가 되어 원팀이 될 수 있습니다. 이것이 바로 성경에서 말하는 그 '사랑'입니다. 예수님은 이 땅에 오셔서 지속적으로 하나 되는 사랑을 강조하셨습니다.

그런데 사람들이 잘 알아듣지를 못합니다. 예수님은 상대를 나처럼 생각하는데 상대는 계속하여 예수님을 그저 자기와는 다른 존재라 여깁니다. 이에 예수님은 진정 하나 되는 사랑을 보여주기 위해 십자가 죽음을 선택합니다. 사람들의 사악한 죄를 대신 지는 모습을 보여주기 위함입니다. 여기서 뭔가 이상하지 않습니까?

죄는 내가 지었는데 왜 예수님이 대신 죗값을 치르는가, 말입니다. 그것은 예수님과 내가 둘이 아니었기에 가능했던 것입니다.

예수님은 세상 모든 사람들과 하나였기에 세상 모든 사람들의 죄를 대신 질 수 있었던 것입니다.

그리고 자기의 목숨을 던지므로 그 사랑을 증명해 보였습니다. 당신은 나의 이 말이 이해가 되십니까? 성경에서 말하는 사랑은 이처럼 깊은 뜻이 있는 것입니다.

당신은 이미 당신의 선조께서 이 하나 되는 사랑을 보여주었다는 사실을 알고 있습니까?

---

120) 당신의 연약한 심령을 굳게 세워주시고 우둔한 마음을 지혜롭게 하시며 하나님의 뜻을 받들어 세상에서 용감한 용사로 거듭날 수 있기를 위해 기도합니다. 저는 부족하지만, 당신이 깊이 잠들어 있을 때 기도합니다.

당신 나라는 전 세계 나라에서 이민 온 사람들로 이루어진 나라임에도 불구하고 하나님의 사랑으로 하나 됨으로써 세계 최강국 미합중국을 만들어낼 수 있었던 것입니다.

그리고 전 세계 나라들과도 하나라는 마음이 있었기에 그 나라들에 도움의 손길을 뻗어 도움을 줄 수 있었던 것입니다.

그때 가장 큰 혜택을 본 나라가 바로 나의 나라가 아닙니까!

아아! 나는 이제 새로운 꿈을 꿉니다. 당신과 내가 하나 되는 것입니다.

당신과 내가 하나 될 수 있다면 이 세상에 하나님의 사랑과 천국을 이루기 위해 못할 일이 없다고 생각합니다.

하나님께서는 우리의 만남을 계획해 놓셨네

우린 하나 되어 어디든 가리라

주 위해서라면 무엇이든 하리라 당신과 함께

우리는 하나 되어 함께 걷네 하늘 아버지 사랑 안에서

(복음성가 '하나님께서는' 중에서)

그렇습니다. 하나님께서는 이미 하나 되기 위한 우리의 만남을 계획해 놓으셨던 것입니다. 우리가 하나님과 함께 할 때 비로소 우리는 하나 될 수 있는 것입니다.

오! 하나님 저희들이 이 일을 반드시 이룰 수 있도록 인도하여 주

시옵소서! 이 일에 미국과 우리가 앞장설 수 있도록 기도합니다.

모든 것은 사랑의 어긋남에서 시작된다

이제 점점 죄의 본질이 무엇인지 다가서는 느낌이 들지 않습니까?

하나님의 뜻에 어긋나는 것이 죄라고 했는데 하나님의 뜻은 사랑과 천국이었습니다. 그렇다면 이제 죄의 본질은 이 사랑과 천국을 깨는 어떤 행동과 관련이 있을 것입니다. 사실 천국이 하드웨어라면 사랑은 소프트웨어에 해당합니다. 그러므로 죄의 본질은 다시 사랑을 깨는 행동으로 압축될 수 있습니다.

드디어 죄의 본질이 드러났습니다. 바로 사랑을 깨뜨리는 어떤 행위가 바로 죄인 것입니다. 당신도 생각해 보십시오.

성경적 사랑이 하나 되는 것이라 했는데 이제 그 사랑을 깨뜨려 버리면 어떤 결과가 생기는지? 여기서 사랑은 다른 사람을 나처럼 여기는 것이었습니다. 다른 사람을 나처럼 여긴다면 이제 내가 당해서 싫은 것을 절대 남에게 하지 않으려 할 것입니다. 즉, 남에게 피해를 주지 않으려 할 것입니다.

각각 돈 1억 달러씩을 가진 A와 B 두 사람이 있었습니다. 둘 간의 사랑이 유지될 때에는 서로 간에 피해를 주려고 하지 않으므로 아무런 문제가 발생하지 않고 둘 간에 질서가 유지됩니다.

하지만 이제 A가 B의 돈에 욕심을 내어 그 돈을 교묘히 거짓말로

---

121) 세상에 고난과 슬픔과 억울한 사연이 많지만 이제는 이 모든 것 이기게 하시고 당신을 더욱 굳세게 하여서 온 땅에 독수리 날개 치듯 비상할 것을 위해 기도합니다.

사기 쳐 빼앗았다고 생각해 봅시다.

여기서 최초로 무너진 것은 바로 남에게 피해를 주지 않겠다고 했던 A의 사랑입니다. A의 사랑이 깨어짐으로써 B에게 피해 주는 행동을 해버렸고 그래서 둘 간에 유지되었던 질서도 순간적으로 깨지고 말았습니다.

이제 죄의 본질이 명확해졌습니다. 바로 사랑을 파괴하는 행위가 죄인 것입니다.

그리고 죄는 반드시 질서를 깨뜨리며 정의를 무너뜨리는 결과를 낳습니다. 생각해 보십시오. A가 부당하게 B의 돈을 빼앗음으로써 A와 B 사이에 유지되었던 질서가 깨져버렸잖습니까?

그리고 A는 불의한 일을 저지름으로써, B는 부당한 일을 당함으로써 A와 B 사이에 유지되었던 정의가 무너져버렸잖습니까?

나는 이 순간 성서의 사울과 다윗을 떠올립니다.

이 두 사람은 왕과 신하로서 마치 친구 같은 사이로 잘 지내고 있었습니다.

하지만 사울이 다윗에게 질투를 느끼면서 둘 사이에 질서는 깨지고 말았습니다.

이제 사울은 다윗을 죽이려고 3천 명의 군사를 데리고 쫓고 다윗은 목숨을 부지하기 위해 6백 명의 군사를 데리고 도망 다닙니다.

그 절체절명 위기의 순간, 다윗은 사울을 죽일 절호의 기회를 얻

게 됩니다.

바로 엔게디 광야의 동굴 안에 숨어 있을 때 사울이 용변을 보러 들어온 것입니다.

이제 용변을 보고 있는 사울을 등 뒤에서 검으로 치기만 하면 되는 상황이었습니다. 부하들도 다윗을 부추겼습니다.

아아! 그때 다윗은 사울을 내려치지 않았습니다.

그가 하나님이 세운 왕이라는 이유 때문이었습니다.

대신 이 사실을 증거로 삼기 위해 사울의 겉옷 자락을 살짝 잘랐습니다.

그리고 다윗은 그 겉옷 자락을 들고 나와 사울과 3천 명의 군대 앞에서 외칩니다.

나는 당신을 죽일 수 있었지만 죽이지 않았다고!

악인에게서 악이 나오는 법이라고!

나는 무죄하니 제발 노여움을 거둬달라고!

그때 사울도 감동하고 다윗을 따르던 6백 명의 군사도 감동합니다.

그야말로 다윗의 카리스마가 빛을 발하는 순간이었습니다.

다윗은 놀라운 카리스마로 사울이 깨뜨렸던 정의와 질서를 다시금 회복시키는 능력을 보여주었던 것입니다.

당신은 카리스마가 무엇인지 아십니까?

바로 하나님의 사랑과 은총이 바로 카리스마인 것입니다.

다윗이 사울에게 보여주었던 사랑과 용서의 행동, 진실하고 겸손한 행동이 바로 카리스마인 것입니다.

---

122) 우리나라 대한민국에 장맛비가 옵니다. 인류가 죄악과 방탕에 빠져 있을 때 저는 참 회개의 심령으로 고백하면서 울면서 기도했습니다. 세상의 인류가 편안함과 새 소망과 새 기쁨의 꿈을 가질 수 있기를 위해 기도합니다.

그런 카리스마 앞에서 결국 모든 사람들이 무릎을 꿇고 따르게 되어 있는 것입니다. 만약 다윗이 사울의 악을 악으로 갚았다고 생각해 보십시오. 절대 모든 사람들이 다윗 앞에 굴복하는 일은 일어나지 않았을 것입니다.

그런 면에서 나는 카리스마야말로 무너진 사랑과 정의, 질서를 회복시키는 최고의 힘이라고 생각합니다.

오! 사랑을 파괴하고 정의와 질서를 무너뜨리는 자들이여, 다윗의 카리스마를 기억하십시오.

당신들이 깨어버린 사랑과 정의, 질서는 이 카리스마를 통하여 회복될 수 있음을 기억하십시오. 그리고 이 카리스마란 바로 하나님의 사랑과 용서, 진실, 겸손임을 반드시 기억하십시오!

그럴 때 당신은 비로소 사랑과 정의, 질서를 깨트리는 부정한 일과 타락된 행동을 하지 않게 될 것입니다.

정의와 인권이 무너지는 이유는 바로 죄 때문이다

이제 당신은 정의가 무너지는 근본 원인을 제대로 알게 되었습니까? 바로 죄 때문입니다.

그리고 그 죄라는 것은 사랑을 깨는 행위인 것입니다. 자신의 욕심에서 비롯된 탐심과 노력 없이 이익을 얻으려는 간사한 마음이 사랑을 무너뜨리고 죄를 만들어 내는 것입니다.

사랑을 깨는 행위가 무서운 것은 그것이 한 개인이 인간으로서 누

려야 할 인권마저 짓밟아버리기 때문입니다. 앞에서 사기를 당한 B
는 A로부터 인간으로서 존중받아야 할 인권을 유린당하고 만 것입
니다. 사랑이 깨어지면 이처럼 무서운 결과가 연이어 일어납니다.

사랑이 깨어짐으로써 정의가 무너지고 질서가 깨지고 인권이 유
린당하는 것입니다. 만약 반대로 사랑이 유지된다고 한다면 다른
사람을 나처럼 생각하기에 근본적으로 그를 존중해 줄 수밖에 없습
니다. 따라서 정의가 무너질 일도, 질서가 깨질 일도 인권이 유린
당하는 일도 없습니다.

그런 의미에서 '정의'라는 단어와 '질서'라는 단어, '인권'이라는
단어는 어쩌면 사랑에서 파생된 단어일지도 모릅니다.

그렇다면 이제 당신은 우리가 정의를 회복하려면 어떻게 해야 한
다고 생각하십니까? 그렇습니다. 사랑을 회복하면 됩니다. 사랑만
회복한다면 정의는 그냥 살아나게 됩니다. 사랑만 회복한다면 내가
그토록 부르짖고 기도했던 인권도 살아나게 됩니다.

그런데 세상 사람들은 이 정의와 인권을 세우기 위해 사랑은 잊
어버린 채 자꾸 법과 공권력만을 갖다 댑니다.

그러니 어떻게 정의와 인권의 근본 문제가 해결되겠습니까?

당신의 나의 이 생각을 어떻게 판단하십니까?

만약 당신이 나의 주장에 동의한다면 이제 당신과 내가 앞장서
이 세상의 사랑을 회복시키기 위해 노력해야 할 것입니다. 사실 사
랑에 대하여서는 이미 당신 선조들이 멋지게 전 세계에 보여준 바

---

123) 사람들은 인간관계 속에서 수많은 사람과 인연을 맺으며 살아갑니다. 나는 당신이 이런
인간관계와 인연 속에서 서로 영의 사랑으로 협력함으로써 만사가 형통하기를 늘 기도
합니다.

있지 않습니까.

나는 지금도 당신 선조들이 나의 나라와 전 세계에 베푼 사랑을 태양과 같은 최고의 가치로 여기고 감동하고 감격하여 지금 이 글까지 쓰고 있는 것입니다. 사랑의 파워는 이런 것이 아닐까요.

이제 당신과 내가 전 세계 사람들에게 이 사랑을 다시 심어주는 데 함께 앞장서 나아가야 하지 않겠습니까?

당신은 훌륭한 선조의 피를 이어받은 후손이니,

이미 세계에서 0.01%의 DNA를 간직한 인재이니 충분히 감당해 낼 수 있다고 생각합니다.

나는 당신이 이 세상에 태어난 목적으로 책임, 의무, 가치, 도리, 윤리가 있다고 생각합니다.

먼저 책임에서, 당신은 당신 나라만의 위대한 청교도 정신, 문화, DNA의 우수성을 갖고 태어난 0.01%에 해당하는 존재입니다.

따라서 전 세계 99.99% 인류를 사랑해야 할 책임이 있습니다.

다음으로 의무에서 당신은 그 사랑을 하기에 부족함 없는 정의와 공의에 관한 지식을 배우고, 기존의 지식을 바탕으로 세계 인류를 위한 새로운 발명에 더욱 앞장서야 할 것입니다.

가치에서, 이제 당신은 전 세계 0.01%의 가치를 가지고 태어났으니 전 세계 인류와 미래의 인류를 위한 노력에 무한의 힘을 발휘해야 한다는 것입니다.

마지막으로 도리에서, 당신은 그러한 0.01%의 가치를 가지고 있기만 해서는 의미가 없으니 최고의 책임과 도리를 다하여 행동함으

로써 세계 인류를 위한 빛이 되어달라는 것입니다.

　이처럼 당신이 전 세계 인류를 위해 책임과 의무와 가치와 도리를 다할 때 당신의 위대하고 찬란한 사랑의 힘은 땅 끝까지 전해져 이 세상을 성령의 능력으로 환히 밝히게 될 것입니다. 나는 오늘도 이를 위해 간절히 기도합니다.

못 견디는 사람들!

　당신은 세상에 못 견디는 사람들이 얼마나 많은지 알고 있습니까?

　길 가던 사람이 맨홀 뚜껑을 도둑질하지 못해 못 견딥니다.

　맨홀 뚜껑을 고물상에 가져가면 300불 정도를 받을 수 있기 때문입니다.

　부잣집 서방이 예쁜 여종 계집과 섹스를 하고 싶어 못 견딥니다.

　사촌이 땅을 사면 배가 아파 못 견딥니다. 잘 되는 사람 보니 나도 그 사람처럼 되지 못해 배가 아픈 것입니다.

　또 외로워서 못 견디고 열등감 때문에 못 견디고 자존심 상해서 못 견딥니다.

　불타오르는 질투심에 못 견디고 시기심에 못 견디고 미워서 화가 나서 못 견딥니다.

　가인이 질투와 시기심을 못 견뎌 아벨을 쳐 죽이지 않았습니까.

　요셉의 형들이 요셉의 꿈 이야기를 듣고 견디지 못해 요셉을 죽이려 하지 않았습니까?

---

124) 세계 1등 국가 국민인 당신의 마음에 혹시 상대에게 속임수를 쓰려는 마음, 장차 배신하려는 마음이 생기지 않기를 위해 기도합니다.

당신은 어쩌면 세상에 못 견디는 사람이 이리도 많은지 새롭게 알았을지도 모르겠습니다.

사람들은 이생에 대한 탐심의 맛, 육신의 정욕의 맛을 잊지 못해 견디지 못하는 것입니다.

오! 하나님이여, 탐심의 맛과 육신의 정욕에 빠진 사람들의 마음과 육신의 더러운 때를 벗겨주시옵소서! 그래서 전 인류가 자신의 죄를 회개하고 점점 변화하는 역사가 일어나게 하여 주시옵소서!

그런데 당신은 내가 왜 갑자기 못 견디는 이야기를 하는지 그 이유를 아십니까? 사람은 왜 못 견뎌야 할까요? 좀 견뎌주면 안 되는 것일까요? 못 견디는 것은 상당한 위험을 내포하고 있습니다.

당신은 당신 나라의 위대한 대통령이었던 케네디 대통령을 죽인 암살범을 알고 있습니까?

그는 왜 케네디 대통령을 저격했을까요? 놀랍게도 조사 결과 그는 주변 사람들로부터 따돌림을 당했던 인물이었다고 합니다.

그래서 언제나 외롭고 쓸쓸한 외톨이였습니다.

그 결과 그의 정신은 이성을 잃었고 결국 당신 나라의 위대한 대통령을 총으로 쏴 죽여 버리는 엄청난 사건을 일으키고 말았던 것입니다. 또 당신 나라의 다른 위대한 대통령 링컨 대통령의 암살범을 알고 있습니까?

그는 링컨 대통령이 해방된 흑인들에게도 투표권을 주려 하자 이에 견디지 못하고 격분하여 그 위대한 대통령 링컨을 총으로 쏴 죽

여 버렸다고 합니다.

이제 당신은 사람이 못 견디는 것이 얼마나 위험한지 이유를 알았습니까?

못 견디는 것은 당신 나라의 대통령도 쏴 죽일 정도로 분노를 표출할 수 있는 공포의 파괴력을 지니고 있는 것입니다.

나는 당신들에게 고하고자 합니다. 당신들이여, 외롭고 쓸쓸하고 슬프고 괴롭고 때로는 화도 나지요.

하지만 당신들은 위대한 국가의 일원이니 참고 견디고 이겨내기를 기도합니다.

그리고 그 어려운 상황을 극복하여 세상에 위대한 일을 하는 당신이 되기를 간절히 기도합니다.

당신 나라에서 지구 반대편 끝에 있는 작은 나라의 나는 그 어린 시절부터 당신과 당신 나라를 위해 이런 기도를 해오고 있었다는 사실을 기억해 주시기 바랍니다.

내가 당신에게 못 견디는 이야기를 하는 이유는 정말 못 견디는 것이 인간의 본성일까, 하는 의심 때문입니다.

인간은 정말 못 견디는 존재이고 이기적인 존재이고 오기, 질투, 심술, 부정, 배신, 살인의 욕심으로만 가득 찬 존재일까요? 당신은 이 문제에 대하여 어떻게 생각하십니까?

앞에서도 이야기했듯이 나는 정말 인간이 죄짓지 않기 위해, 악에서 떠나게 하기 위해 기도하는 사람이기에 이 문제를 깊숙이 파

---

125) 국가마다 계급층이 존재합니다. 정치층. 권력층. 지식층. 재력층 등. 이 계급층은 평등보다 자기들의 이익을 내세우는 일에 앞장서는데 미합중국 계급층은 자기의 이익을 내세우기보다 서로 존중하며 함께 상생하는 길을 걷기를 위해 기도합니다.

고들지 않을 수 없었습니다. 죄짓지 않기 위해 죄의 본질을 알아야 했던 것처럼 이제 인간이 악을 저지르지 않게 하기 위해 인간의 본질을 알아야 했기 때문입니다.

인간의 본질은 무엇일까

당신은 인간의 본질이 무엇이라고 생각하십니까? 아마도 갑자기 인간의 본질 이야기를 하니 당황스러울 수도 있을 것입니다.

인간의 본질이라 함은 결국 '사람이 왜 사는가'와 연관된 것이니 매우 심오한 질문이 되기 때문입니다. 과연 길가는 사람 붙들고 당신은 왜 사십니까, 라고 물었을 때 그 질문에 대답할 수 있는 사람이 얼마나 될까요? 아니 저명한 사람을 붙들고 똑같은 질문을 했을 때 과연 이 질문에 대답할 수 있는 사람이 얼마나 될까요?

하지만 나는 인간의 악의 문제를 꼭 해결해야 했기에 이 심오한 질문에 대한 답을 꼭 얻어야 했음을 당신은 이해해 주기 바랍니다.

역사적으로 인간의 본질에 대해 이야기한 사람이 몇몇이 있었습니다. 소크라테스, 석가모니, 공자, 예수… 그리고 보니 모두 성인이라 불리는 사람들입니다. 성인이 아닌 사람 중에 인간의 본질에 대해 이야기한 철학자로 샤르트르가 있을 것입니다.

그는 "세상의 모든 만물이 본질 때문에 존재한다"라는 유명한 말을 남겼습니다. 당신도 생각해 보십시오.

연필은 글을 쓰려는 본질 때문에 존재하는 것이고 컵은 물을 담

으려는 본질 때문에 존재하는 것 아니겠습니까?

그렇다면 샤르트르는 사람의 본질은 무엇이라고 했을까요? 샤르트르는 그것을 '자유'라고 했습니다.

인간은 궁극적으로 자유를 갈망하는 존재이므로 일면 이해가 되기도 합니다.

그렇다면 나머지 4대 성인들은 인간의 본질을 뭐라고 했을까요? 놀랍게도 4대 성인들은 인간의 본질에 대해 공통적인 이야기를 하고 있었습니다. 인간의 마음에는 절대자의 본성을 담은 부분이 있으며 그 부분이 바로 인간의 본질이라는 것입니다.

이것은 나에게 있어 놀라운 이야기가 아닐 수 없었습니다. 당신은 이것을 어떻게 생각하십니까?

이것은 너무도 중요한 이야기이기에 그림을 그려가며 설명해야 함을 이해해 주기 바랍니다.

다음 그림을 보십시오. 4대 성인들은 인간의 구조를 대략 이렇게 보았습니다. 바로 성경에 나오는 것처럼 인간을 영, 혼, 육으로 구분하는 방법입니다.

이 그림에서 절대자의 성질을 담은 곳이 바로 영(사랑)입니다.

그리고 인간에게는 이 영과 구분되는 마음(혼)이 따로 있습니다.

4대 성인들은 이구동성으로 인간의 본질, 즉 인간의 존재 이유가 영 때문이라고 주장하고 있습니다.

이때 영의 핵심 성질은 '사랑'입니다. 그렇다면 혼의 존재는 무엇

---

126) 성경에서 이삭이 때가 되어 하나님께 기도한 후 리브가를 만나 결혼한 것처럼 때가 되면 당신도 하나님께 기도한 후 짝을 찾아 거룩한 결혼을 할 수 있기를 위해 하나님께 기도합니다.

일까요?

놀라운 것은 이 혼에 인간의 이기적 욕심이 자리 잡고 있다는 사실입니다.

4대 성인들은 하나같이 욕심으로 차 있는 혼을 영의 사랑으로 덧입혀야 한다고 주장하고 있습니다. 이것은 다른 사람을 사랑해야 한다는 하나님의 뜻과 맞닿아 있습니다.

당신은 이 심오한 4대 성인들의 주장을 어떻게 생각하십니까?

만약 이것이 사실이라면 이제 당신과 나는 인간의 죄 문제에 대한 명쾌한 답을 얻을 수 있게 됩니다.

세상의 악을 바꾸는 방법은 인간의 본질에서 찾을 수 있다

이제 죄의 본질에 관해 이야기했던 것을 떠올려봅시다. 앞에서

죄의 본질은 사랑을 깨는 것이라 했었습니다(당신은 이것이 기억나
십니까?

만약 기억이 가물가물하다면 다시 한번 그 부분을 읽어보기 바랍
니다. 너무도 중요한 부분이기 때문입니다).

그때 사람이 왜 사랑을 깨뜨린다고 했었습니까? 바로 욕심 때문
이라 했었습니다. 이제 그림을 다시 보도록 하겠습니다.

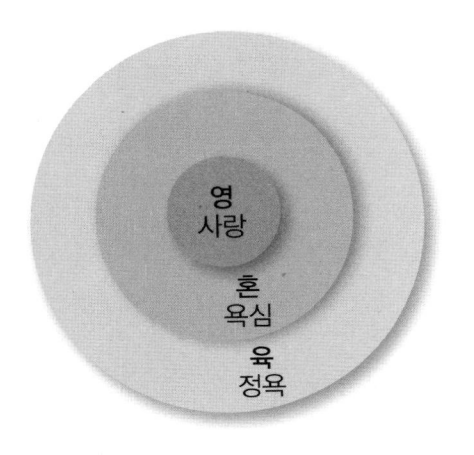

사랑이 위치해 있는 곳이 어디고 욕심이 위치해 있는 곳이 어디
입니까?

사랑이 위치해 있는 곳은 인간의 본질이라 했던 영입니다.

그러나 욕심이 위치해 있는 곳은 인간의 본질이 아닌 혼과 육입
니다.

이것을 다시 정리하면 인간이 인간의 본질에 따라서만 행동한다면,
즉 사랑에 따라 행동한다면 죄를 지을 일이 없게 됩니다.

---

127) 미합중국 국민들이 추운 겨울을 용감하게 나고 기도하는 마음으로 새봄을 맞이할 수
있기를 위해 기도합니다.

죄라는 것은 사랑을 깰 때에만 생기는 것이기 때문입니다.

그런데 누가 죄를 짓게 만드십니까?

바로 인간의 혼과 육, 즉 마음과 육체의 욕심과 정욕입니다.

마음에 있는 욕심과 육체에 있는 정욕이 인간으로 하여금 죄를 짓게 하는 것입니다.

마음의 욕심은 남의 것을 탐하려는 탐심이요, 육체의 정욕은 즐기고 싶은 것, 쾌감, 섹스 욕, 식욕 등일 것입니다. 이제 인간은 그런 마음의 탐욕과 육체의 정욕을 가지고 온갖 욕심과 욕망을 채우려 합니다. 하지만 영의 태도는 사랑을 베풀고 배려하고 참고 욕심과 욕망을 거절하는 데 있음을 잊지 마십시오.

문제는 인간이 자신의 진짜 본질인 영이 아닌 가짜 본질인 마음과 육체의 욕심에 휘둘려 죄를 짓게 된다는 점입니다.

이 얼마나 어리석은 일입니까!

나는 사람들이 이 사실만 깨달을 수 있다면 충분히 죄로부터 멀리 떨어질 수 있다고 생각합니다. 당신은 어떻게 생각하십니까?

지금 세상에서 일어나는 모든 죄와 악은 바로 인간의 마음과 육체에서 기인하는 것입니다.

마음과 육체의 욕심과 정욕이 지나치면 이제 악으로 변합니다.

악으로 변한 욕심은 정의를 파괴하고 인권을 파괴하고 생명을 파괴합니다. 약육강식의 세상으로 만들고 약자를 괴롭히는 세상으로 만듭니다. 그런데 이 모든 것이 인간의 본질이 아닌 가짜 마음과

육체의 욕심과 정욕에서 비롯된 것이라니 통탄할 일이 아니고 무엇이겠습니까! 당신은 이 문제에 대하여 어떻게 생각하십니까?

이렇게 인간들이 어리석으므로 예수님이 이 땅에 왔을 때 인간들보고 가장 먼저 한 말씀이 "회개하라"였지 않습니까.

여기서 회개하라는 뜻은 돌아오라는 뜻입니다.

즉, 가짜에 휘둘리지 말고 진짜 인간의 본질로 돌아오라는 뜻입니다. 그 인간의 본질이 바로 하나님의 성질과 일치합니다.

그러니 예수님의 외침은 곧 하나님께로 돌아오라는 뜻이라 할 수 있습니다. 당신은 이제 나와 함께 가짜 마음과 육체가 아니라 진짜 인간의 본질로 돌아와 이에 따라 살아야 한다고 생각하지 않습니까!

다윗은 성경에서 거룩한 인물 중 하나로 묘사됩니다. 그런 다윗도 밧세바를 범하는 죄를 저지르고 말았습니다.

아아! 그때 다윗의 고통은 이루 말할 수 없었습니다. 그때 다윗은 하나님께 회개하였습니다. 그리고 용서를 구했습니다.

그 고백의 기도가 다음의 시편 32편입니다.

허물의 사함을 받고 자신의 죄가 가려진 자는 복이 있도다 마음에 간사함이 없고 여호와께 정죄를 당하지 아니하는 자는 복이 있도다 내가 입을 열지 아니할 때에 종일 신음하므로 내 뼈가 쇠하였도다 주의 손이 주야로 나를 누르시오니 내 진액이 빠져서 여름 가뭄에 마름 같이 되었나이다 내가 이르기를 내 허물을 여호와께 자복하리라 하고 주께 내 죄를 아뢰고 내 죄악을 숨기지 아니하였더

---

128) 미합중국 국민이 세상에 빛과 소금의 사명을 잘 감당할 수 있기를 위해 기도합니다. 반드시 하나님께서 의에 오른손으로 당신을 들어 쓰실 것입니다.

니 곧 주께서 내 죄악을 사하셨나이다 (셀라) 이로 말미암아 모든 경건한 자는 주를 만날 기회를 얻어서 주께 기도할지라 진실로 홍수가 범람할지라도 그에게 미치지 못하리이다 주는 나의 은신처이오니 환난에서 나를 보호하시고 구원의 노래로 나를 두르시리이다 (셀라)

(시편 32편 중에서)

아! 이 얼마나 감동적인 기도입니까?

당신과 내가 지은 죄가 아무리 무겁고 크기로 하나님의 넓은 가슴은 하늘보다 넓고 넓기에 당신이 돌아오기만을 결심한다면 하나님이 어찌 못 담당하고 못 받으시겠습니까!

밧세바를 범한 죄로 고통받던 다윗도 결국 하나님께 자복하고 나아감으로 용서받지 않았습니까.

그러니 나는 이 시간 나와 당신이 마음의 욕심의 죄를 하나님께 회개하고 하나님의 사랑으로 돌아가기를 간절히 기도합니다.

그 길만이 우리가 함께 살 길이요, 인류를 위하는 길이기 때문입니다.

배신으로 망한 사람들의 욕심

내가 일일이 예를 들지 않아도 이미 당신 역시 세상에서 배신으로 망한 사람이 얼마나 많은지 알고 있을 것입니다.

성경에도 배신자들이 수두룩하게 나오지 않습니까. 그런데 이 배신의 뒷면에 그득한 욕심이 도사리고 있습니다.

예수님의 제자였던 가롯 유다는 3년간이나 예수님을 따라다녔던 열두 제자 중 한 명이었습니다.

예수님은 열두 명의 제자 중 그가 가장 계산에 빠르고 믿음이 가 그에게 돈 관리하는 일을 맡길 정도였습니다.

그는 예수님과 다른 제자들의 기대에 부응하여 3년 동안 한 푼의 낭비도 없이 돈 관리를 잘 해내었습니다.

그런데! 그런 그가 돈에 대한 욕심을 품었습니다.

그것도 은돈 30닢에 그의 스승이자 구세주였던 예수님을 로마에 팔아넘기기로 한 것입니다. 어떻게 그럴 수 있었을까요?

아마도 그는 예수님이 이 세상의 왕이 되어 자기를 구원해 줄 스승으로 여겼기에 3년을 따라다녔을 것입니다. 하지만 예수님이 이 세상의 왕이 될 마음이 없고 십자가에 죽을 것이란 예언을 하자 실망한 나머지 그런 무서운 결심을 한 것일지도 모릅니다.

어쨌든 가롯 유다는 예수님을 로마에 팔아넘기는 엄청난 배신을 저질렀습니다. 덕분에 예수님은 로마에 잡혀가 십자가에 못 박히는 기막힌 처지에 몰리게 되었습니다.

아아! 배신은 무서운 결과를 낳습니다. 가롯 유다의 배신으로 인하여 예수님은 십자가에 못 박히게 되었고 가롯 유다 역시 자신의 행동에 양심의 가책을 받아 크게 후회하고 스스로 목메어 죽었다고도 하고, 예수님을 판 돈으로 산 자신의 영지에서 배가 터지고 창

---

129) 링컨 대통령이 노예 해방을 부르짖으며 인간의 자유와 인권에 앞장섰던 것처럼 당신도 인권과 자유와 평화와 사랑에 앞장서는 사람이 되길 위해 기도합니다.

자가 튀어나와 죽었다고 합니다. 한 사람의 배신이 이 얼마나 큰 비극을 낳습니까?

당신은 예수님을 배신한 제자 중에 가룟 유다 외 또 한 사람의 이름이 떠오를 것입니다. 맞습니다.

바로 예수님의 수제자라 일컬으며 다른 모든 제자가 예수님을 배신해도 자신만은 배신하지 않겠다고 고백까지 했던 바로 그 베드로의 배신입니다.

베드로는 도대체 왜 이처럼 큰 소리 탕탕 치고도 예수님을 세 번이나 부인하는 엄청난 배신을 하였을까요?

아마도 자신마저 잡혀갈까 봐, 두려워 그랬을 것입니다. 하지만 아무리 두렵더라도 자신이 구세주라 고백했던 스승을 배신한다는 것은 쉽게 납득이 되지 않는 대목이기도 합니다.

우리는 가룟 유다와 베드로의 배신을 보면서 오늘날 우리도 이들과 크게 다르지 않은 배신을 하고 또 배신을 당하며 살아가고 있다는 생각을 하게 됩니다.

안타까운 것은 믿음의 형제 사이에서도 배신이 일어난다는 사실입니다. 믿음의 형제의 탈을 쓴 배신자는 마치 예수님을 따르겠다며 충성을 보였던 가룟 유다와 베드로처럼 순진한 형제에게 다가와 함께 하나님의 일을 하자고 꼬드깁니다. 순진한 형제는 그를 믿을 수밖에 없으며 그와 함께 하나님의 일을 할 꿈에 부풉니다.

하지만 가룟 유다가 예수님을 완전히 배신해버린 것처럼 믿음의 형제의 탈을 쓴 배신자는 순진한 형제를 완전히 배신해버립니다.

물론 그로 인한 순진한 형제의 상처는 씻을 수 없을 정도로 깊고 클 수밖에 없습니다. 그만큼 믿었던 사람으로부터 당한 커다란 배신이었기 때문입니다.

당신은 이런 일이 믿음의 형제들 사이에서 무수히 일어나고 있다는 사실을 알고 있습니까?

정말이지 이것은 하나님의 얼굴에 먹칠하는 일입니다.

그런데도 이런 일들이 버젓이 일어나고 있다는 사실에 통탄하지 않을 수 없습니다.

아아! 하나님 사악한 인간의 욕심으로 인한 배신의 죄를 용서하여 주시옵소서!

당신은 사람들이 왜 배신을 한다고 생각하십니까?

혹시 당신도 배신당한 아픔에 가슴이 시퍼렇게 멍들어 있지 않습니까?

나는 이러한 배신이 사람들의 마음에 남의 것을 자기 것으로 만들려는 욕심이 작동하기 때문에 생긴다고 생각합니다.

이 욕심 앞에서 그 소중한 스승과 제자와의 관계, 같은 하나님 믿는 형제자매의 관계도 무참히 깨지고 마는 것입니다. 결국 더러운 욕심을 제거해야 우리는 비로소 배신당하거나 배신하지 않고 살 수 있게 되는 것입니다.

오! 하나님이여, 사람들의 마음에 도사리고 있는 탐욕과 나쁜 감

---

130) 세상은 불평등과 부조리가 판을 칩니다. 이에 세계 1등 국가인 미합중국에는 평등과 정의가 바로 세워지기를 위해 기도합니다.

정을 이제는 거두게 하여 주시옵소서!

그래서 더 이상 이 땅에 배신하는 사람이 없게 하여 주시고 배신당하여 괴로움을 겪는 사람이 없게 하여 주시옵소서!

어떻게 욕심을 거둘 수 있을까

결국, 욕심이 모든 문제를 일으킵니다. 당신은 인간의 욕심을 거둘 수 있는 방법이 있다고 생각하십니까?

인간이 신이 아니므로 욕심을 거둘 수 있는 방법이 없다고 생각하십니까? 사실 모든 인간의 죄가 바로 이 욕심으로부터 시작되니 만약 이 욕심을 거둘 수 있는 방법이 있다면 배신은 물론 인간의 죄를 획기적으로 줄일 수 있을 테니 얼마나 좋을까요.

당신은 정말로 이 욕심을 거둘 수 있는 방법이 없다고 생각하십니까?

욕심을 거두는 것은 내가 그토록 갈망하는 죄를 멀리할 수 있는 최고의 방법이니 나는 이 문제에 대하여 깊은 고찰을 하지 않을 수 없었습니다. 도대체 인간의 마음에 도사리고 있는 욕심을 거둘 수 있는 방법은 없단 말인가요!

놀랍게도 나는 수년간 이 문제의 답을 찾다가 성경 속에 그 비밀이 숨어 있다는 사실을 알고 소스라치게 놀랐습니다. 당신은 이 답을 알고 싶지 않습니까?

앞에서 하나님이 나타내는 성질의 핵심이 바로 사랑과 천국이라고 했었습니다. 여기서 사랑이 수단과 방법이라면 천국은 결과입니다.

즉, 사랑이라는 방법을 잘 사용하면 천국이라는 결과를 얻을 수 있다는 것입니다.

그런데 이 사랑의 속성을 담고 있는 곳이 바로 인간의 구성 중 '영'이라 했습니다. 한편 인간의 구성 중 욕심을 담고 있는 곳은 '혼' 과 '육'입니다.

그렇다면 천국은 어디에서 이루어질까요? 당신은 혹시 천국이 단지 영에서만 이루어진다고 생각할지도 모르겠습니다. 하지만 놀라지 마십시오. 천국은 인간의 모든 영역, 즉 영, 혼, 육 모두에서 이루어집니다. 사실 예수님이 이 땅에 와서 이야기한 천국이 바로 이런 것이었습니다. 단지 죽어서 가는 천국이나, 영에서만 이루어지는 천국을 이야기한 것이 아니라 바로 이 세상을 살아가면서 영, 혼, 육 모두에서 이루어지는 이 세상의 천국을 선포한 것입니다.

그런데 이것을 제대로 이해하는 사람이 거의 없었습니다.

그래서 예수님은 한탄하지 않을 수 없었던 것입니다. 나는 이 부분을 이해하고 얼마나 감사했는지 모릅니다. 얼마나 고마웠는지 모릅니다. 하지만 오늘날 사람들은 이것을 깨닫지 못하기에 여전히 이 세상의 천국을 누리지 못한 채 살아가고 있다고 생각합니다.

그런 면에서는 나는 이 세상의 천국을 제대로 알고 이해하는 사람들이 점점 더 많아지기를 기도합니다.

---

131) 미국은 사랑하는 사람과 아름다운 축복이 가득 넘치는 나라이며 나는 그런 나라에 사는 당신을 그리워하며 기도합니다. 오! 하나님이여, 저와 미국인이 함께할 수 있도록 하여 주옵소서.

이제 당신은 나의 질문에 다시 답해 보십시오. 천국이 인간의 영, 혼, 육 전체에서 이루어진다고 했을 때 그러면 인간의 마음에도 천국이 이루어지는 것입니까?

당연히 마음에도 천국이 이루어집니다. 그럼 다시 질문하겠습니다. 그러면 마음의 천국 상태에서 여전히 육체의 욕심도 활개를 칠까요? 절대 그렇지 못할 것입니다. 천국이란 사랑과 평화와 기쁨이 충만한 상태인데 욕심을 부릴 아무런 이유가 없어지기 때문입니다.

당신은 이제 내가 무엇을 말하고자 하는지 조금 감이 오십니까? 그렇습니다. 인간의 마음과 육신에 도사리고 있는 욕심을 거두는 방법은 의외로 가까운 곳에 있다는 이야기입니다. 나의 중심이라고 할 수 있는 영에 속한 사랑을 작동시킬 수 있어야 합니다.

그러면 그 사랑이 마음과 육신을 덮어버리고 그것을 천국으로 만들어 마음과 육신의 욕심마저 깨끗하게 걷어버릴 것입니다.

이것은 마치 어두운 동굴에 한 줄기 빛이 비치면 어느샌가 어둠이 싹 걷히고 마는 원리와 비슷합니다. 이제 당신은 탐욕의 욕심이 거두어지는 원리를 알게 되었습니까?

주 달려 죽은 십자가 우리가 생각할 때에
세상에 속한 욕심을 헛된 줄 알고 버리네

-찬송가 149장 중에서-

예수님이 달려 죽은 십자가야말로 '사랑'의 상징입니다.

그 십자가를 우리가 생각할 때에 비로소 세상에 속한 욕심이 헛된 줄 알고 버린다는 찬양 시입니다. 이 얼마나 멋진 시입니까? 나는 당신에게도 이 시를 바치고 싶습니다. 당신은 내가 바치는 이 시를 받아들이겠습니까?

회개가 정답이다

당신은 내 말에 좀 더 귀를 기울여보십시오. 여전히 문제가 남아 있습니다. 말로는 사람의 영 속에 있는 사랑을 작동시키면 된다고 했지만 이게 말처럼 쉽지 않다는 데 문제가 있는 것입니다. 당신은 이것이 왜 그렇다고 생각하십니까?

그것은 우리 인간의 마음이 너무도 불안한 가운데 있기 때문입니다. 세상에 인간의 마음처럼 위태로운 것이 없습니다. 하루에도 수십 번 걱정하고 염려하며 불안과 조바심에 젖어 삽니다. 조금이라도 무슨 일이 생기기만 하면 두려움으로 마음을 졸이며 삽니다.

이것이 인간의 마음입니다. 마음이 이처럼 요동치고 위태로우니 마음 깊이 존재하는 영을 작동시키기란 쉽지 않습니다.

영의 사랑은 인간의 의식 속에 있긴 있으나 미미하고 욕심으로 찬 마음은 의식의 대부분을 차지하니 늘 욕심에 휘둘려 위태롭기 그지없습니다.

그래서 우리에게는 미미한 마음속 영을 더욱더 잘 드러내고 위태로운 마음을 가라앉힐 수 있는 방법이 필요합니다.

---

132) 불쌍한 이웃+장애인+과부+소외자+약한 자+비천한 자+부모 없는 소년소녀가장 들이 힘 있는 자로부터 폭력과 인권 착취를 당하지 않도록 힘 있는 자들의 양심에 대고 기도합니다.

나는 잔잔한 바다의 수면은 사랑과 평화로 가득한 마음속 영에 비유할 수 있다고 생각합니다.

그리고 거세게 치는 파도는 위태로운 마음에 비유할 수 있다고 생각합니다.

이때 거센 파도가 일렁일 때는 잔잔한 수면이 만들어지기란 쉽지 않습니다. 하지만 파도가 점점 가라앉을수록 어떻게 됩니까?

드디어 바다의 수면이 점점 잔잔해지지 않습니까. 이렇게 파도가 완전히 잠잠해지면 이제 파도의 모습을 사라지고 바다의 마치 비단처럼 잔잔한 수면만 남게 됩니다. 위태로운 마음도 마찬가집니다. 파도처럼 몰아치는 위태로운 마음을 가라앉힐 때 위태로운 마음은 비로소 사랑과 평화로 잔잔한 마음속 영과 만날 수 있게 되는 것입니다.

그렇다면 어떻게 마음의 파도를 가라앉힐 수 있을까요?

이 역시 쉽지 않은 문제이나 감사하게도 이에 대한 정답을 성경에서 예수님이 잘 알려주셨습니다. 바로 '회개'하는 것입니다. 앞에서 회개란 무엇이라고 했습니까? 바로 돌아오는 것이라 하지 않았던가요. 욕심으로 찬 마음은 우리의 근원이 아닙니다.

우리의 마음속에 있는 근원은 그야말로 사랑과 정의로 가득 차 맑고 깨끗한 영입니다. 우리가 돌아가야 할 곳은 바로 사랑의 영인 것입니다. 다음 성경 구절을 보십시오.

만일 우리가 우리 죄를 자백하면 저는 미쁘시고 의로우사 우리

죄를 사하시며 모든 불의에서 우리를 깨끗하게 하실 것이요

−요한일서 1:9−

이 성경 구절에서 죄를 자백한다는 말이 욕심의 마음에서 사랑의 영으로 돌이키겠다는 뜻, 즉 회개가 됩니다. 그러면 어떤 일이 일어난다고 했나요?

우리 죄를 용서하시고 모든 불의에서 우리를 깨끗하게 해 준다는 것입니다. 이 얼마나 놀라운 선포입니까?

세상의 모든 죄짓는 자들이여! 지금 이 순간 당신들이 당신들의 죄를 자백하고 회개한다면 당신들의 죄가 깨끗하게 된다고 하나님이 약속하셨습니다! 그러니 지금 당장 당신들의 죄에서 돌이켜 회개하기를 간절히 기도합니다.

당신은 여기에서 한 가지 더 꼭 기억해야 할 것이 있습니다. 회개라는 단어의 뜻에 단지 마음의 뉘우침만 들어있는 게 아니라는 사실입니다.

이제 불의한 마음에서 깨끗한 영으로 돌이켰다면 그에 맞는 사랑의 행동, 정의로운 행동이 나올 때에라야 진정한 회개가 이루어진 것이란 사실입니다. 이것은 마치 자동차의 유턴에 비유할 수 있습니다.

자동차가 길을 잘못 들어섰을 때 유턴하여 다시 돌아가야(회개)하는데 이때 돌아가야 한다는 마음만 먹고 있다고 절대 회개가 된

것이 아니란 이야기입니다. 당연히 차를 유턴하여 돌아가는 행동까지 할 때 비로소 진정한 회개가 이루어진 상태가 된다는 사실을 당신은 꼭 기억하기기 바랍니다. 이는 회개에도 노력이 뒤따른다는 사실을 암시합니다.

회개하는 구체적 방법

회개하는 방법의 하나로 나는 영혼의 호흡을 권장합니다. 이것은 과학적으로도 증명된 방법이니 당신도 따라 해 보기 바랍니다. 당신은 이 세상에서 하나님은 어디에 계시다고 생각하십니까?

그렇습니다.

하나님은 지금 당신 속(바로 영이다)부터 시작하여 바로 당신 곁, 그리고 1미터, 2미터 주변에도 계십니다. 그리고 좀 더 먼 곳에도 계시며 저 푸른 자연 속에도 계시고 드넓은 창공에도 계십니다.

나아가 전 우주에 충만한 분이 바로 하나님이십니다. 그런데 이때 하나님은 영으로만 존재하십니다. 영은 곧 에너지입니다. 이것을 동양에서는 '기'라고 표현하기도 합니다. 어쨌든 이제 눈을 감고 영혼의 호흡을 시작해봅시다. 서서히 숨을 들이마십니다.

이때 하나님의 충만한 에너지가 내 몸속으로 들어온다고 생각하고 숨을 들이마시십시오.

하나님의 에너지를 마시는 것이므로 최대한 길게 들이마시는 것이 중요합니다. 그리고 이제 숨을 내쉴 차례입니다. 이때에는 내

몸속에 있던 것들이 모두 빠져나갑니다.

즉, 내 마음에 있던 욕심, 걱정, 불안, 두려움… 이런 것들이 모두 빠져나가버리는 것입니다. 그러니 숨을 내쉴 때에도 최대한 길게 내쉬어봅시다.

이런 과정을 거치는 것이 바로 영혼의 호흡입니다. 놀랍게도 이 영혼의 호흡을 하다 보면 어느새 긴장되고 질풍노도 같았던 마음이 차분히 가라앉음을 느끼게 됩니다.

당신은 이 영혼의 호흡을 어떻게 생각하십니까? 만약 좋은 것이라 생각한다면 이제 나를 따라 영혼의 호흡을 해봅시다. 천천히 하나님의 에너지를 들이마시고…. 천천히, 천천히 내 속의 욕심을 다 내쉬어버리고….

당신은 이 영혼의 호흡에 놀라운 과학적 원리까지 담고 있다는 사실을 알고 있습니까?

먼저 사람이 심호흡을 할 때, 특히 숨을 길게 내쉴 때 부교감신경이 활성화된다는 사실이 실험을 통해 밝혀졌습니다.

우리 몸속에서 교감신경은 흥분상태를 담당하고 부교감신경은 안정 상태를 담당합니다. 그 부교감신경이 활성화된다는 것이니 이는 곧 마음의 안정을 뜻합니다. 어떤가요? 놀랍지 않은가요? 또 이처럼 호흡에 집중하여 영혼의 호흡을 계속하다 보면 인간의 뇌파가 불안정한 베타파에서 안정된 알파파로 떨어진다는 사실이 밝혀졌습니다.

---

133) 하나님께서 전능하신 능력으로 우리를 고통에 빠트리는 사탄의 악의 근원을 제하여 주소서. 그리고 죄에 빠져 더러워진 영혼들을 용서하여 주셔서 그 영혼들이 흰 눈 같이 맑게 하여 주실 것을 기도합니다.

여기서 베타파는 마음이 불안정할 때 생성되는 뇌파요, 알파파는 인간의 마음이 가장 안정된 상태일 때 생성되는 뇌파입니다.

보통 상태에서는 알파파가 불가능하고 주로 수면 직전에만 보이는 파가 바로 알파파라고 합니다.

그런데 단지 이 영혼의 호흡을 통하여 알파파에 근접할 수 있다니 놀랍지 않습니까.

이제 이렇게 영혼의 호흡을 통하여 마음이 안정되었다면(앞의 그림에서 파도가 잔잔해진 것에 비유할 수 있다) 이제 마음이 아니라 내 중심에 있는 진짜 나의 본질, 나의 중심인 영을 바라보십시오. 드디어 영이 보이기 시작할 것입니다. 그리고 그 영의 실체이신 하나님 앞에 기도하십시오.

그동안 하나님 뜻에 어긋났던 내 마음의 모든 욕심을 용서해 달라고!

지금까지 내가 알고 있었던 모든 지식, 감정, 생각, 감각 심지어 양심까지도 하나님 앞에 다 내려놓겠다고!

만약 그게 받아들여진다면 그때 비로소 당신은 진정한 영을 만나게 될 것입니다. 진정한 하나님을 만나게 될 것입니다.

그러면 이제 문제는 드디어 해결의 시작점에 서게 됩니다. 그 순간 영의 빛이 작동하여 마음의 어둠을 물리쳐버릴 것이기 때문입니다!

물론 꼭 기억해야 할 것은 이것을 한 번 한다고 욕심이 모두 다

물러가버리는 게 아니라는 사실입니다.

영은 미미하고 마음은 항상 위태롭다는 사실을 기억하십시오. 이 방법은 위태로운 마음을 일시적으로 안정시키는 데 탁월한 효과를 줄 것입니다.

이 사실을 기억하고 언제나 겸손한 마음으로 영혼의 호흡을 계속하다 보면 어느새 내 속의 영이 작동하여 나는 더욱더 안정된 사람이 되어 갈 것입니다.

다음으로 해야 할 것은 이러한 안정을 바탕으로 내 속의 사랑을 작동시키기 위한 지식을 얻기 위해 노력해야 한다는 사실입니다. 분명히 기억하십시오. 사랑의 실천은 단지 사랑의 마음만으로 이루어지지 않습니다.

한 사람의 행동은 그 사실에 대하여 내가 완전히 깨닫고 이해되었을 때 일어나기 시작합니다.

예를 들어 밥을 먹지 않으면 죽는다는 사실은 내가 완전히 이해하고 있기에 반드시 실천하는 것입니다.

따라서 왜 사랑을 실천해야 하는가에 대한 진리의 지식을 내 안에 채우기 위해 지속적인 노력을 해야 합니다.

이렇게 내 안에 사랑의 정서와 지식이 가득 차야 비로소 나는 사랑을 실천할 수 있게 될 것입니다.

이때 욕심은 저 멀리 사라져 버리고 우리는 더 이상 죄에서 점점 멀어지게 될 것입니다!

당신은 나와 함께 이런 공부를 해보지 않겠습니까!

성경에 항상 기뻐하라,

쉬지 말고 기도하라,

범사에 감사하라는 말씀이 있습니다.

이것은 당신의 선조께서 우리에게 깨닫게 해 주신 말씀이기도 합니다. 그런데 이 말은 누구나 상식적으로 불가능한 말이라 생각할 것입니다.

어떻게 항상 기뻐하고 쉬지 않고 기도하며 범사에 감사할 수 있단 말입니까? 그런데 놀라지 마십시오. 만약 당신이 영혼의 호흡과 진리의 지식 쌓기를 통하여 당신 마음속 깊숙이 있는 영을 깨운다면 당신의 마음이 사랑으로 가득하여 항상 기뻐하고, 쉬지 말고 기도하며, 범사에 감사하는 사람이 될 수 있을 테니 말입니다. 그런 면에서 항상 기뻐하라, 쉬지 말고 기도하라,

범사에 감사하라는 말씀은 우리의 마음을 정화하기 위해 꼭 실천해야 하는 계명이기도 한 것입니다.

오! 하나님이여, 나와 당신, 나아가 이 세상 사람 모두가 사랑의 영을 일깨워 나쁜 욕심의 마음을 거두고 항상 기뻐하고, 쉬지 말고 기도하며, 범사에 감사하는 사람이 될 수 있도록 인도하여 주시옵소서!

그래서 더 이상 이 세상에 죄가 범람하지 않도록, 배신과 사기가 횡행하지 않도록 인도하여 주시옵소서! 나아가 미래에 죄가 없는 희망찬 세상을 열 수 있도록 인도하여 주옵소서!

하루에도 수만 번 떠오르는 생각, 생각들!

당신은 모든 죄의 원인이 위태로운 마음에서 비롯된다는 사실을 잘 알았습니까? 그렇다면 당신은 그 위태로운 마음 중에서 무엇이 가장 문제라고 생각하십니까? 학자들은 인간 마음의 구성요소로 지, 정, 의를 이야기합니다. 그런데 이 지, 정, 의를 통합하여 인간의 마음에서 종합적으로 작동하는 것이 있습니다.

"바로 생각입니다."

놀라운 것은 인간은 하루에도 수백 번, 수천 번, 수만, 수백만 번 생각의 노예로 산다는 사실입니다.

어떤 학자는 인간이 깨어 있는 16시간 동안 매일 4천 개가 넘는 생각을 한다고 주장하기도 합니다.

내가 생각하기에 이보다 훨씬 더 될 것 같을 만큼 인간은 하루에도 많은 생각을 하며 살아갑니다.

그 생각 중에는 좋은 생각도 있고, 나쁜 생각도 있으며 우울한 생각도 있고 기쁜 생각도 있습니다. 어떤 자기 계발을 다루는 책에서 긍정적인 사람이 되라고 했을 때 그것은 결국 생각을 긍정적으로 하라는 말과 같을 정도로 인간은 생각의 힘에 지배당하며 살아가고 있습니다. 결국 인간은 생각에 따라 움직이는 동물인 셈입니다. 오죽하면 파스칼이 "인간은 생각하는 갈대다"라고까지 했겠습니까?

인간은 생각에 따라 이리저리 흔들리는 갈대와 같다는 뜻입니다. 당신은 나의 이 생각을 어떻게 판단하십니까?

당신과 나는 이 문제를 반드시 짚고 넘어가야 할 것입니다.

---

134) 신사의 나라에서 탐욕의 욕심+심술+오기+사기+배신하면 어떤 결과가 온다는 것을 누구나 잘 알고 있습니다. 오직 자기 자신의 당당한 노력과 은총으로 이런 것들을 이겨내기를 기도합니다.

내가 지금까지 인간의 욕심을 거두는 방법에 대해 이야기했는데, 만약 당신의 생각이 이를 받아들인다면 당신도 이것을 따라 할 것이요, 당신의 생각이 이를 받아들이지 않는다면 당신은 절대 이것을 따라 하지 않을 것입니다. 인간의 생각은 이와 같은 것입니다. 죄를 짓는 것도 마찬가지입니다.

어떤 한 인간이 죄를 지으려 할 때 먼저 그 마음속에 나쁜 생각이 떠오르고 그리고 그 사람은 그 생각에 따라 죄를 지을 것입니다.

그런 면에서 인간이 마음속에 떠오르는 생각을 조절하는 것은 매우 중대한 문제로 떠오르지 않을 수 없습니다.

그런데 이상한 것이 있습니다. 인간이 하루 중에 하는 생각 중 긍정적인 것보다는 부정적인 것이 훨씬 많다는 사실입니다.

당신은 이것에 대하여 어떻게 생각하십니까?

당신도 하루 중에 떠오르는 생각 중 부정적인 생각이 더 많은지, 긍정적인 생각이 더 많은지 떠올려보세요. 아마 부정적인 생각이 더 많을 것입니다. 왜 이런 현상이 나타날까요?

사실 이 문제는 인간의 행복감과 직결되어 있습니다. 인간은 지금 행복하다고 생각하면 행복하게 되어 있고 불행하다고 생각하면 불행하게 되어 있습니다.

그런데 인간은 살아가면서 행복을 느낄 때가 그리 많지 않습니다. 오히려 힘들고 어렵다는 생각을 할 때가 훨씬 많습니다. 이는 무엇을 뜻할까요? 바로 인간이 긍정적인 생각보다 부정적인 생각을 더 많이 하고 산다는 증거입니다.

부정적인 생각을 더 많이 하고 살기에 행복을 느낄 때가 그리 많지 않은 것입니다.

복 있는 사람은 악인들의 꾀를 따르지 아니하며 죄인들의 길에 서지 아니하며 오만한 자들의 자리에 앉지 아니하고…

-시편 1:1-

이 성경 구절에서 악인의 꾀가 바로 부정적인 생각이 발전하여 나타난 나쁜 생각입니다. 나쁜 생각의 결과가 어떤가요?

죄인들의 길, 즉 죄를 짓게 만들어버리고 맙니다. 더 무서운 것은 이러한 죄의 습관이 오만한 자의 자리에 앉아버린다는 사실(죄 습관이 생겨버린다는 사실)입니다.

나와 당신은 죄가 오만한 자의 자리에 앉아버리기 전에, 죄인들의 길에 서기 전에 악인의 꾀가 생기지 않도록 아예 부정적인 생각부터 싹둑 잘라버려야 하는 것입니다.

오 하나님,

3억 3천만 미국인들의 마음과 생각을 위해 기도합니다.

그들이 전 세계 어디에 있든지 그들의 생각이 부정적인 덫에 빠지지 않게 해 주시고 늘 긍정적인 생각과 거룩한 뜻으로 가득 차 있기를 기도합니다.

그래서 죄인이 아니라 의인으로서 전 세계 인류의 행복을 위해

기여하는 거룩한 미국인의 모습이 되기를 기도합니다.

나쁜 생각이 나쁜 행동을 만든다

인간이 하루 중 훨씬 더 많이 하는 부정적인 생각들은 나쁜 생각들을 만들어내게 마련입니다.

살기도 힘든데 남의 것을 훔치자는 생각!

돈을 벌고 싶은데 차라리 남을 속여서 내 것으로 만들자는 생각!

나아가 이웃이 부자가 되는 모습을 보면 배가 아프니 차라리 훼방이나 놓아버릴까, 하는 생각까지!

인간은 너무도 나쁜 생각에 빠지기 쉬운 환경 속에 살고 있습니다.

그리고 나쁜 생각이 발전하면 결국 죄를 양산해 내게 됩니다.

나쁜 생각이 더욱더 발전하면 심각한 악을 만들어내게 됩니다.

지금 세상에 일어나고 있는 모든 수많은 죄악들이 바로 나쁜 생각에서 출발하는 것입니다. 당신은 이 문제를 어떻게 생각하십니까?

나쁜 생각이 이토록 무서운 결과를 가져온다면 이제 나쁜 생각을 차단하는 방법을 생각하지 않을 수 없습니다.

우선, 몸의 컨디션이 좋지 않으면 나쁜 생각이 많이 떠오르게 마련입니다.

그러므로 몸의 컨디션을 좋게 유지하는 것이 절대적입니다. 몸의 컨디션이 좋을 때 좋은 생각을 많이 하게 됩니다.

이때 눈빛도 선해지며 입에서는 좋은 말이 나오는 것을 어렵지 않게 볼 수 있습니다.

그렇다면 어떻게 좋은 컨디션을 만들 수 있을까요? 사실 자기 몸의 컨디션을 어떻게 좋게 하는지는 자신이 가장 잘 알고 있을 것입니다. 그럼에도 불구하고 우려하는 마음에서 몇 가지를 적어봅니다.

좋은 컨디션을 유지하기 위해 단잠을 자는 것이 무엇보다 중요합니다. 나는 언제나 당신 나라 사람들이 깊은 단잠을 잘 수 있기 위해 기도해왔습니다.

그뿐만 아니라 전 세계 사람들이 깊은 단잠을 자기 위해 기도해왔습니다. 그만큼 단잠을 자는 것이 중요하기 때문입니다. 대부분 컨디션이 좋지 않을 때는 잠을 자야 할 시간에 잠을 자지 않고 딴짓을 했기 때문입니다.

과학자들은 사람이 잠을 잘 때 몸에 나쁜 물질들과 필요 없는 부정적 생각들을 청소한다고 합니다. 잠이 이처럼 중요한 일을 하는데 잠을 제대로 자지 않는다는 것은 내가 나쁜 생각을 하겠습니다, 하고 반항하는 것과 같습니다.

또 적절한 운동을 규칙적으로 하는 것이 필요합니다. 인간의 몸은 기계와 같아서 적당히 돌려줘야 더 잘 돌아갑니다.

그런 면에서 운동은 몸의 윤활유라고 할 수 있습니다. 마지막으로 몸에 나쁜 음식들을 피해야 합니다. 현대는 인스턴트식품의 공해 시대라고 하는데 바로 이 인스턴트식품이 컨디션을 떨어뜨리고

---

135) 인간 존재의 가치성과 거룩성. 진실성과 위대한 에너지가 미국과 전 세계에 임하기를 기도합니다.

나쁜 생각을 하게 하는 최고의 적입니다.

그러므로 당신도 가능하면 인스턴트식품을 피하고 건강식을 먹기 위해 노력하십시오.

나는 나와 당신, 나아가 전 세계 사람들이 이처럼 자신의 건강을 잘 지켜 먼저 나쁜 생각에서 벗어나기를 기도합니다.

무엇보다 당신은 위대한 선조의 거룩한 피를 이어받은 몸으로 더욱더 거룩한 마음으로 충만하여 인류를 깨우쳐줄 사명감과 의무와 책임이 있는 귀한 몸입니다.

그러니 나는 늘 당신이 긍정적인 생각으로 단잠을 자고 몸에 좋은 음식을 먹으며 당신의 건강을 지키며 살기를 기도합니다.

그래서 당신이 건강한 정신과 육체로 인류의 행복을 위해 힘쓰는 사람이 되길 어제도 오늘도 내일도 기도하는 것입니다.

나쁜 생각을 차단하는 근본적인 방법 필요

아무리 좋은 컨디션을 만든다 해도 사실 이것이 나쁜 생각을 차단하는 근본적인 방법이 될 수는 없습니다.

건강한 사람도 얼마든지 나쁜 생각을 할 수 있기 때문입니다. 결국 나쁜 생각을 차단하는 근본적인 방법은 앞에서도 이야기했듯이 마음이 아니라 마음속에 있는 영에서 찾아야 합니다.

우선, 생각 자체가 내가 의지적으로 하는 것보다 마음에서 스스

로 떠오르는 성질이 강하다는 사실을 인식해야 합니다.

즉, 생각은 모두 같은 것이 아니라 나의 지식과 감정에서 그냥 떠오르는 생각이 있고 내가 의지적으로 하는 생각이 있다는 것입니다. 여기에서 중요한 것은 그냥 떠오르는 생각입니다. 그냥 떠오르는 생각의 발원지가 어디입니까?

바로 내 마음의 지식과 감정 창고입니다. 그런데 이런 내 마음의 지식과 감정 창고가 나의 진짜 본질에 해당할까요, 아닐까요?

앞에서도 이야기했듯이 나의 진짜 본질은 마음이 아니라 마음속 영에 있다 했으므로 이것은 진짜 본질이 아닐 가능성이 매우 높습니다.

이렇게 따져보면 나에게서 떠오르는 생각이라는 게 진짜가 아닌 가짜 본질이고 결국 나는 가짜에 놀아난 꼴이 되어버리고 말게 됩니다. 따라서 우리는 빨리 이 가짜에서 빠져나와야 합니다.

그리고 진짜(영)가 던져주는 생각을 하도록 의지적인 생각을 발동시켜야 합니다. 이것이 나쁜 생각을 차단시키는 최상의 방법입니다.

당신은 나의 이 생각에 대하여 어떤 판단을 하십니까? 만약 당신도 나의 생각에 동의한다면 이제부터 가짜 생각의 노예로 살지 말고 진짜 나의 본질(마음속 영)이 던져주는 좋은 생각을 하기 위해 조금씩, 조금씩 스스로 변화하기 위해 노력해야겠다고 다짐해야 하지 않겠습니까!

좋은 생각은 더 좋은 것을 만들어내게 마련입니다. 좋은 생각에는 위대성과 창조성과 진리를 담고 있기 때문입니다.

나는 지금 당신과 내가 늘 좋은 생각을 하기를 꿈꾸고 있습니다. 나는 지난밤 꿈에 당신과 내가 좋은 생각을 하여 위대한 일을 하는 꿈을 꾸었습니다.

나는 반드시 하나님께서 그 꿈을 이루어주시리라 믿습니다. 나는 나의 놀라운 꿈이 당신의 놀라운 꿈으로 변하여 당신의 놀라운 꿈이 정녕 이루어져 위대하고 창조적인 일로 세상을 기쁘게 하고 하나님을 기쁘게 하리라 기도합니다.

인간은 감정의 동물이다

당신은 앞에서 인간의 마음이란 요동치는 바다와 같다고 했던 말을 기억하십니까? 왜 인간의 마음은 요동치는 바다가 될까요?

왜 인간의 마음은 위태로운 상태가 될까요? 당신은 그 이유가 무엇이라고 생각하십니까?

이것은 고도의 심리가 담긴 매우 심오한 질문입니다. 바로 인간은 감정의 동물이기 때문입니다. 학자들이 인간의 마음을 지, 정, 의로 구분했다고 했었는데 이때 정이 바로 감정입니다.

그리고 감정은 인간의 마음에서 지식과 의지에 비해 압도적인 위치를 차지합니다.

어떤 학자들은 인간의 마음이 80~90% 이상 감정의 지배를 받는다고 주장하기도 할 정도입니다. 문제는 이 감정 때문에 온갖 죄와 악이 벌어진다는 사실에 있습니다. 당신은 감정 조절에 실패해 패

가망신한 사람들을 얼마나 많이 보고 있지 않습니까?

최근 나의 나라에 무서운 사건이 발생하고 말았습니다. 전방 부대에서 총기난사 사건이 터진 것입니다.

아아! 세상에 총기를 난사한 병사는 수류탄까지 터트렸다고 하니 도대체 얼마나 감정이 북받쳤으면 그랬을까요?

너무나 안타깝게도 이 일로 5명의 소중한 생명이 목숨을 잃었고 7명의 부상자가 발생했다 합니다.

아아! 당신은 이 사건이 왜 일어났다고 생각하십니까?

사건 진상 조사 결과에 의하면 부대원들이 이 병사를 심하게 왕따시켰고 심지어 수치스러운 욕설과 별명까지 부르며 놀리기까지 했다고 합니다. 이에 이 병사는 치밀어 오르는 분노의 감정을 이기지 못하고 순간적으로 폭발시키며 총을 난사해버리고 만 것입니다.

당신은 이 끔찍한 사건을 이해할 수 있습니까?

당신 나라에서도 이런 총기사건이 심심찮게 일어나고 있으니 이 문제는 비단 나의 나라 문제만은 아닐 것입니다.

사실 나는 당신 나라에서 일어나는 총기 사건을 애타는 마음으로 지켜보며 기도하고 있습니다.

당신 나라에서도 총기 사고는 매년 끊이지 않고 있기 때문입니다.

한 번 사고가 터질 때마다 수 명~ 수십 명의 목숨을 앗아가니 이보다 무섭고 끔찍한 일이 어디 있겠습니까?

아마도 총기 사고 문제는 당신 나라의 최고 고민거리 중 하나일

---

136) 세계 강대국가의 지식층과 능력자가 탐욕과 부정을 일으키면 정의와 진실은 사라지게 됩니다. 이에 정의의 근원이 세워지길 위해 기도합니다.

것입니다. 당신 나라는 세계 최고 나라이니 하루속히 이 문제가 해결되기 위해 나는 오늘도 간절한 마음으로 기도하고 있습니다.

총기 사고는 대표적 감정 폭발로 일어난 사고라 할 수 있습니다. 그런 면에서 총기 사고와 같은 감정 사고는 아마도 사람이 사는 곳이라면 어디든지 일어날 수 있는 사건인지도 모릅니다. 도대체 이것은 누구의 잘못이며 이런 감정의 폭발로 일어나는 악은 어떻게 멈출 수 있을까요? 이 문제에 대하여 당신은 어떻게 생각하십니까?

아아! 나는 오늘도 이 문제를 놓고 기도하지 않을 수 없습니다. 하나님이여, 인류가 감정을 억제하고 감정을 건드리지 말고 다른 사람을 놀림감으로 삼지 않게 하여 주시옵소서.

자신의 감정에만 얽매이지 않게 하시고 타인의 감정까지 이해할 수 있는 사람들이 점점 많아지게 하여 주시고 타인의 마음을 다치게 하기보다는 타인의 마음을 위로하고 격려하는 사람이 더 많아지기를 위해 간절히 기도합니다.

감정을 다스리는 방법

당신은 당신 나라에서 총기난사 사건 같은 것이 일어나는 근본 원인이 무엇이라고 생각하십니까?

물론 치미는 분노의 감정을 억누르지 못해 일어나는 일일 것입니다. 하지만 생각해 보십시오. 만약 아무리 억울하고 분노가 치미는

일을 당했다고 해도 감정만 조절할 수 있었다면 이런 일이 터졌겠는지?

만약 감정을 컨트롤할 수 있었다면 최소한 이 정도의 큰 사건은 일어나지 않았을 것입니다.

사실 인간이 감정 때문에 망하는 일은 비단 이런 큰 사건뿐만이 아닙니다. 아주 사소한 일도 감정 조절에 실패해 망하게 됩니다. 배우자가 조금만 내 감정을 건드려도 감정이 폭발하여 부부 싸움으로 번집니다. 조금만 어려운 일이 생겨도 감정이 흔들려 절망 속으로 빠져듭니다. 생각해 보세요!

결국 스스로 목숨을 끊는 저 수많은 사람들도 결국 감정 조절에 실패하여 저 자리에 가 있는 것이 아닙니까!

그러므로 인간이 감정을 조절하는 것은 죄를 다스림에 있어 너무도 중요한 문제라 하지 않을 수 없습니다. 당신은 이 감정 조절의 문제를 어떻게 생각하십니까?

이제 나는 당신에게 중요한 사실 한 가지를 이야기하려 합니다. 어떤 일에 원인과 결과가 있다고 했을 때 인간의 감정은 반드시 결과에 해당한다는 이야기입니다.

왜 인간의 감정이 원인이 아니라 결과인지는 가만히 생각해 보면 금방 이해할 수 있습니다. 기쁜 일이 있기 때문에 기쁜 감정이 생기는 것이요, 슬픈 일이 있기 때문에 슬픈 감정이 생기는 것입니다. 좋은 일이 있기 때문에 좋은 감정이 생기는 것이요, 나쁜 일이

있기 때문에 나쁜 감정이 생기는 것입니다. 이제 이해가 되십니까? 그렇다면 이제 우리는 감정을 조절할 수 있는 최선의 방법을 찾게 됩니다.

즉, 그런 감정을 생기게 하는 원인은 차단해버리는 것입니다.

그런데 인간의 삶 자체가 희로애락의 삶이므로 감정을 만들어내는 근본적인 원인을 제거할 방법은 없습니다. 대신, 그 원인을 이해할 수는 있을 것입니다.

예를 들면 어떤 분노가 치미는 일이 생겼다고 했을 때, 분노의 감정이 솟구칠 게 뻔할 것입니다. 또 그렇게 분노의 감정을 폭발시켰을 때 이후의 삶이 어려워질 것은 뻔한 이치입니다. 그렇다면 그 분노가 치미는 일이 생겼을 때 아예 분노가 치미는 일 그 자체를 그냥 이해해 버리면 어떻게 될까요?

아마도 분노의 감정이 그전처럼 높게 치밀지는 않을 것입니다. 따라서 분노가 치미는 일 그 자체를 그냥 이해해 버리는 것은 분노의 감정을 다스리기 위해 매우 중요한 과정임에 분명합니다.

그렇다면 어떻게 분노가 치미는 일 그 자체를 그냥 이해해 버리는 것이 가능할까요? 그것은 나의 마음에서는 불가능하지만 나의 진짜 본질인 마음속 영에서는 가능합니다.

영이 가지고 있는 본성이 바로 사랑이요, 정의요, 질서이기 때문입니다.

그 순간 내가 마음에 의지하지 않고 내 마음속 영에 의지해 버리면 이제 나의 영은 나에게 이렇게 말할 것입니다.

"그도 그럴만한 이유가 있었을 거야. 그러니 내가 이해해야지."

이것이 사랑의 마음입니다. 그리고 영은 또 이렇게 말할 것입니다.
"하지만 그의 잘못은 바로잡아줘야 해. 서로 간에 질서를 지키는
가운데 그가 잘못을 깨닫도록 해주는 일은 필요해."

이것은 마음속 영에서 발동하는 정의와 질서의 속성 때문에 생기
는 마음입니다. 만약 상대가 나에게 상처를 줬는데 그냥 이해하고
넘어가버린다면 그것은 올바른 일은 아닐 것입니다.

그가 자기의 잘못을 깨닫지 못하고 또 다른 사람에게 피해를 줄
수 있으니까요. 그래서 사랑과 영은 정의의 영과 함께 발동하는 것
입니다.

이처럼 내가 내 감정의 지배에서 벗어나 내 마음속 영의 지배를
받으려 하면 그 영은 순간 분노를 느낄 수는 있지만 더 이상 감정
의 지배를 받지는 않게 해 줄 것입니다.

나는 이것이 내 감정을 조절할 수 있는 최상의 방법이라고 생각
합니다. 감정을 일으키는 원인이 생기는 순간 내 마음을 마음속 영
에 맡겨버리는 것!

당신은 이것에 대하여 어떻게 생각하십니까? 이런 방법으로 감
정을 조절하는 연습을 계속하다 보면 어느새 감정에 휘둘리지 않는
사람이 되어 있을 것입니다. 어떤가요? 당신도 이런 방법으로 나와
함께 감정을 조절해 보고 싶지 않습니까?

137) 미합중국의 사랑의 봉사활동은 참으로 감동과 감격을 줍니다. 선진 시민들이 서로 협력
하는 모습에 탐복하였습니다. 미국의 봉사정신이 전 세계에 전해지고 온 세계가 한마음
이 되기 위해 기도합니다.

그리고 이 감정 조절 방법을 당신 나라와 나의 나라와 함께 전해 보고 싶지 않습니까? 그렇게 될 때 분노조절을 하지 못해 세상에서 발생하는 악과 세상의 죄는 점점 더 없어져 갈 것입니다.

나는 오늘도 그런 날을 꿈 꾸며 당신의 나라 3억 3천만 명과 인류 80억의 사랑을 위해 기도하고 세상의 사랑을 위해 기도할 뿐입니다.

두려워 말라 놀라지 말라

내가 너를 굳세게 하리라 내가 너를 도우리라

-이사야 41:10-

나는 당신이 이 성경 말씀을 기억하기를 기도합니다. 당신이 지금 두려운 감정이 있더라도, 불안한 감정이 있더라도 절대 절망하거나 포기하지 마십시오.

지금 당장 당신의 감정을 하나님께 맡겨버린다면 당신의 감정은 마음속 영의 지배를 받게 되어 절망의 감정에서 빠져나오게 될 것입니다. 하나님께서 당신을 굳세게 하고 당신을 돕는다고 하지 않았습니까.

그러니 당신 선조의 거룩한 피를 기억하며 힘을 내시고 나와 함께 세계를 밝힐 빛나는 일에 앞장설 좋은 생각과 감정만을 떠올리기를 간절히 기도합니다.

마지막으로 나는 당신에게 용서에 관한 감동적인 이야기를 들려주려 합니다. 나의 나라 연쇄 살인범 중에 유영철이라는 사람이 있었습니다.

그는 어느 날 가정 주택에 돈을 훔치러 들어갔다가 할머니와 어머니, 딸 세 모녀를 모두 살해했습니다. 영문도 모른 채 집에 돌아온 남자는 졸지에 자신의 어머니와 아내, 딸이 죽어 있는 장면을 목격하게 된 것입니다.

그 순간 이 남자는 거의 정신을 잃을 정도로 절망하며 분노하였습니다. 자신의 어머니와 아내와 딸의 목숨을 앗아간 유영철에 대하여 갈기갈기 찢어 죽여 버리고 싶은 마음이 솟구쳐 올랐습니다.

유영철은 잡혔고 사형선고를 받았습니다. 하지만 남자의 마음은 좀처럼 가라앉지 않았습니다. 자기 손으로 갈기갈기 찢어 죽여 버리고 싶었습니다.

그런데! 어느 날 남자는 유영철을 용서하기에 이릅니다. 도대체 어떻게 이런 일이 일어날 수 있었을까요?

놀랍게도 그 남자가 참 사랑과 거룩한 성령의 하나님을 만난 것입니다. 그 남자는 오히려 하나님 앞에 자신의 죄를 회개하고 유영철을 용서하기로 결심합니다.

아아! 나는 이것이야말로 욕심의 마음에서 사랑의 영으로 돌이켰을 때,

즉 회개할 때 일어나는 거룩한 행동이라고 생각합니다.

당신은 이 이야기를 듣고 어떤 느낌을 받습니까? 당신이 만약 그

남자와 같은 상황에 처했다면 그 남자처럼 용서할 자신이 있습니까?

만약 당신도 욕심의 마음에서 돌이켜 사랑의 영에 의지할 수 있다면 충분히 가능한 일입니다. 우리는 이미 이 남자의 실제 예를 통하여 두 눈으로 똑똑히 지켜봤지 않습니까?

만약 당신과 내가 욕심의 마음에서 돌이켜 사랑의 영을 회복할 수 있다면 세상에 못할 일이 없습니다.

우리는 함께 죄에 빠진 세상을 일으켜 세울 수 있게 될 것입니다.

나는 당신이 나와 함께 이 일을 해나가기를 오늘도 간절히 기도하고 있습니다. 당신은 나의 이 뜻에 동참하시겠습니까?

인류 구원을 위한
나의 원대한
꿈과 이상 1

① 감정분노해소학교의 꿈

분노로 속이 터질 것 같은 사람들

지금은 세상 모든 것이 단잠에 빠진 깊고 고요한 새벽, 나는 누가 깨운 것도 아닌데 스르륵 일어납니다.

몸을 씻어 밤새 더러워졌던 것을 털어내고 옷매무새를 가다듬고 나만의 골방을 파고듭니다.

아! 너무도 고요한 시간, 숨소리, 심장의 고동소리마저 들리는 시간, 마치 나만의 세계로 빠져드는 느낌입니다.

나는 나만의 주관적인 시간에 나만의 문장을 써 내려갑니다.

…그것은 나의 꿈입니다. 지난 60여 년 일관되게 인류의 죄와 정의와 평화와 번영을 위해 기도해왔던 나의 이상입니다.

나는 날개를 펄럭이며 세상의 상공으로 날아갑니다.

거기에 흉포한 죄로 인하여 터질 것 같은 분노의 칼을 품고 살아가는 사람들이 잔뜩 있습니다.

그들은 누군가의 욕심으로 인해, 누군가의 악행으로 인해 지금

---

138) 미국 대통령이 취임식 할 때 성경책 위에 손을 놓고 미국 국민 앞에 선서하는 모습을 보고 참으로 감격했던 적이 있습니다. 이것은 곧 미국 국민+대통령님의 기도라는 생각을 했습니다. 미국 대통령이 선서했던 것처럼 하나님과 국민 앞에 순종할 수 있기를 위해 기도합니다.

그 분노의 칼을 품게 되었을 것입니다.

물론 그 누군가는 바로 내 옆에 있는 사람일 수도 있고 내 주변 사람일 수도 있고 아니면 멀리 있는 사람일 수도 있습니다.

어쨌든 분노를 품게 된 사람의 삶이 정상적일 리 없습니다. 그의 삶은 고통 그 자체입니다.

당신은 이런 그에게서 행복이란 단어를 떠올릴 수 있다고 생각하십니까? 도저히 그럴 수 없을 것입니다.

혹 누군가의 위로로 그가 얼굴에 억지웃음을 띨 수는 있겠지만 그 웃음은 행복을 담은 웃음이 아니라 분노를 담은 웃음입니다. 문제는 우리 사회에 이런 사람이 너무도 많다는 사실에 있습니다.

사기당한 사람, 억울하게 누명 쓴 사람, 이혼당한 사람, 심하게 싸운 사람… 등. 이들은 분노감, 시기심, 질투심, 배신감, 오기, 원수, 살인, 미움, 억울함으로 감정이 심하게 요동치고 있습니다. 더욱 심각한 것은 이런 폭발 치는 감정들이 개인이 아니라 저명한 단체에서 조직적으로 나타날 때에는 우리 사회가 위협을 받기도 합니다.

어차피 인간은 감정의 노예로 살아가는 동물입니다.

하지만 그 감정이 인간의 삶을 파괴하는 원흉이 된다면 이는 심각한 일이라 하지 않을 수 없습니다.

우리가 사는 세상에는 바로 이 감정의 컨트롤이 되지 않아 고통받는 사람들이 너무도 많습니다. 이웃집과 주차 문제, 층간 소음 문제 등 아주 작은 불씨가 원인이 되어 싸우다가 감정이 폭발하여

살인까지 저질러버립니다.

　부모와 자식 간에도, 부부간에도 바로 이 감정 컨트롤이 되지 않아 칼부림이 일어납니다. 사실 현대의 가장 심각한 문제로 떠오르고 있는 가정불화, 검은 돈, 갈등, 이혼 문제도 어쩌면 바로 이 감정 컨트롤의 문제일지도 모릅니다. 이미 서로 간에 상처가 깊어진 부부간에는 대화 속에도 감정이 들어갈 수밖에 없으며 이제 어느 순간 감정이 폭발함으로 이혼에 이르게 되는 것입니다. 당신은 이 문제를 어떻게 생각하십니까?

　당신은 왜 현대인들의 감정 컨트롤이 이처럼 어렵다고 생각하십니까? 나는 그것이 오직 물질주의로만 흐르는 세파와 깊은 관련이 있다고 생각합니다.

　물질과 연관된 지식 교육만 했지 정신과 영혼 교육이 전혀 일어나고 있지 않는 것입니다. 이런 상태에서 경쟁만 강조하고 돈만 좇다 보니 감정에 휘둘릴 수밖에 없습니다.

　나는 지금 사람들의 감정 상태를 이대로 놔뒀다가는 더 큰일이 일어날 수도 있다고 생각합니다.

　섹스는 감정이나 용서와 달리 인간의 3대 본능에 해당하는 것이기에 차원이 다른 해결책이 필요하다고 생각합니다.

　아예 섹스의 개념 자체를 바꿔버려야 한다는 것입니다. 순간의 즐거움, 육신의 쾌락, 욕망… 이런 개념에서 거룩한 하나님의 위대

한 선물, 애정, 아름다운 부부의 큰 비밀, 편안함, 자연스러움, 행복, 최고의 매력… 등의 개념으로 말입니다.

이처럼 섹스의 개념 자체가 바뀌기 위해서는 바른 성교육을 하는 학교, 올바른 정신적 욕구에 대하여 공부하는 교육과정이 반드시 필요하다고 생각합니다.

지역 단위로 용서교육, 감정해소교육, 성교육 훈련소가 세워지면!

나는 감정과 본능으로 죄짓는 문제 해결을 위해 지역 단위로 용서 교육, 감정 해소 교육, 바른 성교육 훈련소를 세울 꿈을 꿉니다. 여기에는 분노로 고통받는 사람들, 감정 컨트롤이 되지 않아 고통은 사람들, 섹스의 문제로 위기에 빠진 사람들이 입교하게 될 것입니다.

물론 이것은 국가와 의논하여 허락하면 국가의 재정으로 시행하여 무료 교육으로 진행하기를 원합니다. 누구나 자연스럽게 입교할 수 있고 일정 기간 교육을 받으면 수료할 수 있습니다. 이때 제일 중요한 것은 지식과 경험이 풍부한 유명 강사진이 배치되어 실제적으로 삶을 바꿔줄 수 있는 진리를 가르쳐주는 역할이 있어야 한다는 것입니다.

내가 받은 교육 중에 '아버지학교'라는 것이 있었습니다.
당신도 혹 이런 교육이 있다는 것을 알고 있습니까?

그것은 세상의 아버지들이 받는 교육입니다. 아버지가 무슨 교육을 받아야 할까, 갸우뚱하겠지만 그게 그렇지 않습니다.

사실 아버지는 별다른 교육도 없이 결혼과 함께 그냥 아버지가 되는 경우가 많습니다. 그래서 아버지가 해야 할 역할이 얼마나 중요한지 또 얼마나 많은지 모르는 아버지들이 태반입니다.

아버지는 가정에서 어떤 일을 해야 하고 아내에게는 어떻게 대해야 하고 아이들에게는 어떻게 대해야 하는지, 제대로 모르는 아버지들이 거의 대부분입니다. 그래서 수많은 아버지들이 가정에서 실수하고 가정을 깨뜨리는 주범이 되기도 합니다. 그런 의미에서 아버지학교는 너무도 소중한 교육이라 하지 않을 수 없습니다. 아버지학교는 거의 눈물바다로 이루어집니다. 그동안 왜 나의 가정이 엉망이 되었는지 모르다가 아버지 학교에 와서야 자기 잘못을 깨닫기 때문입니다.

그래서 아버지학교를 거쳐 간 수많은 아버지들이 놀라운 가정의 회복을 경험하게 되는 경우가 대부분입니다.

여기서 더욱 중요한 것은 아버지학교를 졸업한 사람들이 다시 아버지학교의 선생님이 되어 후배들에게 도움을 주는 시스템입니다. 사실 배우는 사람보다 가르치는 사람의 행동이 더 조심스러운 부분입니다.

이 시스템은 아버지학교를 졸업한 사람도 지속적으로 아버지 역할을 잘 수행하게 해주는 이중적인 효과가 있습니다.

한편, 아버지학교의 성과를 바탕으로 어머니학교도 세워졌음을

---

139) 하나님께서 미합중국을 사랑으로 선택하셨습니다. 하나님께서 미합중국 국민 한 사람 한 사람에게 진실한 영광과 축복을 내려주시기를 위해 기도합니다.

당신은 잊지 말아야 할 것입니다.

어머니학교도 아버지학교와 마찬가지로 무너진 가정의 어머니들을 세우는 데 결정적인 역할을 하고 있습니다.

나는 내가 제안한 용서 교육, 감정 해소 교육, 바른 성교육 훈련소도 이런 식으로 운영되어야 한다고 생각합니다.

이제 분노로 치를 떨던 사람들이 용서 교육 훈련소에 들어와 용서를 배울 것입니다.

감정이 컨트롤되지 않아 고통받던 사람들은 감정교육 훈련소에 들어와 감정을 컨트롤하는 방법을 배우게 될 것입니다. 섹스 문제로 방황하던 사람들도 바른 성교육 훈련소에 들어와 새로운 개념의 섹스에 대하여 배우게 될 것입니다. 이렇게 교육을 받은 사람들은 분명히 이전보다 나아진 자신을 경험하게 될 것이며 달라진 삶에 놀라게 될 것입니다.

그리고 이런 경험을 한 이들이 다시 고통에 빠져 있는 사람들을 위해 용서 교육, 감정 해소 교육, 바른 성교육 훈련소의 선생님이 될 것입니다.

아! 이 얼마나 아름다운 일이요, 이 얼마나 멋진 일입니까. 당신은 만약 이것이 현실에서 이뤄진다면 어떤 일이 일어날 것이라 생각하십니까?

아마도 용서하는 사람들이 많아질 것이며 감정을 잘 컨트롤하는 사람들이 많아질 것이며 부정한 섹스를 하는 사람들이 크게 줄어들

것입니다. 이것은 바로 내가 그토록 꿈꾸었던 아름다운 사회의 모습입니다.

당신은 나와 함께 이 일을 하고 싶지 않은가요?
당신은 나와 함께 이 일이 하루빨리 이루어지기를 간절히 기도하고 싶지 않은가요!

분노의 감정이 = 평화와 화해로 변화되기를

미국의 사고 사건 모두가 한 사람의 감정 분노로부터 시작됩니다.

좋은 감정, 기쁨과 사랑의 감정이 있지만 반대로 오기, 질투와 복수의 감정이 있습니다. 나는 나쁜 감정이 좋은 감정으로 변화되기를 위해 다음과 같이 기도합니다.

1) 미합중국 3억 3천만 명이 스스로 자기 자신의 마음을 사랑하여 새 꿈의 희망을 가지기를 기도합니다.

2) 자기의 감정과 육신을 다스리는 노력을 더하면 미국 땅에 정의가 살아나고 세계에 새 희망을 주며 인류의 범죄 사건이 51% 감소할 것입니다. 따라서 자기의 감정과 육신을 다스리기 위한 당신의 정직한 도전을 위해 기도합니다.

3) 하나님이 당신에게 주신 작은 달란트를 스스로 사랑하여 보세요. 저절로 더 좋은 달란트가 만들어질 것입니다. 이를 위해 기도합니다.

4) 당신께서 나의 앞뒤 옆 사람을 사랑하면 4배의 마법이 적용되고 또 이것이 자승되어 열매는 16배를 만들어낼 것입니다. 이처럼 당신에게 온 인류를 사랑하는 마음이 생기기를 기도합니다.

5) 당신의 마음을 사랑하여 보세요. 또 스스로 자랑도 하고 칭찬도 하면 마음에 날개가 달려온 세상 어디든지 날아갈 수 있을 것입니다. 당신의 마음속에 아름다운 사랑의 꽃동산을 만들어 온 세상 사람들에게 평화의 축복이 싹트기를 기도합니다.

6) 나와 당신이 감정을 해소하고 마음의 문만 열면 온 세계는 사랑의 꿈으로 가득할 것입니다. 이를 위해 기도합니다.

인류도 식물도 동물도 감정을 가지고 있습니다. 동물과 좋은 나무에게 아름다운 음악과 환경을 제공하면 우수한 새끼를 낳고 열매도 좋은 열매를 맺는다고 배웠습니다.

감정의 분노, 감정의 폭발이 근본적으로 해결되는 기도를 하기 원합니다.

분노의 감정만 해소하면

분노의 감정은 자신 혼자만의 잘못으로 발생하지 않습니다.

만약 분노한 사람이 분노를 일으킨 상대에게 잘못을 돌리지 않고 스스로 잘못을 반성하고 회개하면 연쇄반응이 일어나지 않습니다. 하지만 모든 잘못을 분노를 일으킨 상대에게 덮어 씌우려 하면 서

로 간에 감정이 폭발하여 연쇄반응이 일어나게 됩니다.

문제가 생기면 먼저 자신을 돌아보아 스스로 잘못한 점을 받아들이고 양심을 통하여 소멸한다면 더 이상 문제가 커지지 않을 텐데, 사람들은 본인의 배경과 권력의 힘 등 온갖 힘을 합하여 상대에게 대응하여 자신의 감정을 폭발시킴으로써 연쇄적 감정의 분노를 만들어냅니다.

감정의 연쇄반응은 참으로 거대한 바이러스 세균의 전염과 같습니다.

일단 타인과의 연속적인 연쇄반응이 일어나면 아무리 참고 또 참아도 분노의 굴레 속에서 벗어나기 힘듭니다. 약자의 입장에서는 하소연도 재판도 소용없고 또 하나님께 기도로 매달려도 쉽게 해결되지 않습니다. 상대가 나보다 더 강자이기 때문입니다.

아무리 참고 또 참아도 연쇄반응의 참상은 그치지 않습니다.

나 혼자 아무리 진실과 정의와 정직한 마음이 있어도 돌아오는 것은 나쁜 감정과 억압과 자존심까지 상하게 하는 분노의 감정일 때가 많습니다.

그래도 참아야지 하며 결심하여도 연쇄반응의 소용돌이는 그치지 않고 마음의 한계까지 참아도 끝을 찾을 수가 없습니다.

그렇게 참다 참다 결국 끝에 가서 폭발하고 마는 것입니다.

이처럼 끝도 없이 파도처럼 밀려오는 감정을 30일동안 의학박사

---

140) 우리나라 새벽하늘의 별빛이 반짝이는 시간에 미국 하늘의 별들과 바다의 물과 온 천지에 하나님의 영광이 가득하기를 기도합니다. 또 미합중국의 희망찬 미래를 위해 기도합니다.

전문가의 상담과 고통에서 해결된 진실한 경험자의 강의와 교육을 통하여 감정을 해소할 수 있는 방법을 배우고 사랑을 회복할 수 있다면 참으로 기쁜 일일 것입니다.

공동체가 등록하여 함께 교육받음으로써 공동체에 도사리고 있던 분노의 감정도 해소될 수 있습니다.

분노의 감정이 해소되면 사실 과거의 감정은 물거품에 불과하다는 사실을 깨닫게 될 것입니다.

그리고 다시 새 희망의 길로 나아갈 수 있게 될 것입니다.

새 마음으로 새로운 공동체의 열정 속에서 청교도 정신+청렴도+거룩한 감정이 합일하여 인류와 미합중국을 사랑하는 마음으로 축복의 감정이 샘솟을 것입니다.

나는 분노의 감정에 시달리고 있는 당신이 심기일전하여 새 선구자의 꿈을 꾸기를 기도합니다.

당신이 새 꿈을 꾼다면 당신은 봉사와 선행의 선구자가 되어 자신도 모르게 미합중국에서 위대한 역할을 하게 될 것입니다.

기대와 희망의 포부를 상상하여 보세요.

저는 이런 마음으로 미합중국에서 감정분노해소학교가 일어나 미래의 새 꿈을 창조하길 오늘도 기도하고 있습니다.

② 세계양심기념관을 세우고 싶은 꿈을 기도하고 있습니다

세계양심기념관

지금까지 나는 주로 죄에 대하여 많은 이야기를 하였습니다.

이 세상의 부정의와 불의와 인권 유린, 다툼, 전쟁이 바로 죄로부터 발생하기 때문입니다.

이러한 죄에는 법을 어기는 죄와 양심을 어기는 죄가 있는데 그중 양심을 어기는 죄가 가장 무섭습니다. 이것은 인간이기를 거부하는 행위이기 때문입니다.

그리고 양심만 바로 선다면 그다음 법을 어기는 죄도 없어져 버릴 것입니다.

그런 의미에서 양심은 인간에게 있어 가장 중요한,

영혼의 기본이 되는 마음이라 할 수 있습니다.

안타깝지만 지금 세상의 양심은 다 무너져가고 있습니다. 사람들은 자신의 이익이라면 이제 양심 따위는 안중에도 없는 듯 보입니다.

나는 이 양심의 회복을 어떻게 할 수 있을까를 늘 고민하며 기도해왔습니다.

그러던 어느 날,

하나님께서 나에게 세계양심기념관이라는

아이디어를 주셨습니다.

세계양심기념관이 뭐야? 하는 분들이 많을 것 같아 내가 구상하는 세계양심기념관에 대하여 간단히 소개하렵니다.

세계양심기념관에는 양심의 회복과 관련된 인류의 역사 속에 있는 인물부터 종교, 음악, 미술, 문학, 형상 구조물 작품들이 전시됩니다. 그뿐만 아니라 양심에 대한 과학적인 접근과 실제 내 속에 있는 양심의 모습을 홀로그램으로 보여주는 장치도 설치되어 있습니다.

이제 사람들이 이 세계양심기념관에 들어서는 순간 수많은 문학과 과거의 역사와 현재의 예술작품을 통하여 양심에 대하여 생각하게 되며. 홀로그램을 통하여 자신의 양심을 비춰봄으로써 자신의 삶을 돌아보고 양심을 새롭게 하는 경험까지 하게 됩니다.

즉, 이 양심의 가책 속에 괴로워했던 사람이 세계양심기념관을 통과하는 순간 새로운 양심으로 거듭나는 것입니다.

이 얼마나 위대한 세계의 양심기념관입니까!

한편 세계양심기념관에는 기념관만 있는 것이 아니라 부속기관으로 하나님의 양심 학교도 세울 예정입니다.

30일 동안 양심을 회복하기 위한 교육을 하여 인간의 정의와 양심을 가지고 새롭게 태어나게 해주는 학교입니다.

지원자에 한하여 교육을 받게 되며 모든 것을 정부가 관리하고

훌륭한 강사도 선정하게 됩니다.

미국 땅의 좋은 자연의 위치에 거룩하게 준비하여 세계의 인류가 상상할 수 없을 정도로 위대하게 건물과 조경이 세워지기를 기도하였습니다.

세계양심기념관을 통하여 미합중국과 전 세계가 변화되는 물결이 일어날 것입니다.

삶의 여러 가지 감정으로 인한 범죄 사건이 51% 감소할 것을 기도하고 있습니다.

인간의 변화를 기도하고 새 양심을 찾는 것과 지키는 축제의 운동을 펼쳐나가는 데 당신과 공동체가 적극적 참여하기를 기도합니다.

세계가 볼 때 탄성 소리가 나오도록 기도로 준비하여 세워지기를 원합니다.

세계인들의 기념 방문이 연이어 이어지기를 기도합니다.

미국인의 자비와 명예와 자존심을 지킬 수 있도록 위대하게 만들어지기를 원합니다. 미국인의 청렴도와 양심이 다시 살아나는 역할을 할 것입니다.

그 효과는 다음 세대까지 영원히 이어질 것입니다.

세계양심기념관의 효과

인간은 새 양심이 마음속에서 샘솟으면 정의와 진실을 꿈꾸게 됩

---

141) 미국의 국민 중 중독자가 있습니까? 당신의 몸과 정신의 영혼은 과거에 현재에 미래에 참으로 귀한 사람입니다. 당신이 성령으로 변화된 새사람이 되길 위해 기도합니다.

니다.

양심이 투철하면 청렴도가 높아져 인류의 죄가 점점 없어지고 새 마음으로 누구에나 서로 평화의 봉사와 사랑의 나눔을 하게 됩니다. 타락도 욕심도 탐심도 죄성도 점점 없어질 것입니다.

따라서 이제부터 새롭게 시작하는 교육은 양심을 가르치고 배우는 것이 되어야 합니다.

이것을 전 미국에서 하면 전 세계로 전파되어 인류의 교육에 새로운 혁명이 일어날 것입니다.

현재의 교육은 온갖 정성을 다하여도 기초적인 자신의 양심조차 스스로 지키지 못하는 인간을 만들어내고 맙니다.

이것이 사회적 악순환이 되어 사회악의 근원이 되고 있습니다. 따라서 먼저 인간의 정의와 양심을 배우게 하고 스스로 지키게 하면 국가와 사회의 직접 비용과 낭비가 점점 줄어들게 될 것입니다.

또한 정직과 신뢰와 청렴도가 살아나게 됩니다.

밝고 맑은 정신과 거룩한 마음으로 행하다 보면 미국의 공동체가 새 정금으로 탄생할 것입니다.

미국의 하늘과 땅과 바다에 샘솟는 청강수가 흘러 복의 근원이 될 것을 기도합니다.

양심, 정의, 진실, 회개의 청교도 정신의 뿌리가 살아나면 공동체에 새 물결의 열기가 퍼져나갈 것입니다. 하나님의 축복으로 옛 영

혼이 깨어지고 깊고 깊은 곳에서 알 수 없는 은밀한 죄까지도 드러나게 될 것입니다.

미국인 3억 3천만 명과 그 후손들의 정자 난자까지 스스로 반응하여 하나님의 양심과 정의를 대물림하는 거룩함이 있기를 기도합니다.

죄를 자복하고 회개하는 공동체의 각성운동을 전개하여야 합니다. 한 사람이 회개하여 하나님의 품과 미합중국 공동체품으로 돌아오면 참으로 위대한 일이라 했는데, 하물며 공동체가 회개한다면 이것은 미합중국에 있어 상상할 수 없는 축복의 시작이라 할 수 있습니다.

나도 당신도 공동체에 함께하여야 합니다.

비록 몇 사람, 작은 도시라 할지라도 공동체의 열기는 위대하므로 정의와 열기를 만들어내야 합니다.

미국의 각 공동체에서 융합된 힘이 발휘되어 공동체 전체가 회개하면 한 개인에게도 회개의 열기가 전달됩니다.

죄는 은밀하고+감추고+마음속 깊은 곳에 있고+영원히 공개할 수 없고+나쁜 습관 유전자를 대물림하고+누가 알까 두려워하고+악이 발각되면 명예와 체면과 인격과 양심에 심각한 타격을 입는 특성이 있습니다.

이것을 공동체가 회개하면 개인에게 전달되고 나와 너 각자가 스

스로 양심선언하면 새 양심이 생깁니다.

제 생각에 미국의 땅 위에서 각자가 1년에 한 번씩만 각 주마다 돌아가면서 피켓을 들고 새 양심 찾기와 양심 지키기 운동을 펼치면 수백만 명의 인파가 양심의 축제 운동하는 것이 되어 각 개인에게 미치는 영향이 커질 것입니다.

이에 나 자신도 당연히 동참하는 의사가 발동하게 됩니다. 각 주 (50개 주)마다 공동체가 금요일~토요일 중에서 선택하여 주말마다 한 주씩 돌아가며 양심 찾기 운동을 펼치면 1년에 총 50번을 하게 됩니다.

미합중국 당신께서 이 축제 운동에 한 번만 참석하게 되면 전체 3억 3천만 명이 다 참석하게 되는 것입니다.

그 효과는 미합중국 국민과 세계 인류에 영향을 미쳐 스스로 진실과 정의와 양심을 새롭게 하고 과거를 반성하고 회개하는 결심으로 이끌며 정의와 양심의 용사와 전사가 되게 할 것입니다.

나는 당신께서 공동체 축제의 시발자가 되어주기를 기도합니다. 양심에 목마른 자가 참 생수의 정의를 주게 되는 것입니다.

누구나 매일매일 양심의 심장이 뛰고 있습니다.

오늘도 내일도 양심과 순결의 정신은, 양심의 심장은 정의를 찾고 싶어 하고 있다는 사실을 기억해 주십시오.

종교단체+교육계+기업체+공공단체+국민+그룹 기업체+정부+ 문화계+예술계+체육계+언론 방송국=공동체가 동참하면 전 세계

각 나라 인류 80억 명이 감탄하고 다음 세대까지 이어져 후손의 양심까지 기도하게 될 것입니다.

하나님의 빛이 당신에게 비칠 때 강철 같은 죄가 녹아버리고 양심이 스스로 살아나 청백해질 것입니다.

미국의 새 양심이 새 역사를 만들어 갈 것입니다.

또한 미국이 새 양심으로 세계 1등 양심 국가가 되면 세계 각 나라의 범죄 사건도 크게 감소할 것입니다.

이에 따른 경제 효과와 도덕성과 질서의 바른 정신은 상상할 수 없는 희망을 만들어낼 것입니다.

저는 미국의 땅 위에 하나님께서 허락하신 세계양심기념관을 세우고 싶은 꿈을 중년시절부터 받아서 기도하였습니다.

작가(이병기)가 생각하고 구상하고 기도하는 세계양심기념관 속에 인류의 양심과 관계된 내역이 다 들어 있고 영상으로 누구나 볼 수 있습니다.

우리는 자신의 양심이 아주 멀리 있는 줄 알지만 최고 가까이 있다는 것을 알아야 합니다.

양심을 한 번만 잘못 건들면 전염성이 강하여 자신도 모르게 양심의 진실이 탐욕으로 사용되어 버립니다. 나쁜 양심이 연쇄반응을 일으키면 여러 사람의 진실을 삼켜버리고 도덕과 윤리와 천륜까지도 저버리게 됩니다.

---

142) 3억 3천만 명의 사람 중에 비록 죄가 있다고 하여도 회개하고 용서를 빌면 전능의 하나님께서 각자의 마음에서 떠나가지 않고 죄를 깨끗하게 하여 주시며 새 마음에 성령의 평화가 임할 수 있습니다. 이를 위해 기도합니다.

그러나 인류의 양심은 법보다도 더 위대한 존재입니다.

이러한 현상을 세계양심기념관에서는 그림과 조각, 입체의 모양 등의 영상으로 표현하여 자기의 양심을 스스로 알 수 있도록 할 것입니다.

인간의 조건에 따라 양심은 시대별의 양심과 국가별 양심과 조직의 양심으로 나눠집니다.

민주국가와 공산국가는 사상은 달라도 하나님이 주신 양심은 동일합니다.

왕과 백성의 양심과 형제간의 양심과 부자와 빈자의 양심은 동일합니다.

각 종교마다 양심에 중심을 두지 않는 종교는 없습니다.

양심은 교육과 인격과 환경과 종교와 매우 밀접한 관계를 갖고 있습니다.

그만큼 양심의 존재는 눈으로 볼 수도 없지만 가치는 세월이 수천 년 흘려도 인류의 생명과 같이 귀한 존재였습니다. 인간에게만 하나님께서 영에다가 영혼의 양심을 심어 주셨습니다.

인간의 과학과 발명이 위대하게 발전하여도 양심의 진실은 측량 못합니다.

인간의 관계, 갈등, 의심, 진실, 돈, 권력, 사랑, 지식, 신뢰, 봉사 애정 속에서 양심과 정의의 때문에 자기 목숨을 바치는 일은 인간에게서만 일어납니다. 이것은 인류의 양심이 얼마나 위대하다는

것을 스스로 증명하는 것입니다.

세계양심기념관 속에는 양심과 관계되는 것과 반대되는 것을 비교할 수 있도록 꾸며지기를 기도합니다.

그러면 이곳을 방문하는 사람이 자기의 양심을 스스로 깨달을 수 있게 될 것입니다.

더불어 이곳에 오는 사람들의 편의를 위하여 교회, 국제급 호텔, 회의장, 예식장, 호수 광장, 교육장, 음악실, 운동장, 고급식당, 쉼터 등의 시설이 갖추어져 돈 없는 자도 누구나 여가를 즐길 수 있었으면 하는 기도도 하고 있습니다. 양심 있는 자와 없는 자 모두 양심의 위대성을 깨닫고 영혼의 거룩함도 깨달을 수 있는 기념관을 기도합니다.

내가 세계양심기념관을 통하여 꿈꾸는 것은 미합중국 국민 한 사람부터 시작하여 세계 인류의 양심으로 발전하여 청렴도가 51% 상승하는 것입니다. 그러면 범죄가 줄어들 것이며 전 인류의 도덕의 힘과 윤리의 가치는 더욱 위대해질 것입니다.

미합중국과 세계의 정치, 의회, 교육과 생활, 정책, 미국 연방정부의 방향, 보험회사의 이익, 병원, 법원, 검찰청, 경찰청, 국방부, 언론 방송, 부부간의 신뢰, 예술계의 의무가 바뀔 것입니다. 범죄의 근원이 바뀔 것입니다. 위대한 결과가 일어날 것입니다.

전 세계 인류의 최고 관심사가 되어 누구나 세계양심기념관의 설

립 목적을 알게 될 것입니다.

　세계양심기념관을 통하여 스스로 양심이 변화되어 후손으로부터 정직한 양심의 유전자가 탄생할 것을 기도합니다. 그리하여 미국이 최고 국가의 위상과 명예와 자존심과 의인의 사명감과 세계 최고의 가치성 위에 위대하게 세워질 것을 기도합니다.

"자기 양심은 누구도 간섭할 수 없는 영적인 것이 있습니다.
　오직 하나님만이 깨닫게 하는 영이 있습니다. 타인이 간섭하면 영이 발동하여 악의 감정으로 폭발하는 성질이 있습니다."

전체적으로 나는 다음과 같은 꿈을 꾸고 있습니다.

"미국의 땅에 나의 꿈을 기도합니다."

① 감정해소학교를 세우고 싶은 꿈을 꾸고,

② 세계양심기념관의 꿈을 꾸고,

③ 하나님의 기도대회의 꿈을 꾸고,

④ 세계인류창조기념관을 세우고 싶은 꿈을 꾸고,

⑤ 세계평화기념관을 세우고 싶은 꿈을 꾸고,

⑥ 성인관 7가지 희망의 꿈을 꾸고,

⑦ 세계봉사타운을 세우고 싶은 꿈을 꾸고,

⑧ 사랑의 기업을 설립하고 싶은 꿈을 꾸고,

⑨ 미국인 3천 3백명(의인) 사명자를 세우고 싶은 꿈을 꿉니다.

이 모든 꿈은 나의 꿈이기도 하지만 여러분의 꿈이며 우리 모두의 꿈이기도 합니다. 이에 여러분의 후원과 재능기부를 모집하며 나아가 협찬가와 협력자가 나타나기를 위해 기도합니다.

이 꿈이 이루어지면 모든 것을 겸손하고 진실하게 미합중국의 국민에게 바칠 것입니다.

---

143) 나는 어린 시절 당신의 큰 키와 큰 코, 노란 눈과 노란머리에 관심을 가지면서 미국인만 보면 기도하였습니다. 혹시 당신께서 웃을지 모르나 저 나름으로는 당신이 세계에서 제일 큰 일, 큰 꿈, 큰 사랑을 온 세상에 전파할 꿈으로 기도하였습니다.

황무지가 장미꽃같이 프로젝트를 위한
총체적 운영계획

1. 이념

▷ 뉴패러다임으로 인류를 모든 죄로부터 구원한다.

▷ 인류의 정의와 인권을 세운다.

▷ 미합중국을 중심으로 인류의 공영을 추구한다.

2. 조직

황무지장미꽃 프로젝트 운영을 위한 조직─황무지장미꽃법인재단

핵심 조직이 잘 만들어져야 위대한 꿈이 이루어지는 법입니다. 제가 예상하는 세계기념관 설립 및 황무지장미꽃법인재단 설립을 위한 조직의 구성은 저의 꿈에 동참하고 협력하고자 하는 전문 경영인에게 모든 것을 맡기고자 합니다.

이에 기념관 설립 전문가, 각종 대회 및 수상 관련 전문가들이 참여하기를 간절히 기도하고 있습니다.

세부적으로는 건축설계 전문가, 인테리어 전문가, 전기기술 전문가, 각종 설비기술 전문가, 조경기술 전문가, 행사개최 전문가, …

등 세부적으로 전문지식을 가진 전문가들이 저의 이 꿈에 동참하여 황무지장미꽃재단 책임자가 되어 역할을 맡아주시기를 기도하고 있습니다.

저는 각 분야의 이런 분들을 총책임자로 선정하여 그 총책임자들이 서로 협력하여 열정과 사명감으로 가장 합리적이고 효율적인 조직을 구성하기를 기도하고 있습니다.

저는 최고의 직분자가, 즉 총책임자가 아랫사람 모두를 임명할 수 있는 시스템으로 가는 방식을 기도하고 있습니다.

따라서 조직의 책임자에게는 막중한 책임과 의무가 있습니다.

이 책임자가 협력자를 조직에 맞춰 만들어가는 시스템으로 하여야 합니다.

준비 위원장과 위원의 자격 조건

준비 위원장의 등록은 지원 등록을 기준으로 하되 후원금 1만 불과 위원 2명을 추천하는 조건을 만족하면 좋을 것입니다.

이렇게 준비 위원장이 되면 관심 있는 기념관의 후원자 조직에서 수장으로서 역할을 하여야 합니다.

이때 추천받은 자도 1만 불을 후원하여야 하며 본인도 2명을 추천할 수 있습니다.

준비위원장 및 위원님께서 1만 불을 후원할 수 없는 자는(하고는 싶은데 돈 없는 자)

'황무지가 장미꽃같이' 책 뒷면에 후원 협찬광고를 1만 불만큼

광고 영업으로 후원 협찬광고로(책 뒷면 후원 광고영업 1 권당 1,000부 인쇄하는 조건으로 한 개 광고가 1천 불 받는 것으로 하여 10개 하면 1만 불로 가입하면 당당하고 합법적입니다) 충당하거나 또는 책 2백 세트를 판매하면 이익금이 1만 2000불이 되므로 대체할 수 있습니다.

즉, 자신이 결심만 하면 누구나 할 수 있는 시스템입니다. 그래서 1만 불 후원금을 기본 후원금으로 정한 것임을 이해해 주시기 바랍니다.

저는 미합중국의 새 희망과 도전의 꿈을 위해 이런 준비위원장 및 위원들이 물결처럼 나타나기를 위해 기도하고 있습니다.

황무지 장미꽃 프로젝트의 규모가 워낙 크고 방대하므로 수많은 준비 위원장님과 준비 위원님들이 필요합니다.

따라서 미국의 새 정신과 새 마음으로 새 역사를 창조하는 뜻에서 미국 3억 3천만 명 각자의 후원을 기도하고 있습니다.

전체 총비용을 ★★★★억불로

놓고 간절히 기도하고 있습니다.

아마도 제가 기도하는 내용에 놀라고 어림없다고 비웃을지도 모르겠습니다.

혹 저의 꿈이 위대하다고 박수를 쳐주는 사람도 있을까요? 아니면 현재 꼭 필요한 사상이라고 인정해 줄까요?

저는 이런 것에 구애받지 않고 오직 하나님만 바라보고 이 일이 이루어질 것을 믿으며 당신의 작은 정성의 힘을 위해 기도하고 있

습니다.

저는 믿습니다. 미합중국의 새 정신 속에서 새로운 환경을 만들어 가면 반드시 변화가 올 것이라는 사실을.

공동체가 한마음으로 움직이는 곳에서 먼저 지식층이 변화되고 환경도 점점 변화할 것입니다.

이와 함께 정의도 진실도 양심도 새로운 정신으로 깨어날 것이며 청렴도, 범죄 문제, 갈등 문제, 양심 문제 등이 사랑과 희망으로 변화되어 새 역사가 창조될 것입니다.

나는 이를 두고 평생 동안 미합중국을 위해 기도해 왔습니다.

무엇보다 이 꿈이 이뤄졌을 때 그 효과가 미합중국 3억 3천만 명과 후대까지 영원히 미칠 희망을 생각해 주시기 바랍니다.

3. 재정

전체 협력과 후원, 책 뒷면 후원광고와 모금에 대하여

제가 꿈꾸는 각 세계기념관들과 기도대회, 성인관 등이 현실로 이루어지기 위해서는 막대한 자금이 소요된다는 것을 저도 잘 알고 있습니다.

이 책을 읽는 독자들은 도대체 그 막대한 자금을 어떻게 마련할 것인가에 대하여 궁금해하는 분들이 많을 것입니다.

이에 대한 저의 계획을 밝히면 다음과 같습니다.

---

144) 나는 미합중국 국민이 세계적 사명을 갖고 있다고 생각하여 비록 어려움이 닥쳐도 진실한 마음으로 최선을 다하여 정성껏 노력하기를 위해 기도했습니다.

가장 먼저는 '황무지가 장미꽃같이' 5권 시리즈 판매대금을 기본 자금으로 사용하게 될 것입니다.

이를 위해 '황무지가 장미꽃같이' 5권 시리즈 판매를 고무시키는 차원에서 5권 한 세트를 기준으로 100세트 판매자에게 이익 수당을 약 40%로 결정합니다.

나머지 이익금 60%는 세계기념관을 짓는 재정에 투입될 것입니다.

성과를 달성한 판매자에게 마진을 지불하고 이와 관련하여 기념관 경영과 운영에 주인정신으로 참여할 협력자로서의 기회도 부여합니다.

또한 협력자와 후원자 준비 위원장과 각 위원장, 그리고 후원 광고주와 특별후원자들 모두에게 동일한 방법으로 경영과 운영(전문 경영자 운영을 전체가 협의하여 선출합니다)에 주인으로 초대합니다.

위대한 세계기념관 시설에서 주인 자격으로 서로 협력할 뿐만 아니라 특별 후원하시는 분에게는 후원자가 원하는 차원의 명예로운 역할을 부여할 것입니다.

그뿐만 아니라 특별후원자들의 신상을 세계의 위대한 각 기념관에다 빛나는 기록으로 남기겠습니다.

조직 총괄과 운영을 담당할 전체 준비 위원장님은 모두가 협의하여 결정하도록 하겠습니다.

세계의 기념관들과 성인관상 재정에 참여하는 방법

제가 꿈꾸는 세계의 기념관들과 성인관상에는 당신이 상상하는

것 이상의 꿈과 희망이 담겨 있습니다.

저의 이 원대한 꿈에 대하여 당신은 허황되다 생각할 수 있으나 이 꿈은 죽어가는 인류를 살려내기 위한 처절한 몸부림이라 이해해 주시기 바랍니다. 여기에는 엄청난 가치성이 있습니다.

가치 있는 일이 이루어지기 위해서는 먼저 탄탄한 이론으로 무장된 내면이 갖추어줘야 하고 다음에 그것이 실재적 외면으로 드러나야 하는 법입니다.

저에게 있어 이론적 내면은 바로 이 책의 내용에 담겨 있습니다.

이제 그것이 실제화되기 위해서는 외면으로 드러남이 중요한데, 그것은 이 책의 출간과 함께 실현될 것이며 세계의 기념관들과 성인관상도 그 일환에 있는 계획들입니다.

당신은 여전히 제 꿈이 비현실적이라 여길 수 있겠으나 이것은 현재까지 하나님이 저에게 보여주신 환상이므로 제 스스로 바꿀 수 없어 가감 없이 다 보여드리는 것임을 이해해 주시기 바랍니다.

만약 무리한 점이 있다면 진행되는 과정에서 하나님이 다시 수정해 주시리라 믿습니다.

세계의 기념관들과 성인관상을 현실화시키기 위해서는 재정이 필요합니다. 이를 해결하기 위해 하나님이 저에게 주신 계획을 밝히면 다음과 같습니다.

먼저 돈이 있는 분들이 참여하는 방법입니다.

미국인이나 재미동포 중 선별된 분들이 후원금 1만 불을 내고 먼저 각각의 준비 위원장이 됩니다. 다음으로 이들이 2명을 추천하고 또

2명이 4명을 추천하는 방법으로 협력자 및 후원자를 모집합니다.

이렇게 하여

준비 위원장이 ★★★★명 되고,

하부조직으로 각 라인에 1만 명이 되기를 기도합니다.

도합 ★★★★명을 기도하고 있습니다.

다음에는 돈이 없는 분들이 참여하는 방법입니다.

저의 책 〈황무지가 장미꽃같이 시리즈〉 5권 세트를 판매하는 판매자로 나서 주시면 됩니다. 그 판매 수수료를 세계의 기념관들 재정에 기부해 주시면 됩니다.

또한 책 뒷면에 협력 광고 면이 있는데 이 광고로 대체하여도 됩니다.

이분들에게도 당연히 준비위원장 및 위원, 회원의 자격을 부여합니다.

준비 위원장과 위원, 회원은 한 몸 덩어리로서 세계의 기념관들과 성인관상 재정을 위해 서로 협력하며 시설을 세우고 운영을 하는 등 조직을 만들어가는 한 형제입니다.

성인관상 재정 부분은 제가 본문에서 언급한 재정으로 충당할 계획으로 기도하고 있습니다.

협력금, 후원금, 기부금

제가 '황무지가 장미꽃같이' 시리즈에서 밝힌 내용에 동의하는 미합중국 국민이라면 누구나 각종 세계기념관, 교회, 호텔 등 기타

모든 시설의 설립에 후원자로 참여할 수 있습니다.

금액은 아주 적은 1센트부터 시작할 수 있으며 가장 중요한 것은 성의와 정성으로 참여하는 마음입니다.

하나님의 일에 참여하는 것은 참으로 귀한 것입니다.

작은 정성, 큰 정성이 합쳐져서 세계기념관이 설립되어 갈 것입니다.

돈에는 종류가 있습니다. 정직한 돈, 정당한 돈, 합당한 돈, 진실한 돈, 정의로운 돈, 간절한 돈, 안타까운 돈, 노동자의 돈, 양심의 돈… 등. 이러한 돈들은 부정 없이 노력하여 땀방울로 합법적으로 진실하게 대가를 받는 돈들로 가치 있으며 위대한 돈이 됩니다.

반대로 부정한 돈, 무서운 돈, 불법적인 돈, 악마의 돈, 거짓말한 돈, 사기 친 돈, 청부살인 대가로 받은 돈, 갱단의 돈, 국가의 자격증으로 부정하게 착취한 돈, 이권에 개입한 돈, 검은 돈… 등 이러한 돈들은 불법을 만들고 상대를 속이고 죄를 눈감아주고 번 절대로 정당하지 않은 돈입니다.

특히 권력의 힘으로 부정을 봐주고 그 대가로 받은 돈, 청부 살인 대가로 받은 돈은 참으로 무서운 돈입니다.

위대한 세계기념관들과 교회와 호텔 등 기타 시설을 짓는 데 들어가는 돈은 진정한 정의와 양심이 살아있는 돈이어야 합니다.

따라서 세계기념관 설립의 후원에 부정한 대가로 번 돈은 정중하게 사양하며 진정 거룩한 새 역사를 시작하는 마음으로 정직한 동참이 있기를 기도하는 바입니다.

---

145) 미합중국의 과거의 의인, 현재의 의인, 미래의 의인을 위해 기도하며, 오직 하나님의 사랑에 매인 선구자가 나오기를 위해 기도합니다.

4. 협력

미합중국의 여러 기관 동참에 대한 간절한 마음의 기도

저는 세계기념관 프로젝트에 미합중국의 단체, 그룹, 기업, 봉사 단체, 공동체, 문화예술단체, 스포츠계, 진흥재단, 각 시도지사, 교육계, 언론방송 단체, 적십자 단체, 보건 단체, 미국과 세계의 역사 연구 단체, 바르게 살기 운동 본부 단체가 참여하길 기도하고 있습니다. 나아가 전 세계의 평화 단체들의 참여도 기도합니다.

미국에 있는 수많은 단체들에게 간절한 협력을 요청하는 것입니다. 이를 위해 특히 언론사, 방송국의 홍보단은 매우 중요합니다.

이렇게 참여하는 단체들은 나의 뜻과 목적에 부합하여야 하며 정직하여야 합니다. 제가 여기서 주장하는 정직은 조금도 빈틈없는 진실과 곧음입니다.

명분이 당당하고 정의로워야 하며 어떤 경우에도 진실로 답하여야 합니다. 욕심과 부정은 나의 영혼에 자살행위입니다.

서로 홍보와 관심 속에서 협력하여야 이 꿈을 이룰 수 있습니다.

이것은 이 책을 쓰고 있는 이병기 작가의 양심선언이기도 합니다. 나의 진실을 미국인들에게 보여드리고 싶은 간절함의 표현이기도 합니다. 저는 '하늘은 스스로 돕는 자를 돕는다'는 속담을 믿습니다. 민심은 천심이라고 하였기에 나는 하나님의 뜻과 미합중국의 민심의 뜻을 위해 기도하고 있습니다.

저는 양심과 정직의 마음으로 기도합니다.

황무지가 장미꽃같이 5권 시리즈 책 속에서 나오는 책 판매대금, 이익금을 사적인 이익을 위해 쓰지 않고 미합중국 국민을 위해서 세계기념관 설립에 바치겠습니다.

또 후원금, 협력금, 교회 설립기금, 기념관 설립기금 등도 미국의 땅 위에서 모두 미합중국 국민에게 바쳐져야 할 것입니다.

따라서 이 프로젝트를 진행하는 총책임자나 준비 위원장과 위원 등이 혹시나 부정과 관련된 어떠한 금전적 거래에도 관여하지 않고 오직 정직과 진실한 마음으로 기념관 관련 자금이 다뤄져야 할 것입니다.

양해 드릴 부분은, 처음 초기에 한국의 땅 위에서 판매하는 작은 이익은 어쩔 수없이 책 진행을 위하여 사용하는 것임을 이해하여 주시기 바랍니다.

저는 세계기념관의 성공을 위해 먼저는 대한민국 여러 직업, 종교, 정치가 및 미국인 저명인사들과도 접촉을 많이 할 것입니다. 당신께서 새 꿈을 위하여 주선해 주세요.

무엇보다 기도하는 것은 재미동포 3백만 명 중에 스스로 협력자와 후원자가 많이 많이 나오는 것입니다.

재미교포 중 미국의 전직 유명한 사람, 현직 유명한 사람들에게 협력의 직분을 권면합니다. 당신이 수락해 주시면 직분과 후원금이 형성됩니다.

또 협력의 책임감과 사명감이 부여될 것입니다. 이와 함께 2명씩 추천하는 방식도 공식화되어 갈 것입니다.

이렇게 조직이 방대해지면 비로소 세계기념관의 꿈도 현실로 다가오게 되는 것입니다.

나는 오늘 이 순간도 이를 위해 피땀이 나도록 미합중국 당신이 사명감을 가지고 나와 함께 하기를 간절히 기도하고 있습니다.

미국의 변화를 위한 0.01% 사명자(의인)의 꿈

나의 달려갈 길과 주 예수께 받은 사명 곧 하나님의 은혜의 복음 증거하는 일을 마치려 함에는 나의 생명을 조금도 귀한 것으로 여기지 아니하노라

-사도행전 20장 22절-

나는 미합중국을 위해 60년 넘게 기도하던 중

어느 날 하나님으로부터 강한 이끌림을 받았습니다.

그때 내 귀에 들린 음성은 '사명자'였습니다.

나도 모르게 사도 바울이 등장하는 위의 성경 말씀을 떠올렸습니다.

거기에 너무도 또렷하게

'사명'이란

두 글자가 나의 눈에 확 들어왔습니다.

그때 나는 깨달을 수 있었습니다.

사도 바울이 바로 사명자였던 것입니다.

그는 사명자였기에 생명을 바쳐 하나님을 위해 복음 증거하는 일을 훌륭히 해낼 수 있었던 것입니다.

나는 가슴 쿵쾅거리는 흥분된 마음으로 얼른 사전을 뒤졌습니다.

---

146) 위기에도, 축복과 행복에도 한마음으로 봉사하는 미합중국 국민들의 위대함과 영원함을 위해 기도합니다.

사명(使命) ; 使 대사 사, 命 목숨 명

1. 맡겨진 임무

2. 사신이나 사절에게 주어진 명령

그렇습니다. '사명'이란 '대리자에게 맡겨진 임무로 목숨처럼 주어진 명령'을 뜻하는 것이었습니다.

따라서 '사명자'란 '절대자가 맡겨준 임무를 목숨처럼 생명을 걸고 수행해 나가는 자'를 뜻한다고 할 수 있습니다.

이때 중요한 것이 '내 욕심의 꿈에 대하여 생명을 걸고 수행해 나가는 자'가 아니라

'하나님이 맡겨준 임무에 대하여 생명을 걸고 수행해 나가는 자'입니다. 이것이 뜻하는 바는 바로 이때의 사명자에게는

'의인만이 가지는 사명'이란 뜻이 담겨 있다는 사실이 중요합니다.

왜냐하면 악인도 자신의 욕심을 위해 충분히 사명을 가질 수 있기 때문입니다.

여기서 의인이란 하나님의 올바른 뜻을 위해서라면 어떤 불의한 일 앞에서도 굴복하지 않고 자신의 생명을 바쳐서라도 정의와 사랑을 지키는 사람을 뜻합니다. 따라서 여기서 제가 말하는 사명자란 의인 사명자라 할 수 있습니다.

사도 바울 역시 의인 사명자의 대표적 사람이라 할 수 있을 것입니다.

하나님께서는 이런 의인 사명자의 꿈을 나에게 알려주시기 위해

오늘 이 시간 나에게 '사명자(의인)'를
떠오르게 하신 것입니다.

나는 60년 넘게 미국과 세계 인류를 위해 기도하며 놀라운 꿈을
꿔왔습니다. 감정해소학교, 세계양심기념관 등 세계기념관들, 하나
님의 기도대회, 성인관상, 세계봉사타운, 사랑의 기업… 등. 남들
은 이런 나의 꿈이 허황되다며 돈키호테라 놀릴지 몰라도 나에게는
너무도 가슴 뛰고 흥분되며 마치 그림이 그려지듯 확고한 꿈이었습
니다.

이 꿈들의 밑바탕에는 세계 인류가 일등 국가인 미합중국을 중심
으로 죄로부터 벗어나 인류 공영의 길로 가고자 하는 목적이 있었
습니다.

이를 이루기 위한 수단으로 하나님께서 나로 하여금 이런 꿈들을
떠오르게 해 주신 것입니다.

미합중국과 세계 인류를 향한 나의 꿈은 점점 더 확고히 굳어져
갔고 결국 이 꿈은 이제 단지 이루고픈 꿈을 넘어 하나님으로부터
나에게 맡겨진 명령인 '사명'이란 두 글자로 내 마음 판에 새겨지기
에 이르렀습니다.

'사명'의 의미가 바로 여기에 있습니다. 즉 사명이란 어느 날 갑자
기 생기는 것이 아니라 먼저 내가 간절히 바라는 꿈으로부터 시작
하는 것입니다.

꿈이 확고해질 때 이제 이것은 내 인생의 목적으로 굳어져 갑니다.

내 인생의 목적이란 내가 나아가야 할 인생의 방향입니다.

내 인생의 목적이 확고해질 때 드디어 우리는 사명감을 갖게 됩니다.

이때 꿈의 주체가 '나'였다면

사명의 주체는 '하나님'이 됩니다.

왜냐하면 험난한 인생길을 나아가며 내 힘으로는 아무것도 할 수 없음을 깨닫게 되고 결국 나에게 주어진 꿈도 목적도 결국 어떤 절대자에 의해 주어진 것임을 알게 되기 때문입니다.

나는 내가 이루고자 했던 나의 꿈이 결국 절대자인 하나님께서 자신의 꿈을 이루고자 나에게 맡겨주신 사명임을 알게 되었고, 그때부터 나는 단지 꿈꾸는 자가 아닌 사명자임을 깨닫게 되었습니다.

그런데 오늘, 하나님께서 나에게 '사명자'를 떠올리게 한 이유는 나 때문이 아니라 바로 당신 나라 미합중국의 사명자를 위해서였습니다.

나는 나의 이 사명과 뜻을 같이 하고 함께 하는 미합중국 사람들이 생겨나기를 위해서 간절히 기도해왔습니다.

그러면서 미합중국이 거룩하고 성령으로 새롭게 변화되기 위해서는 핵과 같은 중심 역할을 할 수 있는 사명자 3300명이 세워져야 한다는 기도 응답을 받게 되었습니다. 이름하여

'미국의 변화를 위한 0.01% 사명자의 꿈'이었습니다.

왜 3300명이고 0.01%냐 하면 3300명의 숫자가 바로 미합중국 전체 인구 3억 3천만 명의 0.01%이기 때문입니다.

나는 황무지가 장미꽃같이 시리즈 2권 '미국의 책임'에서 미합중국이야말로 전 세계 0.01%에 해당하는 우수한 유전자를 가지고 있기에 세계 인류의 장자 나라, 멘토의 나라, 지휘자의 나라,

세계 1등 국가가 될 수 있었다고 이야기했었습니다. 0.01%가 중요한 이유는 0.01%야말로 생명을 상징하는 수이기 때문입니다.

지구상에 존재하는 물 중 육지의 생명체가 생명을 유지하기 위해 이용할 수 있는 물은 지표면에 존재하는 물의 0.01%밖에 되지 않습니다.

왜냐하면 지표면에 존재하는 99.99%의 물은 육지의 생물이 이용할 수 없는 빙하, 만년설, 영구동토, 지하수 등으로 존재하기 때문입니다. 나머지 육지의 생명체가 이용할 수 있는 호수나 하천의 물은 전체 지표면 물의 0.01% 정도에 불과합니다. 이 0.01%의 물로 지구의 대부분 생명체가 생명을 유지하고 있는 것입니다.

이처럼 0.01%는 바로 생명을 상징하는 매우 중요한 수인 것입니다.

나는 이 0.01% 생명의 물처럼 미합중국에 0.01%의 사명자가 세워진다면 미합중국에서 죄로 인해 죽어가는 영혼의 생명을 살릴 뿐 아니라 전 세계 인류의 생명도 살릴 수 있을 것이라는 거룩한 생각에서 미합중국 인구의 0.01%인 3300명의 사명자를 놓고 기도하게 되었습니다.

당신은 나의 이 기도에 대해 어떻게 생각하시나요?

---

147) '욕심이 잉태한즉 죄를 낳고 죄가 장성한즉 사망을 낳는다'는 성경 말씀처럼 혹시 위대한 국가의 국민 중에서 욕심의 잉태로 죄를 낳아 사망에까지 이른 사람들이 있나요? 부디 하나님의 성령으로 새 마음이 되어 돌아오길 위해 기도합니다.

나는 '미국의 변화를 위한 0.01% 사명자의 꿈'에 대한 하나님의
계획을 다음과 같이 구체화하기를 원합니다.

1. 이념

세상을 죄와 악으로부터 구원하고자 하는 하나님의 꿈을 나의 사
명으로 삼고, 평생 내 목숨과 생명을 다하여 미합중국과 온 세상이
죄로부터 벗어나 의인의 길로 들어서며 인류공영을 이룰 수 있도록
이 사명을 위해 살아가는 사명자로 살 것을 다짐합니다.

검은 돈을 벌어 또 검은 곳에 사용하면 검은 도덕의 연쇄 반응이
일어나 검은 사상을 뿌리내리게 하므로 온 세상을 검은 세상으로
만들 것입니다.

검은 돈의 연쇄 반응은 온 세상의 진실과 정의를 무너뜨려 검은
것이 판을 치는 세상으로 만들 것입니다.

검은 문화가 뿌리내리면 살인사건, 부정과 폭력이 연속되므로 국
가의 발전이 퇴보합니다.

그 시초는 진실과 정의를 눈감아주고 불의와 협상하는 것으로부
터 시작된 것입니다.

하지만 의인 사명자 한 사람만 세워지면 새 변화와 소망과 꿈이
만들어집니다.

왜냐하면 그가 밝은 빛으로 검은 세상의 어두운 곳을 밝혀줄 것
이기 때문입니다.

2. 구성과 의인 사명자의 정의

'미합중국 변화의 핵, 0.01% 사명자의 꿈' 프로젝트의 사명자 3300명의 구성은 다음과 같습니다.

★ 청소년 사명자 1100명

★ 청년　 사명자 1100명

★ 장년　 사명자 1100명

여기서 말하는 사명자란 오직 정의와 양심, 진실의 의인이어야 합니다.

이러한 사명자에게 죄인과 부정과 탐욕과 타협+협상+협력+눈감 아주는 것은 일절 없어야 합니다.

오직 양심과 정의로 가득 차 있어야 합니다.

부정과 탐욕이 있는 곳에 이러한 의인 사명자가 탄생하여 그곳의 빛이 되며 세상을 밝힌다면 어떠한 것과도 비교할 수 없는 희망의 꿈이 되지 않겠습니까.

3. 목적과 목표

'미합중국 변화의 핵, 0.01% 사명자의 꿈' 프로젝트는 미국의 새 변화를 위해 세대별 공동체의 역할에서 협력을 얻고자 계획되었습니다.

따라서 청소년 사명자 1,100명, 청년 사명자 1,100명, 장년 사명자 1,100명 도합 3,300명이 세워지기를 기도합니다.

이 3,300명이 연합하면 용광로＋융합이 되어 열정의 마력으로 미국과 세계를 변화시킬 것입니다.

각 계층별 사명자의 다음과 같은 역할을 위해 기도합니다.

만약 청소년 시절부터 이러한 사명자의 꿈을 꾼다면 이보다 더 거룩한 일은 없을 것입니다.

미합중국 청소년의 0.01%에 해당하는 청소년 사명자 1,100명은 미국 초·중·고등학교의 문화는 물론 초중고등학생들의 가치관까지 바꿔놓을 것입니다.

그뿐만 아니라 이들이 장차 성장하여 미국의 위대한 각 전문 분야에서 전문가가 되어 그 업종에서 양심과 진실과 정의의 의인(사명자)으로 탄생할 것입니다.

그리고 이들의 빛을 중심으로 이들은 죄와 부정을 막고 모든 부정한 문제를 해결하는 파수꾼 역할을 할 것입니다.

또한 오늘날 마약과 부정한 섹스 등으로 타락한 문화의 중심에 서 있는 미합중국 청년의 0.01%에 해당하는 청년 사명자 1,100명이 세워진다면 미국의 청년 문화에 획기적인 변화가 일어날 것이라 여겨집니다.

하지만 이것으로 부족합니다. 결국 미국 사회의 기득권을 쥐고 있는 장년에서도 새 변화의 바람이 일어나야 하기 때문입니다.

이를 위해 미합중국 장년의 0.01%에 해당하는 장년 사명자 1,100명까지 꿈꾸게 되었습니다.

4. 사명자의 임명과 격려 및 장학금 제도

미합중국 국민 중 의인 사명자를 세우기 위해 동기부여 차원에서 각 사명자에게 임명장을 수여 하고,

특별히 청소년 사명자에 대해서는 사명자의 장학금을 지급하면 좋겠다는 마음을 주셨습니다.

또 청년, 장년 사명자에게는 사명자의 장학금+격려금+장려금을 지급하면 좋겠다는 마음을 주셨습니다. 이를 위한 구체적 계획은 다음과 같습니다.

- '황무지가 장미꽃같이 법인재단'에서 정한 기준에 의해 청소년, 청년, 장년 사명자 3,300명을 선정한다. 이때 반드시 본인 희망자에 한하여 선정한다.
- 사명자로 선정된 청소년, 청년, 장년 사명자 3,300명에게 임명장을 수여 한다(청소년은 반드시 부모님의 동의가 있어야 한다).
- 특별히 청소년 사명자 1,100명에게는 미래의 미합중국의 큰 꿈과 새 변화를 위해 사명자의 장학금+새 희망금의 차원에서 5만 불을 후원한다.
- 또 청년 사명자 1,100명에게는 격려금+장려금을 3만 불을, 후원한다.
- 장년 사명자 1,100명에게는 2만 불을 사명자의 격려금+장려금의 차원으로 후원한다.

---

148) 인간과 인간 사이에 매우 작은 죄가 인간을 파괴하는 죄의 시초가 됩니다. 인류의 역대 전쟁의 시작은 작은 죄로부터입니다. 당신의 마음에 작은 죄부터 짓지 않기를 위해 기도합니다.

5. 후원과 협력

이러한 계획이 현실화하기 위해 무엇보다 후원과 협력이 중요합니다.

먼저는 '미국의 변화를 위한 0.01% 사명자의 꿈' 프로젝트를 위해 기도의 후원이 필요합니다.

나아가 이 프로젝트에 감동이 되고 뜻을 같이하고 싶은 마음이 생긴다면 재정적 후원금도 요청하고 기도합니다.

특별히 재미동포에 한해서는 재미동포 각자 1명이 후원자의 마음으로 동참하여 주시기를 기도하고 있습니다. '미국의 변화를 위한 0.01% 사명자의 꿈' 프로젝트에 동의하고 후원하고자 하는 마음이 생긴다면 각자 마음에 정한 대로 능력껏 후원해주시면 감사하겠습니다.

특별히 청년과 장년 사명자로 임명장을 수여받은 사람은 반드시 세계기념관의 종류 중 마음에 가는 것을 선택하여 준비 위원장의 사명을 맡아주셔야 합니다.

사명자와 준비 위원장으로 동시에 임명되는 것입니다. 의인 사명자가 준비 위원장으로 선다면 더욱 바르게 열정적으로 일하게 되므로 미국의 정의가 밝아질 것이라 생각되기 때문에 이렇게 권장하는 것입니다.

사실 미국의 공동체 3억 3천만 명이 아무리 진실과 정의를 위해 변화를 외친다고 해도 중심 역할을 하는 지도자가 없다면 그 효과는 미비할 것입니다. 그런 면에서 (청소년 사명자는 지금부터 미래

를 준비하시고) 청년과 장년 사명자 2,200명이 진실과 정의를 위한 변화의 운동에 지도자로 나선다면 미합중국에 새로운 축복의 변화가 일어날 것입니다.

저자(이병기)는 부족하여도 청소년 사명자, 청년 사명자, 장년 사명자 님들은 거룩하고 위대하기에 어떻게든 책(황무지와 장미꽃같이 5권 세트 및 후원 광고)을 많이 판매하여 정직하게 사명자의 장학금+격려금+장려금을 준비할 것입니다.

6. 조직의 확장과 초청

준비 위원장 1명당 1만 명의 하부조직이 만들어질 것을 기도하고 있습니다.

이렇게 되면 2,200명 사명자당 $2200 \times 10000 = 22,000,000$명의 공동체 조직이 만들어지게 됩니다.

또한 사명자+준비 위원장= 1명의 하부조직 중 특별히 선정된 10명과 인솔자로 나설 재미동포 1명을 포함하여 도합 12명에 한하여 대한민국 방문 초청을 실행하고자 합니다.

비행기 표는 본인이 구매하고 대한민국 체류기간 동안에 드는 일체 비용은 재단의 돈을 사용하지 않고 저 이병기 작가가 정성껏 모실 계획을 하고 있습니다.

초청의 목적과 이유는 다음과 같습니다.

미국 국가와 당신의 선조와 당신께서는 지난 140년 동안 우리나

라 대한민국을 위해 생명의 희생정신으로 복음, 물질, 학교시설과 교육, 의료, 학문과 문화예술, 구제와 사랑의 꿈을 전해주었습니다. 그리고 이런 일은 지금도 진행되고 있고 앞으로도 계속 이어질 것입니다.

또 당신 나라 미국이 우리나라 황무지 땅 위에 장미꽃 씨앗을 심어주었기에 오늘날 대한민국이 세계의 경제와 정신의 지식과 새 문화를 창조해 나가는 세계의 대한민국으로 우뚝 설 수 있었습니다.

이에 대한 고마움은 말과 글로 표현할 수 없고 직접 눈으로 보여드리며 그 감동과 감격의 장면을 전해주고 싶었기에 이런 계획을 세우는 것입니다.

이 계획이 실현되어 세계기념관 준비 위원장님과 위원들이 미국 국가를 대표하며 당신 선조님의 영혼의 사절단으로 대한민국을 방문한다면 우리나라 대한민국과 '황무지가 장미꽃같이 시리즈' 저자인 나는 대환영할 것입니다.

7. 황무지가 장미꽃같이 재단법인 운영계획

'미국의 변화를 위한 0.01% 사명자의 꿈' 프로젝트의 모든 운영은 '황무지가 장미꽃같이 재단법인'에서 모든 것을 총괄하여 주관하게 될 것입니다.

'황무지가 장미꽃같이 재단법인'은 모든 책임하에 '미국의 변화를 위한 0.01% 사명자의 꿈' 프로젝트의 임명장과 장학금&격려금 수

여는 물론이고 세계양심기념관 등 세계기념관, 하나님의 기도대회, 성인관상 진행 등등 모든 것을 진행하게 됩니다.

이러한 '황무지가 장미꽃같이 재단법인'은 총 대표인 이사장(총재) 1명과 부이사장(부총재) 3명으로 구성되기를 기도하고 있습니다.

재단법인 이사장이자 총재 및 부총재는 무보수 명예 봉사직 자리입니다. 하지만 그들이 가지는 힘과 영향력은 대단할 것입니다.

물론 재단법인에서 일하는 고정 직원들에게는 당연히 월급이 지급될 것이며, 나머지는 자원봉사자들이 참여하여 만들어가는 시스템으로 운영되기를 기도하고 있습니다.

재단법인 이사장은 전체 준비 위원장 모임에서 각주 대표와 시도 지사 대표가 재단법인 이사장 1명을 선출하는 방식으로 진행되었으면 좋겠습니다.

재단법인 이사장 겸 총재는 덕망과 능력이 충만한 사람이 선출되기를 기도하고 있습니다.

또한 이사장 겸 총재는 가문의 영광이기 때문에 부인도 같은 사명자로 임명하여 이사장 겸 총재의 협력자로 하였으면 좋겠습니다.

마찬가지로 부이사장 겸 부총재의 부인들도 같은 사명자로 임명하여 같은 직위로 협력하였으면 좋겠다는 생각을 하고 있습니다.

각 세계 기념관 설립 준비 위원장 및 각종 축제 행사 총재 1명, 부총재 3명도 부부가 동시에 사명자 준비 위원장으로 임명합니다.

또한 총 준비 위원장과 협력하여 더 위대한 조직을 준비하겠습니다.

---

149) 과거에 식인종이 있었던 것처럼 현대판 식인종도 있습니다. 부디 미합중국에 현대판 식인종이 사라지기를 위해 기도합니다.

이상이 제가 구상하는 '황무지가 장미꽃같이 재단법인'의 구성입니다.

하지만 저보다 더 좋은 아이디어가 있다면 얼마든지 변동될 여지를 남겨두고자 합니다.

8. 의인 사명자를 위한 나의 기도

나는 미합중국과 미국 국민의 자손과 새 역사를 위하여 나의 몸과 마음과 생명을 바치며 헌신하고 싶습니다.

이를 위하여 미국 50개 주에서 각 주당 1명 + 시도지사 00명 + 사명자 000명을 선정하고 그중에서 경영전문가 00명에게 '황무지가 장미꽃같이 재단법인' 운영권을 부여하고자 합니다.

이렇게 위임권을 부여받은 임명자는 사전에 약속한 대로 책 속에 있는 세계 기념관, 하나님의 기도대회, 성인관상, 세계봉사타운, 사랑의 기업 등의 이벤트 축제는 물론 각 기도 주제에 따라 100가지 사명의 분야에서 사명자를 세울 것을 기도합니다. (100가지 사명의 주제는 다음에 하나하나 제시될 것입니다.)

이렇게 세워진 사명자는 명분과 명예를 가지고 미합중국과 전 세계에서 인류의 새 꿈을 펼쳐나가는 당당한 선구자와 지휘자의 역할을 감당하게 될 것입니다.

이러한 계획을 구상하는 이유는 저 이병기가 어릴 때부터 교회를 설립한 정성례 여전도사님으로부터 미국의 이야기를 들으며 미국

이란 나라가 마치 꿈속의 별나라 이야기처럼 여겨져 미국을 사모하는 마음을 가슴속에 품었기 때문입니다.

학교에서 선생님과 선배로부터 미국과 소련의 전쟁 이야기를 들으며 미국은 우리를 도와주는 큰집 나라처럼 여겨졌고,

또 미국 이야기를 들을 때마다 신비의 나라로 여겨져 감동과 감격이 일어나 미국을 위해 꿈속에서도 기도했기 때문입니다.

나아가 내가 장차 크면 작은 것이라도 미국을 위해 도울 결심의 기도를 하였기 때문입니다.

나는 미국만 생각하면 목마른 사슴이 갈급한 것처럼 내 마음이 갈급하였습니다.

이제는 노인이 되어 미국의 고난에 대해 새 희망의 꿈을 기도하면서 불타는 심정으로 협력자와 동역자를 찾고자 기도하고 있습니다.

나아가 세계 인류 80억 명과 미국 국민 3억 3천만 명 가운데 스스로 마음속에 새 꿈이 잉태되어 진리의 도를 깨달아 선악을 분별할 수 있는 사명자 3,300명이 세워져 미합중국과 전 세계에 진실과 정의와 평화의 사랑을 외치며, 장차 미국과 전 세계에 정직한 나팔수가 되어 양각 나팔을 부는 파수꾼의 사명자가 되기를 기도하고 있습니다.

※ 100가지 사명자의 분야는 25개씩 2권부터 연속 소개됩니다.

꿈을 심어보자

이병기 작사
○○○ 작곡
○○○ 노래

그대여!
인간으로 탄생하였느냐~
진리를 위하여 배웠느냐?
온 세상에 진리의 별처럼
온 땅에 비춰보자

그대여!
정의를 깨달았느냐?
태양이 비치는 땅 끝까지
인류가 살고 있는 곳으로 달려가서
정의의 씨앗에 꿈을 심어보자

젊은 그대여!
사랑을 느꼈느냐~
별빛이 빛나는 곳에
사랑의 꿈을 펼쳐보아라~

가슴 속에 사랑의 꽃을 심어보자

아~ 아~ 아~
불타는 젊은 그대여!
태양이 비치는 끝까지 달려가서
영원히 변치 않는 사랑에~
정의와 진리의 꽃을 심어보자

민족의 겨레여~
세상의 광야로 달려가서
민족의 별 빛같이 반짝여보자
젊은 가슴에 칠성별처럼 빛나는
평화의 사랑을 심고 싶어라

※ 미합중국과 세계의 민족을 사랑하는 마음으로 세계 인류를 향한 불타는 꿈으로

　가사를 썼습니다. 부디 전문 작사, 작곡가님께서 수정하시고 작곡하여 미합중국

　국민가수가 미국과 전 세계의 땅위에서 노래를 부르는 꿈을 기도합니다.

---

150) 아무리 죄를 짓지 말라고 역설하여도 죄는 더 범람하는 상황입니다. 인간이 죄를 짓는
　　것은 인간이 스스로 하나님의 특권을 포기하는 것입니다. 부디 죄 없는 세상이 오기를
　　위해 기도합니다.

황무지가 장미꽃같이 시리즈 5권
한글판 · 영문판 출판 선교 · 후원 하신분입니다.

(가나다순)

군포제일교회	목사	권태진	원주기도원		박희경
정주로	변호사	권태호	비손파크	회장	백일현
에몬스가구	회장	김경수		군목 목사	손성락
공인회계사		김두남	에스엠	회장	송종채
	권사	김순아	서울안과	원장	안은정
고려대AMP 최고위 총회장		김영식	IGNP		어윤홍
방태산업	회장	김용남		변호사	오병주
세원글로벌	회장	김용석		목사	우아해
부천병원	원장	김용진	미창석유공업	회장	유재순
삼원기업 삼원아스콘	회장	김윤중	동방특송	회장	윤백호
				작가	이경윤
고려대AMP	봉사위원장	김지인	누가치과	원장	이기백
	권사	김희자	세계평화운동가		이기홍
동원약품그룹			순천향건강	CEO총회장	이덕수
망담교회			와인스쿨	원장	이동현
그린바이오메디칼	회장	박경순	나라사랑모임	장로	이상렬
만해법률	변호사	박기동	그레이트씨엔씨	회장	이수영
공인회계사		박성배		장로	이정혁
LBLA 2기	회장	박인숙	삼보물류그룹	회장	이진현
	장로	박종주	골드화인그룹	회장	이홍기
대신종합주방기구	회장	박찬의	인천건단중앙교회		

황무지가 장미꽃같이 시리즈 5권
한글판 · 영문판 출판 선교 · 후원 하신분입니다.

(가나다순)

바둑동호회	총무	임진화	경동교회	목사	채수일
	목사	장기만	패션그룹 형지	회장	최병오
LA환경조형연구소	이학박사	장익식			최상희
건강증진기능수제화	회장	전근표	강동물류	회장	최승락
코리아나	회장	전병직		권사	하은주
	회장	정선열		총장	한대규
	장로	정요한	대원디엔시	회장	한영희
	장로	정태호	경복궁		
영광기업	대표이사	정학영	동방인쇄공사	대표	허성윤
청도프로방스			LBLA 2기		허예회
용암온천	회장	정한태	한반도	총재	현홍균
새한신용정보	회장	지광윤			

여러분의 소중한 관심이 큰 힘이 됩니다. 많은 후원 부탁드립니다.
우리은행 1002-743-677186 예금주 : 이장환
　　　　010-9516-4216

황무지가 장미꽃같이 시리즈 5권 홍보대사

(가나다순)

권선묵 행복출판사	구충모	김사철 작가
권태진 군포제일교회	권경환	김상길 세무사
김상철 목사	권순재	김석조 목사
박성민 캐나다목사	권순학	김성룡
박영산 목사	권시완	김순아 권사
서삼석 목사	권의균	김승희 목사
송성자 미국목사	권태호 대표변호사	김양섭
임오혁 장로	김경수 회장	김연규
임주현 랜드마크법무법인	김관열	김영민
장헌일 목사	김규리	김영식 전총회장
정창덕 총장	김대원	김영진 회장
강병진 대표이사, 총재	김동엽	김용남 회장
강숙자	김동철 장로	김용만 이사장
강창재 변호사	김두남 공인회계사	김용석 회장
강철수	김명성	김용진
강호원	김명숙	김운주
고상순	김문찬	김유선 대표
고종욱 장로	김봉욱 목사	김윤중 대표이사/회장

황무지가 장미꽃같이 시리즈 5권 홍보대사

(가나다순)

김일구	문강민	박찬의 회장
김장수	문해민	박태욱
김재율	민영규 회장	박해용
김재현	박경순 대표이사	박희원
김정렬	박기동 번호사	방준혁
김주원	박미진 사무장	배의봉
김진기	박병철 장로	배진아
김철인	박성배 공인회계사	백일현 회장
김학기	박성웅	변남길
김현석 변호사	박영산 목사	서경진
김형석	박완순	성하국 회장
김형운 변호사	박용옥	소진철 목사
김희자 권사	박용일 이사/감정평가사	손광기 회장
노연구	박종우	손영복
동일범 사장	박종주 장로	손환기 권사
두문진 장로	박종진	송영복
류명진	박종철 목사	송종채 회장
목정태	박진우	신경택 회장

황무지가 장미꽃같이 시리즈 5권 홍보대사

(가나다순)

신상윤	유이관	이성갑	이혜림
신용호	유재순 회장	이수영 회장	이홍기 회장
심병택 회장	윤백호 회장	이시원 회장	이홍열
안미성	윤영옥 목사	이영재	이희자 총회장
안병정	윤정종	이옥규	임광수
어윤홍	이강국	이이형 장로	임병선
오병주 변호사	이귀범 목사	이인호	임상환
오영숙	이규상	이인환	임순학
오영택	이규현	이장우	임인배
우순희 목사	이기준 회장	이재협	임재만
우아해 목사	이동섭	이정혁 장로	장경규
원필연	이동주	이종래	장경식
위명환	이래영	이준희	장기만 목사
유명수 장로	이명희	이진현 회장	장석구 대표회장
유승민	이민자 권사	이창식	장영선
유연식	이병천 회장	이태복	장익식 이학박사/소장
유연학	이상선	이태선	장현일 목사
유운상	이석규	이형기	전병직 회장

황무지가 장미꽃같이 시리즈 5권 홍보대사

(가나다순)

전영우	지미옥	허성윤 회장
정광택	진영길 회장	허훈
정선열 회장	진호원	현명인 목사
정영도 회장	차광수 방송인	현홍균 총재
정영래 세무사	차완식	홍은지
정요한 장로	채규식	홍종철 중앙선거관리
정일채 장로	채학철 장로	위원
정태호 장로	최경순	황기봉
정한태 회장/보건학박사	최병오 회장	이상덕 장로
정형기 목사	최승락 회장/경영학박사	반균환 장로
조건진 방송인	최용섭	이은복 목사
조동희	최현오	이상훈 장로
조용호	탁수명	문찬수장로
조평열 회장	하은주 권사	노인우 장로
주상철	한명섭 회장	이상명 장로
주승중 목사	한영곤	김영철 장로
주영희	한영복	정병윤 목사
주은형	한영희 회장	
지광윤 회장	한종수 회장	

협력을 원하시는 분께서는 010-9516-4216으로 문자 주시면 2~5권에 기록하겠습니다.

KB190552